CONCEITOS ESSENCIAIS DA SOCIOLOGIA

FUNDAÇÃO EDITORA DA UNESP

Presidente do Conselho Curador
Mário Sérgio Vasconcelos

Diretor-Presidente
Jézio Hernani Bomfim Gutierre

Superintendente Administrativo e Financeiro
William de Souza Agostinho

Conselho Editorial Acadêmico
Danilo Rothberg
João Luís Cardoso Tápias Ceccantini
Luiz Fernando Ayerbe
Marcelo Takeshi Yamashita
Maria Cristina Pereira Lima
Milton Terumitsu Sogabe
Newton La Scala Júnior
Pedro Angelo Pagni
Renata Junqueira de Souza
Rosa Maria Feiteiro Cavalari

Editores-Adjuntos
Anderson Nobara
Leandro Rodrigues

ANTHONY GIDDENS
PHILIP W. SUTTON

CONCEITOS ESSENCIAIS DA SOCIOLOGIA

2ª edição

Tradução de
Claudia Freire

© 2014 Anthony Giddens and Philip W. Sutton
© 2015 Editora Unesp
Título original: *Essential Concepts in Sociology*
(1.ed.)
This edition is published by arrangement with Polity Press Ltd., Cambridge

Fundação Editora da Unesp (FEU)
Praça da Sé, 108
01001-900 – São Paulo – SP
Tel.: (0xx11) 3242-7171
Fax: (0xx11) 3242-7172
www.editoraunesp.com.br
www.livrariaunesp.com.br
feu@editora.unesp.br

Dados Internacionais de Catalogação na Publicação (CIP)
Vagner Rodolfo CRB-8/9410

G453c

Giddens, Anthony, 1938-
 Conceitos essenciais da Sociologia / Anthony Giddens, Philip W. Sutton; traduzido por Claudia Freire. – 2. ed. – São Paulo: Editora Unesp, 2017.

 Tradução de: Essential Concepts in Sociology
 Inclui bibliografia.
 ISBN 978-85-393-0670-1

 1. Sociologia. 2. Conceitos. I. Sutton, Philip W. II. Freire, Claudia. III. Título.

2017-153   CDD: 199.81
                                                    CDU: 1(81)

Editora afiliada:

SUMÁRIO

Introdução   1

Tema 1 – Pensando sociologicamente   7
  Discurso   7
  Estrutura / ação   12
  Globalização   17
  Modernidade   22
  Pós-modernidade   27
  Racionalização   32
  Sociedade   37

Tema 2 – Fazendo Sociologia   43
  Ciência   43
  Construcionismo social   48
  Métodos qualitativos / quantitativos   53
  Realismo   58
  Reflexividade   63
  Tipo ideal   68

Tema 3 – Meio ambiente e urbanismo   73
  Alienação   73
  Desenvolvimento sustentável   77
  Industrialização   82
  Meio ambiente   87

VI SUMÁRIO

Migração 91
Risco 96
Urbanismo 101

Tema 4 – Estruturas da sociedade 107

Burocracia 107
Capitalismo 112
Consumismo 117
Divisão do trabalho 122
Educação 127
Organização 131
Religião 137

Tema 5 – Oportunidades de vida desiguais 143

Classe 143
Gênero 148
Interseccionalidade 153
Mobilidade social 158
Patriarcado 163
Pobreza 168
"Raça" e Etnia 173
Status 178

Tema 6 – Relacionamentos e o curso de vida 185

Comunidade 185
Curso de vida 190
Família 194
Rede 199
Sexualidade 203
Socialização 208

Tema 7 – Interação e Comunicação 213

Cultura 213
Esfera pública 218
Identidade 223
Ideologia 228
Interação 232
Mídia de massa 236

SUMÁRIO   **VII**

Tema 8 – Saúde, doença e corpo   243
  Biomedicina   243
  Estigma   248
  Eu social   253
  Medicalização   257
  Modelo social de deficiência   261
  Papel de doente   265

Tema 9 – Crime e controle social   271
  Anomia   271
  Controle social   276
  Desvio   281
  Etiquetamento   285
  Justiça restaurativa   290
  Pânico moral   295

Tema 10 – Sociologia política   301
  Autoridade   301
  Cidadania   306
  Conflito   311
  Democracia   315
  Estado-nação   320
  Movimento social   325
  Poder   330
  Sociedade civil   335

Índice remissivo   341

INTRODUÇÃO

A vida social nunca é estática, está em constante processo de mudança. Nos últimos trinta anos, as mudanças nas relações de gênero, o aumento da migração, o multiculturalismo, a internet e as redes sociais, o terrorismo global e as agitações políticas no Oriente Médio transformaram o mundo moderno. A Sociologia, produto do século XIX, não pode se dar o privilégio de permanecer inerte e precisa se adequar aos tempos, caso contrário pode se tornar irrelevante. A Sociologia hoje é dotada de diversidade teórica, abrange um espectro de temas bastante amplo e se inspira em incontáveis métodos de pesquisa para explicar as sociedades. Trata-se de uma consequência inevitável das tentativas de compreender e explicar o mundo social cada vez mais globalizado em que ingressamos, e isso significa que os conceitos com os quais estamos familiarizados precisam ser revistos e outros ainda precisam ser criados.

Desenvolvimento do conceito em Sociologia

Alguns conceitos sociológicos são muito antigos e resistiram ao teste do tempo excepcionalmente bem. Classe, burocracia, capitalismo, gênero, pobreza, família e poder, por exemplo, continuam fundamentais para o "fazer" da Sociologia. Outros foram desenvolvidos há muito menos tempo. Globalização, pós-modernidade, reflexividade, meio ambiente, curso de vida, justiça restaurativa e modelo social de deficiência – todos fazem parte do léxico conceitual, representando uma parte das mudanças significativas das últimas décadas. Tudo isso significa que ficou mais difícil compreender o formato total da disciplina. Este livro contribui para essa tarefa apresentando alguns dos conceitos essenciais da Sociologia, muitos dos quais atuam como sinalizadores de determinados desenvolvimentos nos últimos 150 anos. A compreensão desses conceitos essenciais, suas origens e sua aplicação contemporânea deverá ajudar o leitor a entender como a disciplina Sociologia cresceu ao longo do tempo.

O desenvolvimento de conceitos nesse campo é, em geral, ligado a teorias e estudos empíricos que exigem novos conceitos para explicar suas descobertas. Alguns conceitos como *status*, classe e risco originam-se na sociedade e são trazidos desse contexto para a Sociologia, para então serem discutidos e refinados, tornando-se mais precisos e úteis nesse processo. Outros como alienação, pânico moral e globalização são criados especificamente por sociólogos para ajudá-los a estudar os fenômenos sociais, porém escorregam para o cotidiano, passando a influenciar as percepções das pessoas em relação ao mundo em que vivem. Isso difere muito das ciências naturais. Seja qual for o número de conceitos criados nas ciências naturais, eles não têm o potencial de modificar o comportamento de animais e plantas. Conforme argumentado por Anthony Giddens, esse é um exemplo de processo de "mão única". Na Sociologia, os conceitos, as descobertas em pesquisas e as teorias percorrem *sim* o caminho de volta à sociedade como um todo e, como resultado, as pessoas podem modificar ideias e comportamentos. Isso quer dizer que a pesquisa sociológica faz parte de um contínuo processo de "mão dupla" entre sociólogos e os temas que estudam.

Esse processo de mão dupla significa que os conceitos sociológicos são inerentemente instáveis e abertos a modificações e alterações, não só dentro do discurso sociológico profissional, mas no mundo social propriamente dito. Significa ainda que alguns, talvez até a maioria, dos conceitos são "essencialmente contestados". Ou seja, são usados em muitas vertentes teóricas e não há um consenso quanto ao seu significado.

INTRODUÇÃO 3

Entretanto, essa afirmação provavelmente exagere o nível de variação e discordância. Na prática, as teorias concorrentes na Sociologia são relativamente poucas e ocultam o fato de que há mais consistência e integração entre elas do que poderíamos julgar em um primeiro momento. Os conceitos desenvolvidos dentro de uma perspectiva teórica são quase sempre usados em outras. O conceito de alienação, por exemplo, foi criado originalmente por Karl Marx, permitindo que ele compreendesse melhor a natureza do trabalho nas sociedades capitalistas. Contudo, foi recuperado mais de um século depois, retirado da moldura teórica original marxista e revitalizado por sociólogos industriais dispostos a avaliar como os trabalhadores se *sentem* com relação ao ambiente de trabalho. Em tal processo, o conceito foi modificado e, embora alguns marxistas possam não concordar, a versão revisada nos proporcionou uma valiosa elucidação sobre como diferentes ambientes de trabalho e sistemas gerenciais impactam a vida dos trabalhadores.

Os conceitos essenciais

O objetivo deste livro não foi produzir um extenso compêndio de conceitos sociológicos. Na verdade, a ideia foi selecionar cuidadosamente cerca de setenta conceitos que ajudaram a influenciar, ou estão atualmente influenciando, determinados campos de pesquisa. Escolhemos alguns conceitos que resistiram ao teste do tempo – poder, classe, ideologia, sociedade e cultura, por exemplo. Conceitos como esses são empregados ao longo de toda a história da Sociologia e continuam estimulando o debate, orientando projetos de pesquisa até hoje. Outros como gênero, consumismo, identidade e curso de vida não têm uma história tão longa, mas seu impacto foi significativo. Não só incentivaram grandes conjuntos de pesquisa, como também remodelaram debates mais antigos e nos forçaram a reconsiderar o valor de conceitos mais antigos. Por fim, incluímos conceitos bastante recentes como interseccionalidade, globalização, risco e justiça restaurativa. Em nossa visão, esses conceitos já geraram alguns estudos de pesquisa inovadores e é enorme a probabilidade de serem incorporados aos seus campos de especialização como conceitos essenciais.

Os verbetes são mais extensos do que o usual para um típico livro de "conceitos-chave". Nosso objetivo é oferecer mais do que apenas definições curtas que mais deixam dúvidas do que esclarecem. Em vez disso, apresentamos uma discussão mais aprofundada de cada conceito posicionando-o no contexto histórico e teórico, explorando seus significados práticos, introduzindo algumas críticas relevantes e indicando ao leitor pesquisas e teorias contemporâneas que ele pode ler por conta própria. Essa estrutura permite que o leitor associe a história da Sociologia com o seu formato contemporâneo por meio do desenvolvimento dos conceitos. Além disso, muitos outros conceitos são discutidos e definidos resumidamente dentro de cada verbete. "Industrialização", por exemplo, também inclui os conceitos relacionados de urbanização, pós-industrialismo e modernização ecológica. Portanto, recomenda-se ao leitor que use o "Índice remissivo" para localizar diversos conceitos que não constam no índice principal.

Temos consciência de que alguns dos conceitos que selecionamos serão questionados. É certo que alguns sociólogos acharão que deixamos de lado alguns conceitos cruciais ou incluímos outros que tenham se tornado irrelevantes. Tais discordâncias são muito normais na Sociologia, até mesmo sobre questões fundamentais como o que faz um conceito ser "essencial". Isso se dá sobretudo devido à diversidade de compromissos e perspectivas teóricas. Como uma comunidade de acadêmicos, os sociólogos travam debates fervorosos, porém, ainda assim, conversam uns com os outros e se entendem. Um dos motivos pelos quais eles conseguem entender uns aos outros é a herança conceitual que compartilham, derivada de inúmeras teorias e estruturas explicativas com seus altos e baixos ao longo dos anos.

Como usar o livro

Os verbetes estão divididos em dez temas principais, listados por ordem alfabética dentro de cada tema. Como um guia rápido de referência, esse formato simplifica e agiliza a busca de termos relacionados a um determinado assunto. O livro configura-se como um texto independente de outras obras, que pode ser usado por qualquer pessoa interessada em compreender os conceitos essenciais da Sociologia. No entanto, os alunos que utilizam nossa obra *Sociologia: leituras introdutórias* (2010) poderão perceber que a estrutura correspondente entre os livros facilita a referência cruzada dos conceitos com leituras associadas por tema. No texto deste livro há referências cruzadas entre conceitos com o simples recurso do realce em **negrito** na primeira vez em que outro conceito aparece dentro de cada verbete. Também tomamos algumas liberdades com o conceito de "conceito", por assim dizer. Por exemplo, "raça" e etnia são abordados em um verbete só em vez de dois verbetes, já que ambos são, em geral, discutidos conjuntamente, embora as principais diferenças entre **"raça"** e **etnia** sejam explicitadas na ocasião. Decidimos fazer algo parecido no caso de **estrutura/ação** e métodos **qualitativos/quantitativos**. Alguns termos também podem ser considerados primordialmente como teorias ou perspectivas gerais em vez de conceitos. **Globalização**, por exemplo, é tanto um conceito quanto uma teoria de mudança social, enquanto o **modelo social de deficiência** é uma abordagem específica do estudo da deficiência. Esses termos foram incluídos para que este livro cumpra seu objetivo, a saber, apresentar um mapa conceitual minucioso da Sociologia contemporânea.

TEMA 1
PENSANDO SOCIOLOGICAMENTE

DISCURSO

Definição prática

Modo de falar e pensar sobre um assunto, unido por princípios comuns. Seu intuito é estruturar a compreensão e as ações das pessoas sobre determinado assunto.

Origens do conceito

O conceito de discurso tem origem na linguística – o estudo da linguagem e seu uso. Nesse contexto, discurso se refere à comunicação verbal ou escrita como a que se dá em uma conversa realizada pessoalmente, debates públicos, salas de bate-papo on-line, e assim por diante. Na linguística, os discursos são analisados a fim de compreender como a comunicação funciona e está organizada. Contudo, na década de 1950, o filósofo britânico J. L. Austin (1962) afirmou que as comunicações verbal e escrita não seriam apenas afirmações neutras e passivas, mas "atos do discurso" que influenciariam ativamente o mundo que conhecemos. Michel Foucault relacionou o estudo da linguagem ao predominante interesse sociológico no **poder** e seus efeitos na **sociedade**. A partir disso, os conceitos de discurso e "práticas discursivas" se tornaram muito mais interessantes para os sociólogos.

Significado e interpretação

Os estudos da linguagem e da comunicação se concentravam, sobretudo, nos aspectos técnicos como o papel da gramática e das regras gramaticais na construção de significado. No entanto, a partir do final da década de 1950, o discurso passou a ser compreendido como um tipo de ação e, como tal, uma intervenção no mundo. O fato de nos referirmos a grupos políticos como "terroristas" em vez de "guardiões da liberdade", ou de o noticiário dar ênfase às causas das greves nas fábricas ou ao transtorno que elas geram, influencia nossa maneira de agir. A ideia de "ato do discurso" modificou a forma como a linguagem e a conversa cotidiana são vistas. Aquilo que em princípio parecia marginal não tardou a se tornar central para a compreensão das estruturas sociais e relações de poder, bem como dos estudos de **cultura** e **mídia de massa**. Os sociólogos puderam estudar o modo como a linguagem é usada para influenciar argumentos políticos, excluir algumas ideias do debate e controlar a maneira pela qual as pessoas discutem os problemas.

Sem dúvida, a mais influente teoria do discurso é a de Michel Foucault, que estudou a história da doença mental ("loucura", na acepção dele), o crime, os sistemas penais e as instituições médicas. Foucault (2002 [1969]) afirmava que uma variedade de discursos cria suportes que estruturam a vida social na qual o poder é exercido. Assim sendo, os suportes discursivos funcionam como paradigmas, definindo limites ao que pode ser prudentemente dito sobre um determinado assunto e *como* pode ser dito. As discussões sobre crime, por exemplo, são estruturadas de acordo com o discurso dominante da lei e da ordem, fazendo que a conformidade com a lei e a aceitação do policiamento sejam aceitas como parte da vida normal. Sugerir que o policiamento em massa deva ser confrontado ou que a lei deva ser desobedecida regularmente pelos pobres seria quase ininteligível. Isso porque o discurso do crime antecede o ingresso das pessoas na sociedade. Seu comportamento e suas atitudes são, em parte, formados por tal discurso, conforme assimilam as normas e os valores da sociedade durante a **socialização**. Dessa forma, os discursos ajudam a criar o próprio sentido de **eu** e **identidade** pessoal. Esse é um útil lembrete de que as pessoas não têm liberdade total para pensar, dizer e fazer o que quiserem, pois há limites para a ação humana.

O conceito de discurso de Foucault torna discurso e práticas discursivas centrais para o estudo do poder. Segundo ele, conhecimento e poder são intimamente ligados e não opostos. Disciplinas acadêmicas como criminologia e psiquiatria, que buscam o conhecimento objetivo do comportamento criminoso e da doença mental, respectivamente, também produzem relações de poder que influenciam o modo como o crime e a doença mental são compreendidos e como as pessoas agem em relação a eles. O discurso psiquiátrico cria sua própria fronteira entre sanidade e loucura, legitimando as instituições médicas especializadas voltadas ao isolamento, tratamento e cura da doença mental. De maneira semelhante, diferentes discursos do crime não só descrevem e explicam o comportamento criminoso, mas ajudam a dar forma a novas maneiras de definir e lidar com criminosos (Foucault, 1975).

Aspectos controversos

O conceito de discurso é, sem dúvida, provocador e foi quase sempre bem aceito na Sociologia. Mas a ideia central de Foucault de que os discursos são desvinculados e desconectados de uma base social específica – como **classe social** – vai de encontro a outra pesquisa sobre poder. Muitos estudos sobre o poder o entendem como algo a ser obtido e usado para vantagem individual ou grupal, como no poder patriarcal detido pelos homens e exercido sobre as mulheres ou no poder que as classes dominantes possuem sobre as subordinadas. A ideia de que o poder anonimamente "lubrifica as engrenagens" das relações sociais parece ignorar as reais consequências das grandes desigualdades de poder. Outra crítica é de que a ênfase em linguagem, discurso e textos tende a supervalorizar a importância desses elementos. Para alguns críticos, isso gerou uma "Sociologia decorativa" que submerge as relações sociais na esfera da cultura, evitando questões difíceis e genuinamente sociológicas ligadas às mudanças no equilíbrio de poder (Rojek; Turner, 2000). Não só os discursos, mas as relações sociais reais e a cultura material são também significativas na formação da vida social.

Relevância contínua

A ideia central de que estruturas discursivas são parte fundamental da vida social continua produtiva, influenciando o estudo dos mais variados assuntos. Por exemplo, Lessa (2006) avaliou um órgão financiado pelo governo britânico que trabalha com pais solteiros adolescentes usando a análise do discurso para compreender as narrativas de adolescentes, pais e responsáveis. Em contraste com o discurso dominante na sociedade, segundo o qual mães solteiras são irresponsáveis, inconsequentes "parasitas" do Estado, esse órgão ajudou a produzir um discurso alternativo de mães adolescentes como "mães jovens" com direito legítimo de obter apoio social. Esse discurso alternativo obteve certo êxito para levantar recursos e mudar as percepções. O estudo mostra que discursos hoje dominantes raramente são incontestáveis e podem ser subvertidos, ainda que nesse caso em nível local e dentro de uma área muito específica do sistema de previdência social. Contestações discursivas desse tipo talvez sejam a regra e não a exceção.

Em um escopo muito mais amplo encontramos os estudos dos discursos políticos mundiais. Após os ataques a alvos norte-americanos em setembro de 2001, um novo discurso global de "guerra ao terror" foi lançado pelo governo norte-americano. Nessa moldura discursiva, os ataques perpetrados por terroristas não foram apenas contra os Estados Unidos, mas "contra a democracia" em si (Hodges; Nilep 2009, p.3). Esse discurso então influenciou o debate público entre uma gama de atores sociais que reagiram aos ataques, tentaram explicá-los ou justificá-los. Ao fazer isso, o discurso da "guerra ao terror" definiu os termos de uma discussão pública do tipo "nós e eles", o que ajudou a criar novas identidades, inimigos e amigos.

Embora a linguagem e a retórica da guerra pareçam ter mudado muito pouco ao longo do tempo e após inúmeras guerras, Machin (2009)

DISCURSO 11

defende que as representações visuais da guerra – também um tipo de "narrativa" – *mudaram* significativamente. Usando a análise multimodal (combinação de fontes de comunicação como texto, imagens, linguagem corporal etc.) para estudar as imagens da guerra do Iraque em 2005-6 veiculadas pela imprensa, ele mostra que as guerras em curso, como a do Afeganistão, tendem a ser retratadas como missões "de paz" altamente profissionais com soldados protegendo cuidadosamente civis vulneráveis, enquanto as baixas de "inimigos" são retiradas de cena. Em vez de documentarem eventos específicos, os fotógrafos de guerra são cada vez mais usados para montar layouts de páginas representando temas genéricos como "sofrimento", "inimigos", "combate" ou "civis". Em particular, Machin afirma que imagens mais baratas de bancos de imagem comerciais são cada vez mais usadas de formas genéricas, simbólicas. Portanto, a fotografia de guerra pode ser compreendida como um importante elemento na nova formatação discursiva da guerra contemporânea.

Referências e leitura complementar

AUSTIN, J. L. *How to Do Things with Words*. London: Oxford University Press, 1962.

FOUCAULT, M. *The Archaeology of Knowledge*. London: Routledge, 2002 [1969].

[Ed. Bras.: *Arqueologia do saber*. 8.ed. Rio de Janeiro: Forense, 2012.]

FOUCAULT, M. *Discipline and Punish*. Harmondsworth: Penguin, 1975.

[Ed. Bras.: *Vigiar e punir*. Petrópolis: Vozes, 2015.]

HODGES, A.; NILEP, C. (eds.). *Discourse, War and Terrorism*. Amsterdam: John Benjamin, 2009.

LESSA, I. Discursive struggles within social welfare: restaging teen motherhood, *British Journal of Social Work*, 36(2), p.283-98, 2006.

MACHIN, D. Visual discourses of war: multimodal analysis of photographs of the Iraq occupation. In: HODGES, A.; NILEP, C. (eds.). *Discourse, War and Terrorism*. Amsterdam: John Benjamin, 2009, p.123-42.

ROJEK, C.; TURNER, B. Decorative Sociology: towards a critique of the cultural turn, *Sociological Review*, 48(4), p.629-48, 2000.

ESTRUTURA / AÇÃO

Definição prática

Dicotomia conceitual alicerçada nas tentativas da Sociologia de compreender o equilíbrio relativo entre a influência da sociedade no indivíduo (estrutura) e a liberdade do indivíduo para agir e influenciar a sociedade (ação).

Origens do conceito

Embora as questões sobre liberdade humana façam parte de debates filosóficos durante séculos, na Sociologia ela é traduzida no "problema" da ação e estrutura. O problema em si é resultado direto da antiga insistência dos sociólogos de que houvesse de fato coisas como **sociedade** e forças sociais limitando a liberdade e as escolhas individuais. Herbert Spencer e August Comte viam as estruturas sociais como grupos, coletividades e agregações de indivíduos, porém foi a ideia de fatos sociais e de sociedade como uma entidade em direito próprio desenvolvida por Durkheim que delineou a matéria da nova disciplina. O tipo de Sociologia que surgiu se concentrava em como os indivíduos são moldados e influenciados pelas estruturas sociais que estão, para todos os fins e propósitos, externas a eles e fora de seu controle. No funcionalismo do século XX, Talcott Parsons desenvolveu uma teoria da ação que fazia com que as estruturas sociais fossem menos "coisificadas" e mais aproximadas de padrões de diretrizes e expectativas normativas regendo o comportamento aceitável.

Nos anos 1960, o pêndulo oscilou na direção contrária às teorias pautadas na estrutura. Dennis Wrong (1961) e outros autores argumentavam que as ideias estruturalistas deixavam pouco espaço para as ações criativas de indivíduos, e muitos sociólogos se voltaram para perspectivas mais concentradas na ação, por exemplo, o interacionismo simbólico, a fenomenologia e a etnometodologia. Essa mudança na direção da perspectiva do ator fazia parte de um novo pluralismo teórico hoje vivenciado pelos estudantes de Sociologia como algo corriqueiro. No entanto, desde os anos 1980 há tentativas de integrar teoricamente estrutura e ação, como vemos nos trabalhos de Archer (2003), Elias (2000 [1939]), Giddens (1984) e Bourdieu (1986).

Significado e interpretação

Estrutura/ação é uma das diversas dicotomias conceituais relacionadas na Sociologia, incluindo macro/micro e sociedade/indivíduo. A distinção estrutura/ação talvez seja a divisão mais duradoura e levou Alan Dawe (1971) a afirmar que, na verdade, há "duas Sociologias", com temas, métodos de pesquisa e padrões de provas contrastantes. Até mesmo aqueles que não iriam assim tão longe acham que ater-se à ideia de ação/estrutura é fundamental para a prática do fazer da Sociologia.

Talvez fique a impressão de que aqueles que estudam as estruturas sociais observariam fenômenos em larga escala em um nível macro, ignorando a ação individual, ao passo que os que estudam a ação se concentrariam apenas nas ações individuais em um nível micro. Essa não é uma regra geral ruim, mas há **interações** e relacionamentos estruturados no nível micro que envolvem o estudo de ações individuais e, reciprocamente, é possível afirmar que não só indivíduos mas também entidades coletivas como sindicatos, **movimentos sociais** e corporações "agem" e portanto exercitam a ação criativa na formação da vida social. Assim sendo, a dicotomia estrutura/ação não se orienta nitidamente pela distinção macro/micro.

As estruturas sociais como o sistema de classes, a **família** ou a economia são construídas a partir de interações sociais que resistem e se alteram com o passar do tempo. Por exemplo, o sistema de classes mudou significativamente como consequência do aumento geral nos níveis de renda, formas concorrentes de **identidade** (como **gênero** e **etnia**) e a criação de novos tipos de ocupação e emprego. Entretanto, ainda existe um sistema de classes no qual as pessoas nascem e que exerce um efeito decisivo em suas oportunidades de vida. Da mesma maneira, a vida familiar hoje é muito mais diversificada do que era há até mesmo cinquenta anos, pois as sociedades se tornaram multiculturais, um número maior de mulheres casadas ingressa no mercado de trabalho e os índices de divórcio aumentam vertiginosamente, porém todas as famílias continuam executando funções importantes como a socialização, que proporciona o treino necessário para a vida em sociedade. Em um nível geral, portanto, as estruturas sociais criam ordem e organizam as diversas esferas dentro da sociedade.

Para alguns, é difícil aceitar o conceito de estrutura social. Na melhor das hipóteses, as estruturas sociais são vistas como conceitos heurísticos, ficções construtivas criadas por sociólogos para ajudar seus estudos e, na pior, reificações, a concretização ilegítima como "coisas" daquilo que, na realidade, são conjuntos fluidos de relações sociais. Um dos elementos-chave do interacionismo é a interpretação de situações que são influenciadas por outros e envolvem uma certa **reflexividade**. Logo, os tipos de estruturas fixas e organizadoras propostos pelos teóricos estruturais são muito mais maleáveis, impermanentes e abertos a mudanças do que se poderia supor. A revolução de "veludo", branda e relativamente pacífica na Tchecoslováquia em 1989, demonstra quão rapidamente estruturas e instituições sociais aparentemente sólidas podem se desintegrar diante da ação criativa individual e da ação coletiva.

A separação de "duas Sociologias" foi vista como um problema para a disciplina, já que estudar estrutura sem ação e ação sem estrutura limitaria a imaginação sociológica a análises parciais da realidade social. A solução parecia ser encontrar uma maneira produtiva de combinar ação/estrutura, o que preserva as melhores descobertas de ambas ao mesmo tempo que transcende a dicotomia.

Aspectos controversos

Marx apresentou uma maneira de reenquadrar o problema, argumentando que são de fato as pessoas que fazem a história (ação), mas *não* o fazem em circunstâncias que escolheram livremente (estrutura). A teoria da estruturação de Giddens (1984) deve um pouco a essa ideia. Para Giddens, estrutura e ação implicam uma à outra. A estrutura

ESTRUTURA / AÇÃO

é *viabilizadora*, não apenas restritora, e torna a ação criativa possível, porém as ações repetidas de muitos indivíduos funcionam para reproduzir e mudar a estrutura social. O foco da teoria de Giddens são as práticas sociais "organizadas pelo tempo e espaço", e é através delas que essas estruturas sociais são reproduzidas. No entanto, Giddens vê a "estrutura" como as regras e os recursos que possibilitam que as práticas sociais se reproduzam ao longo do tempo, não como forças externas abstratas, dominantes. Essa "dualidade da estrutura" é uma maneira de repensar a dicotomia anterior.

A teorização de Pierre Bourdieu também é explicitamente direcionada para estreitar a divisão estrutura-ação. Para tanto, Bourdieu usa o conceito de prática. As pessoas possuem estruturas mentais incrustadas, internalizadas – seu "*habitus*" –, que permitem que elas lidem com o mundo social e o compreendam. O *habitus* é produto de um longo período gasto habitando o mundo social a partir de uma posição específica (como uma localização de classe), e o *habitus* individual, em consequência, varia consideravelmente. Assim como Giddens, Bourdieu observa diversas práticas advindas disso, mas, para Bourdieu, a prática sempre ocorre dentro de um "campo"– uma esfera da vida ou setor da sociedade como arte, economia, política, **educação**, e assim por diante. Os campos são arenas de batalhas competitivas em que uma variedade de recursos (tipos de capital) é usada. Dessa forma, segundo esse modelo, estrutura e ação são mais uma vez analisados como intimamente relacionados, não opostos.

Relevância contínua

Parece pouco provável que o problema de estrutura e ação um dia seja solucionado de modo a agradar a todos. Em teorias recentes, fica claro que Giddens trabalha pela perspectiva da ação enquanto a teoria de Bourdieu continua mais próxima de um posicionamento estrutural. Ainda se debate se algum deles obteve ou não alguma integração genuína. No futuro, é possível que vejamos estudos mais empíricos e históricos capazes de lançar luz ao equilíbrio relativo entre estrutura e ação em períodos históricos específicos, em determinadas sociedades e esferas da vida social.

16 PENSANDO SOCIOLOGICAMENTE

Por exemplo, um estudo empírico comparativo sobre a transição da escola para o trabalho no Canadá e na Alemanha explorou as decisões tomadas pelos jovens entre tentar ingressar na universidade ou começar a trabalhar (Lehmann, 2007). Refutando a ideia de que as estruturas, como a classe social, entraram em colapso, e admitindo formas de identidade altamente individualizadas, esse estudo descobriu que a estrutura social continua tendo uma enorme participação na formação das escolhas e oportunidades disponíveis para as pessoas. Contudo, a estrutura não determina completamente o *habitus* nem as inclinações das pessoas. Segundo Lehmann, os jovens se comprometeram ativamente com seu contexto estrutural, institucional, histórico e cultural e, nesse processo, formaram percepções de seu posicionamento dentro da estrutura social. Como resultado, chegaram às decisões sobre qual via escolher. Em vez de "aprender a trabalhar", conforme o famoso estudo da reprodução de classe de Willis (1977), os jovens aqui estavam, na verdade "escolhendo trabalhar".

Referências e leitura complementar

ARCHER, M. *Structure, Agency and the Internal Conversation*. Cambridge: Cambridge University Press, 2003.

BOURDIEU, P. *Distinction: A Social Critique of the Judgement of Taste*. London: Routledge & Kegan Paul, 1986.

[Ed. Bras.: *A distinção: crítica social do julgamento*. São Paulo: Edusp; Porto Alegre, RS: Zouk, 2007.]

DAWE, A. The two sociologies, *British Journal of Sociology*, 21(2), 1971, p.207-18.

ELIAS, N. *The Civilizian Project*: Sociogenetic and Psychogenetic Investigations. Oxford: Blackwell, 2000 [1939].

[Ed. Port.: *O processo civilizador*: investigações sociogenéticas e psicogenéticas. Lisboa: Publicações Dom Quixote, 1990.]

GIDDENS, A. *The Constitution of Society*. Cambridge: Polity, 1984.

[Ed. Bras.: *A constituição da sociedade*. São Paulo: Martins Fontes, 2003.]

LEHMANN, W. *Choosing to Labour*: School–Work Transitions and Social Class. Montreal and Kingston: McGill–Queens University Press, 2007.

PARKER, J. *Structuration*. Buckingham: Open University Press, 2005.

GLOBALIZAÇÃO

SWINGEWOOD, A. *A Short History of Sociological Thought*. 3.ed. Basingstoke: Palgrave Macmillan, 2000, esp. cap. 9.

VAN KRIEKEN, R. *Norbert Elias*. London: Routledge, 1998, esp. cap.3.

WILLIS, P. *Learning to Labour*: How Working-Class Kids Get Working-Class Jobs. London: Saxon House, 1977.

WRONG, D. The over-socialized conception of man in modern sociology, *American Sociological Review*, 26, 1961, p.183-93.

GLOBALIZAÇÃO

Definição prática

Diversos processos pelos quais populações humanas geograficamente dispersas são levadas ao contato mais próximo e imediato entre si, criando uma **comunidade** única ou **sociedade** global.

Origens do conceito

A ideia de uma sociedade humana mundial remonta às discussões sobre as perspectivas para a "humanidade" como um todo durante o Iluminismo no século XVIII. A globalização também se inspira nas ideias de Marx do século XIX sobre as tendências expansionistas do **capitalismo** e de Durkheim sobre a disseminação geográfica da **divisão do trabalho**. No entanto, o primeiro verbete de dicionário para "globalização" no sentido moderno apareceu em 1961, e apenas no início da década de 1980 o termo se tornou comum em economia (Kilminster, 1998, p.93). Um importante precursor da tese de globalização em Sociologia é o livro *O sistema mundial moderno*; nele, Immanuel Wallerstein (1974, 1980, 1989) afirma que o sistema econômico capitalista funciona em nível transnacional, constituindo um sistema mundial cujo cerne está em países relativamente ricos, uma periferia de sociedades mais pobres e uma semiperiferia esmagada entre ambos. Contudo, debates contemporâneos se originam de uma verificada aceleração da globalização a partir da década de 1970, provocada pelo crescimento e **poder** de corporações multinacionais, preocupações com o declínio do **Estado-nação**, ascensão de blocos comerciais supranacionais, entidades econômicas e políticas regionais (como a União Europeia), viagens de turismo mais baratas disseminando a **migração** e o turismo internacional e o advento da internet possibilitando a rápida comunicação global. Na década de 1990, o conceito de globalização se tornou tendência sociológica, impactando todos os campos de especialidades da disciplina.

Significado e interpretação

Ainda que a maioria dos sociólogos aceitasse a nossa definição prática anterior, há muita divergência quanto às causas básicas da globalização e se ela se constitui em um avanço positivo ou negativo. A globalização nos alerta para um *processo* de mudança ou talvez uma tendência social na direção da interdependência mundial. Mas isso não significa que irá inevitavelmente conduzir a uma **sociedade** única e global. A globalização possui dimensões econômicas, políticas e culturais (Waters, 2001). Para alguns, a globalização é primordialmente econômica, envolvendo operações financeiras, comércio, produção e consumo global, uma divisão global do trabalho e um sistema financeiro global. A *globalização econômica* fomenta o aumento da migração, alterando os padrões de movimento e povoamento, criando uma forma mais fluida de existência humana. Para outros, a *globalização cultural* é mais significativa. Robertson (1995) criou o conceito de *glocalização* – mistura de elementos globais e locais – para apreender o modo como comunidades locais modificam ativamente os processos globais, ajustando-os às **culturas** nativas. Isso leva a fluxos multidirecionais de produtos culturais de todas as sociedades do mundo. Os mais inclinados à *globalização política* se concentram nos crescentes mecanismos de governança regionais e internacionais, como as Nações Unidas e a União Europeia. Essas instituições congregam Estados-nação e organizações não governamentais internacionais em fóruns comuns de tomada de decisões, a fim de regular o sistema global emergente.

A globalização envolve diversos processos. Operações comerciais e mercadológicas ocorrem de maneira rotineira em escala global. A

GLOBALIZAÇÃO 19

crescente cooperação política internacional, como na ideia de uma "comunidade internacional" ativa ou no uso de forças de paz multinacionais, é um exemplo da coordenação política e militar além das fronteiras nacionais. Avanços recentes na tecnologia da informação e transporte mais sistemático (e mais barato) também significam que a atividade social e cultural ocorre em nível global. Além disso, a globalização da atividade humana está se *intensificando*. Ou seja, há *mais* comércio global, *mais* política internacional, transporte global *mais frequente* e intercâmbios culturais *mais rotineiros*. O volume total de atividade em nível global está aumentando. E muitos sociólogos notam uma *aceleração* da globalização desde os anos 1970, com o advento da digitalização, tecnologia da informação e melhorias no transporte de bens, serviços e pessoas. A rápida globalização gera consequências de grande projeção. As decisões tomadas em um local podem exercer um impacto enorme em outro, em sociedades remotas, e o Estado-nação, por tanto tempo protagonista, parece ter perdido parte do poder e controle.

Aspectos controversos

Alguns teóricos da globalização acreditam que esse processo modifica fundamentalmente o modo de viver das pessoas, porém outros defendem que isso é um exagero (Held et al., 1999). Os céticos em relação à globalização afirmam que os atuais níveis de interdependência econômica não são sem precedentes. É bem verdade que deve haver mais contato entre países do que anteriormente, mas a economia mundial não é interdependente o bastante a ponto de formar um sistema único (Hirst et al., 2009). A maior parte do comércio, na realidade, ocorre dentro de agrupamentos regionais – como União Europeia, a região Ásia-Pacífico e a América do Norte – e não em um contexto global único. Os céticos enxergam essa crescente *regionalização* como prova de que a economia mundial ficou *menos*, e não mais, integrada.

A ideia de que a globalização teria arruinado o Estado-nação também é contestável. Os governos nacionais continuam sendo peças fundamentais, pois regulam e coordenam a atividade econômica nos acordos comerciais e nas políticas de liberalização econômica. O agrupamento das soberanias nacionais não significa sua inevitável perda. Os governos nacionais retiveram uma boa cota de poder a despeito do fortalecimento das interdependências globais, porém os Estados adotam uma postura mais ativa e voltada para o exterior sob as condições da rápida globalização. A globalização não é um processo de mão única de integração cada vez mais próxima, mas um fluxo de mão dupla de imagens, informações e influência produzindo diversos resultados.

Relevância contínua

Como a globalização tem o caráter de pano de fundo conceitual essencial para a Sociologia, faz parte de uma enorme gama de estudos recentes sobre diversos temas, incluindo terrorismo transnacional, atividades de **movimento social**, **conflito** e guerras, estudos sobre migração, Sociologia ambiental, multiculturalismo e muito mais. Com o avançar das pesquisas, foram descobertas algumas das consequências inesperadas da globalização em larga escala. Por exemplo, Renard (1999) estudou o surgimento e o crescimento do mercado de produtos de "comércio justo", cujo objetivo é recompensar de maneira justa produtores em pequena escala em países em desenvolvimento, vendendo para consumidores éticos em países industrializados. Os processos oficiais de globalização são dominados por grandes empresas transnacionais e fica extremamente difícil para as pequenas empresas conseguir entrar em seus mercados de massa. Contudo, Renard descobriu que a globalização econômica cria pequenas lacunas, nichos propícios ao ingresso e desenvolvimento dos pequenos produtores. Trata-se de uma pesquisa interessante que mostra como a globalização pode abrir caminhos para os pequenos produtores (no caso, o comércio justo de café) obterem êxito com base em valores difundidos de justiça e solidariedade entre os segmentos da população tanto nos países em desenvolvimento como nos desenvolvidos.

Se a globalização possui uma dimensão política, é de se esperar que movimentos sociais se organizem acima do nível da política local e nacional. Uma análise quantitativa realizada por Barnartt (2010) pesquisou

GLOBALIZAÇÃO 21

possíveis provas disso em movimentos de pessoas com deficiência. A autora analisou mais de 1,2 mil protestos nos EUA e mais de 700 em outros países, em 1970 e 2005. O projeto revelou que a quantidade de protestos de pessoas com deficiência nos EUA aumentou rapidamente após 1984 e, fora dos EUA, após 1989. Barnartt defende que os protestos de pessoas com deficiência de fato aumentaram e se espalharam pelo mundo. Entretanto, isso não é necessariamente um indicativo de globalização. A maioria desses eventos tinha em pauta questões locais ou nacionais e não globais. Da mesma maneira, havia "pouco ou nenhum" envolvimento de organizações transnacionais. Apesar das semelhanças entre os diversos movimentos, Barnartt chega à conclusão de que os movimentos de pessoas com deficiência não fazem parte dos processos de globalização.

As análises sobre globalização diferem sobremaneira, porém a recente avaliação de Martell (2010) retoma o conhecido tema da desigualdade. Segundo ele, embora muitos sociólogos vejam a globalização, no todo ou em parte, como um fenômeno cultural, precisam reconhecer o papel fundamental exercido pela economia **capitalista** e pelos interesses materiais. Martell discorda das teorias cosmopolitas de uma esfera política transnacional emergente que, a seu ver, é otimista demais. Na medida em que é real, a globalização é desigual e reproduz desigualdades preexistentes e oportunidades desiguais de poder. O movimento global pela liberdade, por exemplo, corresponde "aos menos carentes, as elites ricas, [que] são os mais livres, ao passo que os mais carentes de mobilidade, os pobres e periféricos ao universo rico são os mais limitados" (Martell, 2010, p.312). Embora o intercâmbio cultural seja importante, para Martell a economia capitalista prevalece como *a* força motora fundamental.

Referências e leitura complementar

BARNARTT, S. The globalization of disability protests, 1970-2005: pushing the limits of cross-cultural research? *Comparative Sociology*, 9(2), 2010, p.222-40.

HELD, D.; MCGREW, A.; GOLDBLATT, D.; PERRATON, J. *Global Transformations*: Politics, Economics and Culture. Cambridge: Polity, 1999.

HIRST, P.; THOMPSON, G.; BROMLEY, S. *Globalization in Question*. 3.ed. Cambridge: Polity, 2009.

KILMINSTER, R. *The Sociological Revolution*: From the Enlightenment to the Global Age. London: Routledge, 1998.

MARTELL, L. *The Sociology of Globalization*. Cambridge: Polity, 2010.

RENARD, M.-C. The interstices of globalization: the example of fair coffee, *Sociologia Ruralis*, 39(4), 1999, p.484-500.

ROBERTSON, R. Glocalization: time-space and homogeneity-heterogeneity. In: FEATHERSTONE, M.; LASH, S.; ROBERTSON, R. (eds.). *Global Modernities*. London: Sage, 1995, p.25-44.

WALLERSTEIN, I. *The Modern World-System*. 3v. Nova York: Academic Press, 1974, 1980, 1989.

[Ed. Port.: *O sistema mundial moderno*. 2v. Porto: Afrontamento, 1990, 1996.]

WATERS, M. *Globalization*. 2.ed. London: Routledge, 2001.

[Ed. Port.: *Globalização*. Oeiras: Celta, 1999.]

MODERNIDADE

Definição prática

Período que se estende do Iluminismo europeu de meados do século XVIII a, pelo menos, meados dos anos 1980, caracterizado pela secularização, **racionalização**, democratização, individualização e ascensão da **ciência**.

Origens do conceito

A palavra "moderno" pode ser usada para se referir a qualquer coisa que seja contemporânea, com o contraste entre antigo e moderno se popularizando na Europa ao final do século XVI (Williams, 1987). A ideia de moder*nização* – tornar algo mais contemporâneo – era vista como um passo retrógrado até o século XIX, quando passou a assumir um tom mais positivo. Nos primeiros três quartos do século XX, a modernização de transporte, moradia, comportamento, moda e muitas outras coisas

MODERNIDADE   23

era amplamente compreendida como necessária e progressiva. No entanto, em teoria social, "modernidade" possui um significado muito mais abrangente, referindo-se a todo um período histórico desde meados do século XVIII até os anos 1980. Os filósofos iluministas atacavam a tradição, a **autoridade** religiosa e as crenças aceitas, propondo que o progresso humano só se efetivaria por meio da aplicação do pensamento racional, métodos científicos e busca por liberdade e igualdade. A Sociologia propriamente dita é produto da modernidade, tendo por objetivo reunir conhecimento confiável do mundo social por meio de métodos científicos, a fim de interferir e aprimorar a **sociedade** em prol do bem comum.

Significado e interpretação

O período de modernidade seguiu-se ao feudalismo europeu e é como um guarda-chuva de todos os aspectos particulares das sociedades pós-feudais. Isso inclui industrialização, **capitalismo**, urbanização e **urbanismo** como modo de vida, secularização, estabelecimento e extensão da **democracia**, aplicação da ciência aos métodos de produção e amplo movimento rumo à igualdade em todas as esferas da vida. A modernidade também instituiu um aumento da ação e do pensamento racional caracterizado por uma postura "factual" livre de emoção, em nítido contraste com as inclinações emocionais e religiosas anteriores em relação ao mundo. Max Weber descreveu esse processo como o gradual "desencantamento do mundo", propagado pelo globo por uma forma de capitalismo legal racional em expansão.

Como formação social, a modernidade foi espetacularmente bem-sucedida, ultrapassando os limites da produção de bens materiais, gerando vasta riqueza para países relativamente ricos e proporcionando mais igualdade em diversas áreas da vida. Durante o século XX, muitos sociólogos criaram teorias de que a modernidade representa um modelo de sociedade ao qual todos os países aspirariam ou acabariam sendo forçados a ingressar. Essa tese geral passou a ser conhecida como teoria da modernização, cuja versão mais famosa foi provavelmente criada por Walt Rostow (1961). Ele afirmou que a modernização era um processo que passava por diversos estágios à medida que as sociedades "acompanhavam" os primeiros modernizadores e suas economias começavam a crescer. De uma base tradicional, agrária ou agrícola, as sociedades poderiam se modernizar, desprendendo-se de antigos valores e instituições tradicionais e investindo para a futura prosperidade em projetos de infraestrutura e novos empreendimentos. A partir disso, um investimento contínuo em tecnologias avançadas levaria a níveis de produção mais elevados e um impulso ao consumo em massa que, por sua vez, criaria um padrão sustentável de crescimento econômico. Ainda que países como Hong Kong, Taiwan, Coreia do Sul e Cingapura tenham seguido um padrão mais ou menos parecido com esse, o modelo de Rostow é visto hoje como demasiadamente otimista, uma vez que muitos países, sobretudo na África, não se modernizaram dessa forma.

Para alguns teóricos, com destaque para Zygmunt Bauman (1987), a chave para compreender a modernidade está em entender sua **cultura** e mentalidade características, o que pode ser comparado à jardinagem. A mentalidade moderna privilegia a ordem em detrimento do caos. Portanto, se compararmos a sociedade a um jardim silvestre, a selva e a natureza selvagem precisaram ser domadas e domesticadas e, com o crescente **poder** dos **Estados-nação** para cuidar da jardinagem, houve meios para que isso ocorresse. A metáfora do jardim não se limita contudo aos Estados-nação, já que o desejo de ordem e regularidade se tornou um aspecto normal da vida moderna cotidiana das pessoas.

Aspectos controversos

O principal problema com o conceito de modernidade é a supergeneralização. Os críticos o veem, na verdade, como uma descrição *post hoc* de algumas, mas jamais de todas as sociedades modernas, e o conceito deixa a desejar não oferecendo nenhuma explicação para as *causas* da modernização. A teoria da modernização também não explica a persistência geral das desigualdades no sistema global e o aparente "fracasso" de muitas economias em desenvolvimento em decolar como se preconizava. Como o conceito de modernidade incorpora diversos

MODERNIDADE 25

processos sociais fundamentais, é vago demais, além de ser muito mais descritivo do que analítico. Não fica claro qual dos elementos integrantes é a principal força motriz no processo de modernização. Seria a economia capitalista o principal fator causal ou seria a industrialização? Qual o papel exercido pela democratização? Onde se encaixa a urbanização – ela é causa ou consequência? Os críticos neomarxistas também discordam da ideia de que há uma lógica inexorável à modernização que impulsiona as sociedades menos desenvolvidas para um período de prosperidade e forte crescimento econômico. Em vez disso, em nível global, os países relativamente pobres são mantidos pelo mundo rico em um estado permanente de dependência, seus recursos são saqueados e sua população usada como mão de obra barata pelas corporações capitalistas multinacionais instaladas no Ocidente. Portanto, não é só o conceito que é vago demais, a tese de modernização é profundamente inválida.

Relevância contínua

Após o surgimento de teorizações pós-modernas sobre o fim da modernidade, houve reavaliações do conceito. Alguns sociólogos defendem que não estamos ingressando em um período de **pós-modernidade**, mas em um período de modernidade "atrasada" ou "reflexiva" (Giddens, 1990). Em vez de isso soar como toques lúgubres da morte da modernidade, significa revelar e encarar seus aspectos negativos, como os danos **ambientais**, que tornam a vida social muito menos certa à medida que começam a se enfraquecer a fé na ciência como o caminho para a verdade e o respeito às autoridades. Jürgen Habermas (1983) afirma que os teóricos pós-modernos desistiram cedo demais daquilo que ele via como o ambicioso projeto de modernidade. Muitas de suas características essenciais foram concluídas apenas parcialmente e precisam ser aprofundadas, não abandonadas. Ainda há muito a ser feito no sentido de assegurar uma participação democrática significativa, tornar mais equânimes as oportunidades de vida entre as **classes sociais**, criando uma genuína igualdade de **gêneros**, e assim por diante. Em suma, a modernidade é um projeto inacabado que merece ser adotado, em vez de deixado de lado para que definhe.

Outro trabalho mais recente em andamento se baseia na ideia de "diversas modernidades" – uma crítica à mistura ilegítima de modernização com ocidentalização (Eisenstadt, 2002). Essa ideia contraria a suposição anterior de uma rota única e linear para a modernidade e uma versão uniforme, padronizada, baseada nas sociedades ocidentais. Estudos empíricos da modernidade no mundo todo sugerem que isso está errado. Na verdade, houve inúmeras rotas diferentes para a modernidade (Wagner, 2012). A modernidade japonesa é notadamente diferente da versão norte-americana e, ao que tudo indica, é bem provável que o desenvolvimento do modelo chinês também será diferente. Algumas modernidades, mesmo a dos Estados Unidos, não se tornaram tão seculares como se previa, mantendo-se substancialmente religiosas no caráter, enquanto ao mesmo tempo acolhiam o industrialismo e o contínuo avanço tecnológico. Outras, como a versão árabe saudita, não só são explicitamente religiosas, mas também seletivas em relação ao que absorvem dos formatos ocidentais, acrescentando seus próprios aspectos particulares. A pauta das múltiplas modernidades parece produzir avaliações mais realistas capazes de revigorar o conceito no futuro.

Referências e leitura complementar

BAUMAN, Z. *Legislators and Interpreters*: On Modernity, Postmodernity and Intellectuals. Cambridge: Polity, 1987.
[Ed. Bras.: *Legisladores e intérpretes*. Sobre a modernidade, a pós-modernidade e os intelectuais. Rio de Janeiro: Jorge Zahar, 2010.]

BERMAN, M. *All that is Solid Melts into Air*. London: Verso, 1983.
[Ed. Bras.: *Tudo que é sólido desmancha no ar*. São Paulo: Cia. das Letras, 2007.]

EISENSTADT, S. N. Multiple modernities. In: EISENSTADT, S. N. (ed.). *Multiple Modernities*. New Brunswick, NJ: Transaction, 2002, p.1-30.

GIDDENS, A. *The Consequences of Modernity*. Cambridge: Polity, 1990.
[Ed. Bras.: *As consequências da modernidade*. São Paulo: Editora Unesp, 1991.]

HABERMAS, J. Modernity – an incomplete project. In: FOSTER, H. (ed.). *The Anti-Aesthetic*. Port Townsend, WA: Bay Press, 1983, p.3-15.
[Ed. Bras.: Modernidade – um projeto inacabado. In: ARANTES, O. B. F.; ARANTES, P. E. *Um ponto cego no projeto moderno de Jürgen Habermas*: arquitetura e dimensão estética depois das vanguardas. São Paulo: Brasiliense, 1992.]

ROSTOW, W. W. *The Stages of Economic Growth*. Cambridge: Cambridge University Press, 1961.
[Ed. Bras.: *As etapas do desenvolvimento econômico*. Rio de Janeiro: Zahar, 1971.]

WAGNER, P. *Modernity: Understanding the Present*. Cambridge: Polity, 2012.

WILLIAMS, R. *Keywords*: A Vocabulary of Culture and Society. London: Fontana, 1987.
[Ed. Bras.: *Palavras-chave*. Um vocabulário de cultura e sociedade. São Paulo: Boitempo, 2011.]

PÓS-MODERNIDADE

Definição prática

Período histórico, seguinte à **modernidade**, que é definido com menos clareza, é menos pluralístico e menos socialmente diversificado do que a modernidade que o precedeu. Costuma-se dizer que a pós-modernidade começou a se desenvolver a partir do início dos anos 1970.

Origens do conceito

A "virada pós-moderna" na teoria social começou em meados dos anos 1980, embora o conceito de pós-moderno date de uma década antes na **cultura** e nas artes. Na arquitetura, por exemplo, surgiu um novo estilo que absorvia elementos de diversos gêneros já conhecidos para produzir prédios de aparência estranha – como o prédio do Lloyd em Londres – que de alguma forma "deram certo". Esse método de divertidamente misturar e combinar gêneros e estilos foi descrito como pós-moderno. No cinema, os universos esquisitos criados pelo diretor David Lynch (ver, por exemplo, *O veludo azul*, 1986) mesclavam períodos

28 PENSANDO SOCIOLOGICAMENTE

históricos, combinando violência extrema e "**desvio**" sexual com histórias antiquadas de romance e moralidade. Em muitas outras áreas da cultura e das artes as tendências pós-modernas encontraram vazão e, ao final da década de 1980, as ciências sociais finalmente as alcançaram.

A única obra de peso na Sociologia foi *A condição pós-moderna*, de Jean-François Lyotard (1984), em que ele delineou sua tese de que alguns dos principais alicerces da sociedade moderna estavam perdendo o lugar central. Em particular, Lyotard via a **ciência**, que fora a forma dominante de conhecimento durante o período moderno, perdendo legitimidade à medida que as pessoas começaram a buscar formas locais de conhecimento, como conhecimento popular antigo e crenças religiosas populares. A descentralização do pensamento científico, afirmava Lyotard, era um sintoma do surgimento da **sociedade** pós-moderna. Outros teóricos cujo trabalho influenciou enormemente as teorias de pós-modernidade incluem Zygmunt Bauman (1992, 1997) e Jean Baudrillard (1983, 1995).

Significado e interpretação

O pensamento pós-moderno é diverso e os teóricos priorizam diferentes elementos associados à suposta transição para uma sociedade pós-moderna. Uma das linhas da maioria dos pós-modernistas é a tentativa dos teóricos sociais, de Comte e Marx a Giddens, de discernir o direcionamento e o formato da história. Para esses teóricos, o processo de mudança histórica é estruturado e "chega a algum lugar" – progride. Na teoria marxista, por exemplo, esse movimento progressivo parte do **capitalismo** para as sociedades mais igualitárias do socialismo e comunismo. No entanto, os pensadores pós-modernos rejeitam essa teorização geral.

A confiança que as pessoas depositavam anteriormente na ciência, nos políticos e no progresso humano na história caiu por terra conforme temores de guerras nucleares ou catástrofes **ambientais**, somados a **conflitos** e episódios de genocídio, feriram o verniz de civilização das sociedades modernas. Lyotard descreveu esse processo como o colapso das "metanarrativas", as grandes histórias que justificavam o respeito aos cientistas, especialistas e profissionais. O mundo pós-moderno não está

POS-MODERNIDADE   29

fadado a ser socialista, mas será irrevogavelmente pluralístico e diversificado. Imagens circulam no mundo todo em inúmeros filmes, vídeos, programas de TV e sites, e entramos em contato com muitas ideias e valores, porém elas pouco se conectam com as áreas em que vivemos ou com as nossas próprias histórias pessoais. Tudo parece estar em um fluxo contínuo.

Jean Baudrillard argumenta que a mídia eletrônica destruiu nossa relação com o passado, criando um mundo caótico, vazio, em que a sociedade é influenciada, acima de tudo, por signos e imagens. Para Baudrillard, a crescente proeminência da **mídia de massa** erode a fronteira entre a realidade e a sua representação, deixando apenas uma "hiper-realidade" na qual todos vivemos. Em um mundo hiper-real, a nossa percepção dos acontecimentos e a nossa compreensão do mundo social ficam extremamente dependentes de enxergá-los por intermédio de alguma mídia de massa como a televisão. Dois textos provocadores de Baudrillard, *The Gulf War Will Not Take Place* [A Guerra do Golfo não ocorrerá] e *The Gulf War Did Not Take Place* [A Guerra do Golfo não ocorreu] (1995), visavam demonstrar como eventos do "mundo real", aparentemente primários, como exércitos em combate no Kuwait, e as reportagens midiáticas sobre eles, aparentemente secundárias, eram na verdade parte da mesma hiper-realidade.

Uma boa maneira de pensar sobre as ideias pós-modernas tal como recebidas na Sociologia é fazendo a distinção entre os mais importantes princípios da mudança social pós-moderna e a capacidade da teoria sociológica de explicá-las e compreendê-las. O rápido crescimento e disseminação da mídia de massa, novas tecnologias da informação, os movimentos mais fluidos de pessoas atravessando fronteiras nacionais, o fim das **identidades** de classe social e o surgimento de sociedades multiculturais – todas essas mudanças, segundo os pós-modernistas, levam-nos a concluir que já não vivemos mais em um mundo moderno organizado por Estados nacionais. A modernidade está morta, e estamos ingressando em um período pós-moderno. A questão que surge é se a Sociologia "moderna" consegue analisar adequadamente um mundo "pós-moderno": existe uma *Sociologia da pós-modernidade?* Ou as

30 PENSANDO SOCIOLOGICAMENTE

consequências da transição pós-moderna são tão radicais que tornam redundantes as teorias e os conceitos modernos? Será que precisamos de uma *Sociologia pós-moderna* para um mundo pós-moderno?

Aspectos controversos

Há muitas críticas à teoria pós-moderna. Alguns sociólogos afirmam que os teóricos pós-modernos são essencialmente pessimistas e derrotistas, tão amedrontados pelo lado obscuro da modernidade que acabam por descartar os aspectos positivos também. Contudo, há benefícios claros na modernidade, como a valorização da igualdade, da liberdade individual e das abordagens racionais aos problemas sociais. Algumas das mudanças sociais descritas na teoria pós-moderna também carecem de embasamento em estudos empíricos. Por exemplo, a ideia de que classe social e outras formas coletivas não estruturam mais a vida social, deixando os indivíduos à mercê das imagens da mídia de massa, é um exagero. Ainda que agora existam mais fontes de identidade, a **classe** social continua sendo um fator determinante na posição social e nas oportunidades de vida das pessoas (Callinicos, 1990).

Da mesma forma, há muitas comprovações de que a mídia de fato exerce um papel mais importante do que em períodos anteriores, mas não se pode afirmar que as pessoas simplesmente engolem cegamente o conteúdo midiático. Há uma ampla corrente de pesquisas que mostram que os telespectadores, por exemplo, leem e interpretam ativamente o conteúdo da mídia, tirando conclusões próprias. Com o advento da rede mundial de computadores há também muitas fontes alternativas de informações e entretenimento, muitas das quais se baseiam nas **interações** entre fornecedores e consumidores, promovendo *mais*, não menos, avaliações e comentários críticos em relação ao que a mídia tradicional apresenta. Finalmente, mesmo que algumas das mudanças propostas pelos pós-modernistas sejam genuínas e capazes de influenciar, a constatação de que se constituem em uma mudança radical para além da modernidade continua sendo tema de debate teórico.

Relevância contínua

O conceito de pós-modernidade tendia a ser controverso considerando que a própria Sociologia está alicerçada em uma abordagem modernista. Qual seria o sentido da Sociologia se desistíssemos de tentar entender e explicar a realidade social e aplicar esse conhecimento para melhorá-la? Ainda assim, a pós-modernidade exerceu um impacto duradouro na disciplina. A abertura de pontos de vista plurais e interpretações distintas da mesma realidade social significa que os sociólogos não podem mais partir do pressuposto de uma cultura comum desproblematizada e com valores comuns dentro da sociedade, mas devem ser sensíveis à diversidade cultural.

McGuigan (2006) apresenta uma interessante explicação do debate moderno-pós-moderno. Segundo ele, as sociedades contemporâneas podem ser mais bem analisadas como culturalmente pós-modernas, mas em todos os outros aspectos, a modernidade global, sobretudo a economia capitalista, permanece intacta. Em suma, não estamos vivendo ou nos direcionando para uma era pós-moderna, mas existem muitos exemplos de uma cultura de *pós-modernismo*. O pós-modernismo não está confinado a uma pequena *vanguarda* artística, mas também pode ser encontrado em produtos culturais globais bem como em ideias acadêmicas e filosóficas. Como Jameson (1991) e outros autores, McGuigan sugere que modernidade e pós-modernismo não são opostos, mas complementares. Assim como a produção uniforme e massificada dos métodos fordistas de manufatura abriu caminho para a produção diversificada de mercados de nicho nos anos 1970, uma cultura pós-moderna individualizada e pluralística parece se "ajustar" muito bem a um novo modo de produção.

Referências e leitura complementar

BAUDRILLARD, J. *Simulations*. New York: SemioTex(e), 1983.

_____. *The Gulf War Did Not Take Place*. Bloomington: Indiana University Press, 1995.

BAUMAN, Z. *Intimations of Postmodernity*. London: Routledge, 1992.

BAUMAN, Z. *Postmodernity and its Discontents*. Cambridge: Polity, 1997.

[Ed. Bras.: *O mal-estar da pós-modernidade*. Rio de Janeiro: Jorge Zahar, 1999.]

CALLINICOS, A. *Against Postmodernism*: A Marxist Critique. Cambridge: Polity, 1990.

JAMESON, F. *Postmodernism or the Cultural Logic of Late Capitalism*. Durham, NC: Duke University Press, 1991.

[Ed. Bras.: *Pós-modernismo: a lógica cultural do capitalismo tardio*. São Paulo: Ática, 1996.]

KUMAR, K. *From Post-Industrial to Post-Modern Society*. 2.ed. Oxford: Blackwell, 2005.

[Ed. Bras.: *Da sociedade pós-industrial à pós-moderna*. Rio de Janeiro: Jorge Zahar, 1997.]

LYOTARD, J.-F. *The Postmodern Condition*. Minneapolis: University of Minnesota Press, 1984.

[Ed. Bras.: *A condição pós-moderna*. São Paulo: José Olympio, 1998.]

MCGUIGAN, J. *Modernity and Postmodern Culture*. 2.ed. Buckingham: Open University Press, 2006.

RACIONALIZAÇÃO

Definição prática

Processo social de longo prazo em que ideias e crenças tradicionais são substituídas por regras e procedimentos metódicos e pelo pensamento formal, estruturado em relações meio-fim.

Origens do conceito

Agir em um sentido racional significa agir sensatamente e analisar a ação e as suas consequências antes de executá-la. A doutrina filosófica conhecida como racionalismo, originada no século XVII, contrastava o conhecimento baseado na razão e raciocínio com aquele alicerçado em fontes **religiosas** e sabedoria transmitida. Sem dúvida, a racionalidade possui origens na ligação entre pensar e fazer e a produção de conhecimento. Em Sociologia, a teoria da racionalização na **sociedade** como um todo se refere a um *processo* e não a um estado permanente das coisas, e é o cerne da obra de Max Weber. Para Weber, a racionalização e a

RACIONALIZAÇÃO   33

eliminação da magia foram um processo social de longo prazo e histórico mundial que escora qualquer compreensão realística da perceptibilidade do período da **modernidade**. Em estudos mais recentes, os debates se concentraram em entender se o processo de racionalização foi paralisado à medida que as crenças religiosas e espirituais parecem ganhar destaque novamente, ou se o processo continua, ainda que em novos formatos.

Significado e interpretação

Como a tese da racionalização de Weber foi demasiadamente influente na Sociologia, iremos nos concentrar nela e não em outros argumentos filosóficos acerca da razão e do racionalismo. Racionalização é um processo de mudança, iniciado no Ocidente, durante o qual um número cada vez maior de aspectos da vida social passou a ser influenciado por cálculos de relações meio-fim e questões de eficiência. Isso se deu em um contraste total com períodos anteriores, em que práticas tradicionais, ações consuetudinárias e compromissos emocionais dominavam os pensamentos e as ações das pessoas. Weber via a racionalização se solidificar pelo desenvolvimento da economia **capitalista** e necessidade de medidas e contabilidades racionais, mas também pelo crescimento das instituições científicas que fomentavam uma perspectiva racional, e pela **burocracia**, que se tornou a forma de organização dominante e mais eficiente.

Weber propôs a discussão sobre a racionalidade baseando-se em quatro tipos básicos: prática, teórica, substantiva e formal (Kalberg, 1985). A racionalidade prática se destaca quando as pessoas, de modo geral, aceitam uma situação, e as suas ações são orientadas por considerações essencialmente pragmáticas de como aproveitá-la da melhor forma. A racionalidade teórica existe quando as pessoas tentam "controlar a realidade" refletindo sobre a experiência e encontrando um sentido na vida. Filósofos, líderes religiosos, teóricos da política e juristas podem ser considerados como adeptos da racionalidade teórica. A racionalidade substantiva direciona as ações de acordo com um grupo de valores em uma esfera particular da vida social. Por exemplo, as relações de amizade costumam englobar os valores de respeito mútuo, lealdade e cooperação, e esse grupo de valores estipula diretamente as ações das pessoas nessa área da vida.

O quarto tipo definido por Weber, a racionalidade formal, baseia-se no cálculo dos meios mais eficazes para alcançar um objetivo no contexto de um conjunto de leis ou regras gerais ou universais. A racionalização das sociedades ocidentais envolve o crescimento e a disseminação do cálculo e da racionalidade formal em um número crescente de esferas da vida à medida que a burocracia se torna a forma de organização mais amplamente adotada. As decisões econômicas são a forma paradigmática, embora os cálculos meio-fim tenham se popularizado em muitas outras áreas da vida também. A música ocidental racionalizada, por exemplo, usa um sistema universal de notação e medida de variações rítmicas e tonais e é codificada e anotada, permitindo que as composições dos maiores gênios sejam reproduzidas por qualquer pessoa que saiba ler partitura e tocar um instrumento. A música passou a ser regida por regras, é calculável e previsível, porém menos espontânea e flexível.

À medida que o capitalismo se expandia com as burocracias de Estado, a racionalidade formal se instalava gradativamente nas principais instituições da sociedade, descartando aos poucos outras formas. Weber estava bem certo de que esse processo seria permanente, pois a forma burocrática e impessoal de administração adotada nos gabinetes, ambientes de trabalho e departamentos de Estado era simplesmente o método mais eficiente de organização criado até então. Extraindo todos os favores pessoais e conexões emocionais, as burocracias asseguram que as pessoas mais bem qualificadas sejam indicadas para cada cargo e que as promoções de carreira ocorram com base na comprovação de competência e desempenho na função. Lembre-se, esse é um **tipo ideal**! Da mesma maneira, o sistema contábil dual básico ligado à geração de lucro capitalista (registro de créditos e débitos) gera uma mentalidade calculativa que incentiva a ação instrumentalmente racional e, conforme as empresas capitalistas se tornam cada vez maiores e mais dispersas geograficamente, uma administração eficiente se torna cada vez mais importante.

Embora visse o crescimento dessa forma de racionalização como algo inevitável, Weber também enxergava alguns perigos claros. A busca de eficiência e progresso técnico começa a formar uma sociedade que se torna cada vez mais impessoal, como uma força externa que controla o nosso destino. Segundo a tese de Weber, a sociedade se transforma em uma "jaula de aço" de onde não há perspectiva de fuga. Outra consequência é que há uma tendência de os meios dominarem os fins. Ou seja, as burocracias são um meio de alcançar outros fins, como um serviço público eficiente, um serviço de saúde bem organizado ou um sistema de benefícios de previdência social eficaz. No entanto, com o passar do tempo, à medida que o **poder** aumenta, a burocracia assume vida própria de forma que, em vez de servir a outros fins, torna-se o comando. Weber via isso como um processo de racionalização levando a resultados irracionais, o que pode ser observado em muitas áreas da sociedade.

Aspectos controversos

Segundo o próprio Weber, o processo de racionalização não leva inevitavelmente ao desenvolvimento progressivo, mas pode gerar resultados contraditórios e novos problemas sociais. Contudo, também há críticas da própria tese de racionalização. Ainda que o capitalismo continue a dominar as economias do mundo, o limite a que as burocracias no modelo tradicional se mantêm dominantes é questionável. Nos últimos anos, houve um crescimento de formas organizacionais menos rígidas baseadas mais em uma estrutura de **rede** do que no modelo hierárquico esboçado por Weber (van Dijk, 2012). A questão é: as organizações em rede ainda fomentam a racionalidade formal? A racionalização também está associada ao destino da **religião** e alguns sociólogos argumentam que, longe de desaparecer, a religião experimentou um ressurgimento no final do século XX, com o fundamentalismo religioso, o televangelismo e a aparição de uma série de novas religiões. Será que isso representaria um "reencantamento do mundo" indo de encontro à tese de racionalização de Weber?

Relevância contínua

Considerando o surgimento de importantes ideias **pós-modernas** em meados de 1980, a tese de racionalização de Weber pode parecer obsoleta, já que a confiança na ciência caiu por terra e um certo "reencantamento" do mundo parece entrar em ascensão (Gane, 2002). Entretanto, a tese se provou extremamente produtiva e aplicável à mudança social contemporânea (Cook, 2004). Dois estudos fundamentais influenciaram muito a extensão e modernização das ideias originais de Weber. *Modernidade e holocausto* (1989), de Zygmunt Bauman, rejeita argumentos que sugerem que a polícia nazista e a implementação do assassinato em massa de populações judaicas foram uma aberração essencialmente "incivilizada" em relação à direção principal e progressiva da modernidade. Em vez disso, Bauman mostra que o Holocausto não poderia ter ocorrido sem a administração racional e burocrática que organizava o transporte e a manutenção de registros ou as ações racionais de perpetradores e vítimas. Nesse sentido, o processo de racionalização não cria inevitavelmente uma muralha protetora contra o barbarismo, mas, dependendo do contexto, tem a mesma probabilidade de viabilizá-lo.

George Ritzer (2007) aplicou a tese da racionalização aos restaurantes contemporâneos de *fast-food*. Ele observou que, na época de Weber, o gabinete burocrático moderno era o veículo ideal típico da acentuação da racionalização, mas, no final do século XX, passou a ser os restaurantes *fast-food* encontrados por toda parte, representados pela cadeia de lanchonetes McDonald's, cujos produtos padronizados, serviço altamente eficiente, metas mensuráveis para funcionários e experiência homogênea dos clientes simbolizam a extensão da racionalização no coração das sociedades de consumo. O modelo McDonald's foi adotado em muitas outras áreas dos negócios e da administração. Contudo, Ritzer vê esse modelo racionalizado produzindo suas próprias irracionalidades: os funcionários não são qualificados e suas tarefas são rotinizadas, a experiência das lanchonetes é inferiorizada e o desperdício se torna endêmico. Na busca racional de reduzir o caos e a incerteza, o processo de McDonaldização cria um novo tipo de "jaula de aço".

SOCIEDADE 37

Referências e leitura complementar

BAUMAN, Z. *Modernity and Holocaust*. Cambridge: Polity, 1989.
[Ed. Bras.: *Modernidade e Holocausto*. Rio de Janeiro: Jorge Zahar, 1999.]
COOK, C. Who cares about Marx, Durkheim and Weber? Social theory and the changing face of medicine, *Health Sociology Review*, 13(April), 2004, p.87-96.
GANE, N. *Max Weber and Postmodern Theory*: Rationalization versus Re-enchantment. Basingstoke: Palgrave Macmillan, 2002.
KALBERG, S. Max Weber's types of rationality: cornerstones for the analysis of rationalization processes in History, *American Journal of Sociology*, 85(5), 1985, p.1145-79.
RITZER, R. *The McDonaldization of Society*. 5.ed. Thousand Oaks, CA: Pine Forge Press, 2007.
VAN DIJK, J. *The Network Society*. 3.ed. London: Sage, 2012.

SOCIEDADE

Definição prática

Conceito usado para descrever as instituições e relações sociais estruturadas entre uma grande **comunidade** de pessoas que não pode ser reduzida a um mero acúmulo ou agregação de indivíduos.

Origens do conceito

O conceito de sociedade remonta ao século XIV, quando o principal significado era companhia ou associação, e esse sentido limitado ainda pode ser visto em uso no século XVIII para descrever grupos de classe alta ou "alta sociedade". O termo também era usado para descrever um grupo de pessoas com compatibilidade de pensamento, como na "Sociedade de Amigos" (Quakers) ou diversas "sociedades" científicas. Contudo, ao mesmo tempo essa era uma definição mais genérica e abstrata de sociedade que se consagrou ao final do século XVIII (Williams, 1987). A partir desse conceito geral, desenvolveu-se no século XIX o significado de sociedade especificamente sociológico.

É plausível o sólido argumento de que sociedade é *o* conceito central em Sociologia, usado por Émile Durkheim para formar a nova disciplina que lida com a realidade coletiva da vida humana em contraste ao estudo dos indivíduos. Durkheim (1984 [1893]) entendia a sociedade como uma realidade independente que existe *sui generis*, ou "em seu próprio direito", e que exerce uma profunda influência sobre os indivíduos dentro de um território restrito. A concepção de sociedade de Durkheim manteve seu lugar central na Sociologia ao longo da maior parte do século XX e só foi seriamente questionada a partir de meados dos anos 1970. Teorias sobre o surgimento de um nível de realidade social global e teorias de **globalização** questionavam o conceito de sociedade essencialmente baseado no Estado-nação de Durkheim. O estudo de processos sociais em nível global também atraiu a atenção para o movimento de pessoas, mercadorias e **cultura** para além das fronteiras nacionais e, nos anos 2000, houve apelos para que a Sociologia transcendesse completamente o conceito de sociedade e se inclinasse para uma análise potencialmente mais produtiva das "mobilidades".

Significado e interpretação

Em Sociologia, o conceito de sociedade foi fundamental para a **identidade** própria dos profissionais da área. Muitos dicionários e enciclopédias afirmam categoricamente que a Sociologia é o "estudo das sociedades", definidas como grandes comunidades existentes dentro de territórios limitados por fronteiras denominados **Estados-nação**. Talcott Parsons acrescentou outra importante característica, a saber, a capacidade de uma sociedade se "autoperpetuar" – ou seja, as instituições que a constituem deveriam conseguir reproduzir a sociedade sem a necessidade de assistência externa. Não há a menor dúvida de que, durante a maior parte da história da Sociologia, os sociólogos estudaram, compararam e contrastaram sociedades particulares e suas características centrais, e algumas das tipologias criadas demonstram isso claramente. A mais antiga divisão entre sociedades de Primeiro, Segundo e Terceiro Mundo buscava captar as principais disparidades de riqueza e produção

SOCIEDADE 39

econômica no mundo, enquanto os debates contemporâneos sobre diferentes condições de vida e perspectivas de países desenvolvidos e em desenvolvimento cumprem hoje uma função parecida. Tais tipologias foram úteis para nos alertar para as desigualdades mundiais assim como para as questões ligadas ao **poder**. No entanto, esse tipo de caracterização superficial nos diz pouco, ou quase nada, sobre as desigualdades e relações de poder *dentro* das sociedades nacionais.

Além disso, houve muitas tentativas de compreender a mudança social pinçando uma determinada força motriz, o que conduziu a muitas teorias de sociedade industrial, sociedade pós-industrial, sociedade capitalista, sociedade pós-moderna, sociedade do conhecimento, sociedade de **risco** e possivelmente muitas outras. Todas essas teorias de mudança permanecem basicamente alicerçadas na concepção de sociedade apoiada no Estado de Durkheim, porém poderíamos afirmar que a tentação de propagar um aspecto da mudança social como conclusivo para sociedades inteiras demonstra as limitações dessa concepção de sociedade.

Aspectos controversos

Um dos problemas teóricos do conceito de sociedade é a sua caracterização como algo relativamente estático, qualificado como coisa, que por vezes provocou a impressão de que sociedade e indivíduo são "coisas" separadas. Muitos sociólogos veem essa dualidade como algo inútil e equivocado, destacando-se nessa vertente Norbert Elias (2000 [1939]), cuja própria obra foi descrita como uma forma de "Sociologia do Processo" que se concentra em relacionamentos mutantes em diversos níveis, de **interações** individuais até **conflitos** entre Estados. Elias talvez tenha sido o primeiro a prescindir dessas dualidades que, segundo ele, são herança da filosofia ocidental e prejudicam o pensamento e a análise sociológica.

Desde o final do século XX, o conceito de sociedade é trazido para um foco crítico mais severo pela compreensão de que forças sociais supranacionais estão influenciando a capacidade de Estados-nação individuais determinarem seu próprio destino. A globalização provocou muita insatisfação com o conceito de sociedade, que não parece capaz de captar a dinâmica da mudança social global. Grandes corporações multinacionais possuem hoje lucros mais altos do que o PIB de muitos países em desenvolvimento e circulam pelo mundo em busca de fontes de mão de obra barata e ambientes econômicos subsidiados. Os governos nacionais precisam se unir para evitar que sejam empurrados para algum "leilão de miséria" da criação de empregos malremunerados. Grupos terroristas como a al-Qaeda se organizam, recrutam e armam ataques em todas as partes do mundo, tornando a cooperação internacional essencial para que sejam combatidos com eficácia. Esses e muitos outros exemplos mostram que o nível acima do Estado-nação está ficando mais eficaz na formação da vida social, algo sobre o que os sociólogos ainda terão de encontrar caminhos para teorizar. É bem possível que o conceito de sociedade mais atrapalhe do que ajude a compreender os processos globais.

Um exemplo recente das tentativas de transcender o conceito de sociedade é o projeto "mobilidades" ligado a John Urry (2007). Ele não nega totalmente o poder da sociedade, mas reafirma que também existem outras entidades poderosas, inclusive órgãos multinacionais, blocos regionais, e assim por diante. Mais que isso, a ideia é que a Sociologia deve se concentrar no estudo das mobilidades – processos de movimento de travessia das fronteiras nacionais – que estão se tornando cada vez mais reais no cotidiano das pessoas.

Relevância contínua

Dada a rápida ascensão da globalização e um enorme volume de pesquisas que exploram suas formas e diretrizes futuras, há quem defenda que o conceito de sociedade (envolvendo uma série de Estados-nação distintos) não tem futuro. O trabalho sobre as "mobilidades" realizado por John Urry (2000, 2007) é um bom exemplo. Globalização implica o movimento mais rápido e amplo pelo mundo de pessoas, mercadorias, imagens, recursos financeiros e muito mais, que está remodelando o modo como pensamos e estudamos as sociedades. A Sociologia tradicional

SOCIEDADE   41

trabalhava com o conceito fundamental de sociedade concebido como uma entidade limitada por fronteiras de extensão mais ou menos iguais à do Estado-nação. O pressuposto aqui era de que os Estados eram potentes o suficiente para regulamentar e controlar seu próprio desenvolvimento de modo que os Estados-nação adotassem trajetórias diferentes. Contudo, à medida que as redes e fluxos globais se tornam mais eficazes e fortes, eles tendem a atravessar as fronteiras nacionais, que hoje parecem mais permeáveis do que no passado. Nesse contexto de globalização, o conceito de sociedade fica menos relevante para a nova Sociologia do século XXI. A tarefa dos sociólogos de hoje é criar meios de compreender a variada gama de mobilidades e que tipo de vida social estamos gerando.

Contrariando o paradigma das mobilidades, outras pessoas defendem que o conceito de sociedade permanece fundamental para a prática da Sociologia hoje (Outhwaite, 2006). A análise de que o conceito de sociedade tem pouca sustentação se dá em parte na alegação de que os Estados-nação deixaram de ser protagonistas das questões humanas, e isso está longe de ser definitivo. As sociedades baseadas no Estado continuam sendo as maiores "unidades de sobrevivência" capazes de mobilizar grandes populações para a defesa de seus territórios e, congregando elementos de soberania em órgãos regionais como a União Europeia, os Estados individuais retêm a maior parte do poder. Outhwaite afirma que "sociedade" é ainda uma representação coletiva, e, como tal, o conceito ainda repercute com a percepção das pessoas da realidade social como é vivida.

Referências e leitura complementar

DURKHEIM, E. *The Division of Labour in Society*. London: Macmillan, 1984 [1893].
[Ed. Bras.: *A divisão do trabalho social*. São Paulo: Martins Fontes, 1999.]
ELIAS, N. *The Civilizian Project*: Sociogenetic and Psychogenetic Investigations. Oxford: Blackwell, 2000 [1939].
[Ed. Port.: *O processo civilizador*: investigações sociogenéticas e psicogenéticas. Lisboa: Publicações Dom Quixote, 1990.]

JENKINS, R. *Foundations of Sociology*: Towards a Better Understanding of the Human World. Basingstoke: Palgrave Macmillan, 2002, esp. cap. 3.

OUTHWAITE, W. *The Future of Society*. Oxford: Blackwell, 2006.

URRY, J. *Sociology Beyond Societies*: Mobilities for the Twenty-First Century. London: Routledge, 2000.

_____. *Mobilities*. Cambridge: Polity, 2007.

WILLIAMS, R. *Keywords*: A Vocabulary of Culture and Society. London: Fontana, 1987.

[Ed. Bras.: *Palavras-chave*. Um vocabulário de cultura e sociedade. São Paulo: Boitempo, 2011.]

TEMA 2
FAZENDO SOCIOLOGIA

CIÊNCIA

Definição prática

Método de obtenção de conhecimento válido e confiável sobre o mundo com base em teorias testadas em relação às provas coletadas.

Origens do conceito

O conceito de ciência surgiu como uma descrição do conhecimento, mas, no século XIV na Europa, o termo ciência ou "filosofia natural" era usado de uma forma mais limitada para descrever o conhecimento que era anotado por escrito ou registrado. Durante a "revolução científica" do século XVII, da qual fizeram parte muitos avanços como a descoberta de Newton da força da gravidade, a ciência passou a ser compreendida como um método de investigação. No século XIX, o termo passou a ser usado apenas em relação ao mundo físico e às disciplinas que o estudavam, entre elas Astronomia, Física e Química. Ao final daquele século, debates na área da filosofia da ciência se concentravam em quais tipos de *métodos* eram "científicos", em como o conhecimento científico poderia ser confirmado como verdadeiro e, por fim, se os temas sociais que começavam a surgir poderiam corresponder aos tipos de comprovações produzidos nas ciências naturais.

No século XX, diversas escolas do positivismo defendiam os méritos relativos de dedução ou indução e verificação ou falsificação como princípios aos quais todas as ciências, não só as disciplinas da ciência natural, deveriam aderir. Contudo, os sociólogos aos poucos começaram a ver a sua disciplina como científica, mas de uma maneira diferente das ciências naturais, com base nas ações intencionais dos humanos e na **reflexividade** que existe entre **sociedade** e conhecimento sociológico. Hoje a Sociologia está dividida entre os que continuam a se enxergar como cientistas da sociedade e os que ficam mais satisfeitos com a ideia de que se envolvem com os estudos sociais, considerando obsoletas as questões de *status* e método científico.

Significado e interpretação

É possível dizer que a principal questão para a Sociologia desde o positivismo de Auguste Comte é se Sociologia é ou não é ciência. Como a disciplina se relaciona com outras ciências reconhecidas como Astronomia, Física, Química e Biologia? E afinal o que as torna tão inquestionavelmente "científicas"? A ciência é quase sempre descrita como o uso de métodos sistemáticos de investigação empírica, a análise de dados, o pensamento teórico e a avaliação lógica de argumentos com o intuito de desenvolver um bloco de conhecimento sobre determinado tema. Segundo essa definição, a Sociologia é uma disciplina científica porque envolve métodos sistemáticos de investigação empírica, a análise de dados e a avaliação de teorias à luz de comprovações e argumentação lógica. Entretanto, um número cada vez maior de sociólogos sente certo mal-estar em tratar a sua disciplina como científica e pode se sentir mais confortável posicionando-a mais perto das humanidades do que das ciências naturais.

Estudar seres humanos é obviamente diferente em alguns aspectos de observar eventos no mundo natural, portanto talvez Sociologia e ciências naturais jamais possam ser consideradas idênticas. Ao contrário dos objetos naturais, os humanos são seres de consciência própria que conferem sentido e propósito ao que fazem. Não é possível descrever a vida social com exatidão a menos que antes compreendamos os conceitos que as pessoas aplicam em seu próprio comportamento. Descrever uma morte como "suicídio" significa conhecer o que a pessoa em questão pretendia quando morreu, e isso envolve reconstruir o sentido associado à ação da pessoa. Entender o comportamento de sapos não envolve esse tipo de reconstrução de raciocínio complexo. O fato de não podermos estudar os seres humanos exatamente da mesma forma que objetos da natureza é, em alguns aspectos, uma vantagem. Os sociólogos se beneficiam por poder fazer perguntas diretamente àqueles que estudam – outros seres humanos – e obter respostas que são capazes de entender. Essa oportunidade de conversar com os participantes de estudos de pesquisa e confirmar determinada interpretação significa que as descobertas sociológicas são, pelo menos potencialmente, ainda mais confiáveis (diferentes pesquisadores chegariam aos mesmos resultados) e válidas (a pesquisa na verdade mede aquilo a que se propõe) do que as obtidas nas ciências naturais. Max Weber via esses ganhos como cruciais para a atribuição de *status* científico à Sociologia. Ainda que seus métodos sejam necessariamente diferentes, não são menos sistemáticos, rigorosos e embasados teoricamente do que os de qualquer outra ciência.

Entretanto, em outros aspectos, a Sociologia cria dificuldades pelas quais os cientistas naturais não passam. As pessoas que sabem que suas atividades estão sendo inspecionadas podem não se comportar da mesma forma como normalmente o fazem. Podem, consciente ou inconscientemente, mostrar a si mesmas de modo diferente de suas atitudes usuais. Podem até tentar "ajudar" o pesquisador dando as respostas que acham que o pesquisador quer ouvir. Isso é muitas vezes citado como o problema da reflexividade. O conhecimento sociológico é filtrado de volta para a sociedade e se torna parte do mesmo contexto social que está sendo estudado, possivelmente alterando esse contexto social. A reflexividade social não possui correspondente nas ciências naturais, o que significa que, se é uma ciência, a Sociologia não pode simplesmente adotar os mesmos métodos que a ciência natural, mas deve desenvolver seus próprios métodos "adequados ao objeto".

Aspectos controversos

Um dos problemas fundamentais com a ideia de que a Sociologia deve ser científica é que ela pressupõe um consenso sobre o que constitui ciência. Embora isso costumasse significar simplesmente olhar aquilo que as ciências naturais fazem, isso não mais procede. Muitos estudos importantes feitos por historiadores da ciência fizeram cair por terra a certeza que havia em relação à ciência. Thomas Kuhn (1970) estudou os avanços na ciência – revoluções científicas – que poderíamos esperar que ocorressem como resultado do acúmulo de conhecimento durante longos períodos. Na verdade, Kuhn via a ciência natural funcionando por meio de "paradigmas" – formas de fazer ciência baseadas em determinadas teorias. A ciência "normal" consistia basicamente em testar o paradigma e repetir o teste de forma contínua, o que não levava a grandes progressos. Os momentos de descobertas aconteciam quando alguém ia além do paradigma para solucionar alguma averiguação anômala que então levava a um novo paradigma.

Outro golpe no **tipo ideal** de ciência teve origem nos estudos históricos dos métodos científicos realizados por Paul Feyerabend (1975). Segundo ele, muitas descobertas revolucionárias na ciência nada tinham a ver com método científico. Na verdade, ocorreram por meio de mera tentativa e erro ou até por erros e acasos que simplesmente não têm como serem ensinados. A conclusão de Feyerabend foi que há apenas um único princípio importante de método científico – "vale tudo". Apenas pelo incentivo ao **desvio** do modelo científico a inovação pôde ser assegurada. Ater-se rigidamente a um método não passava de uma receita à estagnação e ausência de progresso. Portanto, após muitas décadas tentando descobrir como a Sociologia poderia copiar os métodos das ciências naturais, na década de 1980 esse exercício não parecia mais valer a pena.

Relevância contínua

A ciência ainda é vista por muitos como uma forma superior de conhecimento comparada ao conhecimento teórico ou ideias lógicas,

CIÊNCIA

embora a base dessa superioridade possa estar na conscientização dos sucessos práticos da ciência e não em uma compreensão disseminada do método científico. Mesmo os sociólogos que não veem sua disciplina como científica em geral enxergam seus próprios estudos como sistemáticos e metodologicamente rigorosos, o que seria a melhor forma de produzir um conhecimento que corresponda à realidade. Por exemplo, na previdência social, na saúde e no governo existe uma forte tendência em relação à "realização de políticas baseadas em comprovações", o que sugere que alguns dos princípios do trabalho científico continuam a embasar as políticas públicas. Os sociólogos também precisam considerar seriamente questões mais prosaicas, como demandas de órgãos de financiamento, que exigem comprovação clara de rigor científico e inovação antes de financiar pesquisas. Além disso, o desenvolvimento do **realismo** crítico e a sua adoção em muitos estudos recentes testemunham o desejo de muitos sociólogos preservarem suas credenciais científicas em uma era "pós-positivista".

Referências e leitura complementar

BENTON, T.; CRAIB, I. *Philosophy of Social Science*: The Philosophical Foundations of Social Thought. Basingstoke: Palgrave Macmillan, 2001.

CHALMERS, A. F. *What is this Thing Called Science?* 3.ed. Maidenhead: Open University Press, 1999.

[Ed. Bras.: *O que é ciência afinal?* São Paulo: Brasiliense, 2003.]

FEYERABEND, P. *Against Method*. London: New Left Books, 1975.

[Ed. Bras.: *Contra o método*. 2.ed. São Paulo: Editora Unesp, 2011.]

FULLER, S. *Science*. Buckingham: Open University Press, 1998.

KUHN, T. *The Structure of Scientific Revolutions*. Chicago: University of Chicago Press, 1970.

[Ed. Bras.: *A estrutura das revoluções científicas*. 9.ed. São Paulo: Perspectiva, 2006.]

CONSTRUCIONISMO SOCIAL

Definição prática

Abordagem da Sociologia de postura agnóstica em relação à realidade dos fenômenos sociais, preferindo investigar o modo como eles são produzidos dentro das relações sociais.

Origens do conceito

As origens do construcionismo social remontam à perspectiva dos "problemas sociais" do início dos anos 1970, que considerava os problemas sociais como pedidos de atenção das pessoas e recursos do Estado. Em um ambiente competitivo de demandas em que sempre há solicitações demais por recursos, essa perspectiva analisava como algumas demandas ganham destaque enquanto outras são negligenciadas. No entanto, o construcionismo hoje também se inspira em ideias da Sociologia do Conhecimento Científico (conhecida como SCC), que estuda os processos sociais intrínsecos à produção de conhecimento. A SCC interpreta a **ciência** em si mesma como uma atividade social que deve, portanto, estar acessível à investigação sociológica. As teorias científicas são produtos de sua **sociedade**, e a SCC muitas vezes questionou sua validade aparentemente "universal".

A união dessas duas linhas levou a um construcionismo social geral e difundido na Sociologia. Essa perspectiva geral foi usada para analisar uma diversidade de fenômenos, da construção social da Europa a homicídios em série, demência, **sexualidade** e até o oceano. O tema comum em todos esses estudos é uma tentativa de levantar questões sobre o *status* "natural" ou "objetivo" de seus objetos de investigação. Os argumentos construcionistas sociais também foram úteis para os **movimentos sociais**, como o feminismo e os movimentos de pessoas com deficiência, que desafiam o *status quo* aparentemente "natural" que coloca em desvantagem as mulheres e as pessoas com deficiência, respectivamente.

Significado e interpretação

O construcionismo social é amplamente adotado na Sociologia e envolve a composição de todos os elementos que causam um fenômeno social específico como **gênero** ou crime. O construcionismo desafia a sabedoria convencional e as ideias lógicas na medida em que elas aceitam a existência de, digamos, gênero e crime como algo natural ou normal. Para os construcionistas sociais, gênero e crime são criados por meio de processos sociais históricos e **interações** sociais. Claro, isso significa que gênero e crime não são fixos, e é possível demonstrar que mudaram, em significado e forma, ao longo do tempo e entre as sociedades. Assim sendo, o construcionismo social tem suas raízes na ideia de que a sociedade e suas instituições estão sempre em processo de mudança e a tarefa da Sociologia é investigar esse processo constante.

Nem todas as abordagens construcionistas são iguais, e foi feita uma distinção básica entre formas "fortes" e "fracas", inspirada na SCC. Contudo, essa distinção recentemente foi remodelada como um contraste entre construcionismo "rígido" e "contextual", aparentemente mais neutro. Os construcionistas rígidos argumentam que nem a natureza e nem a sociedade se apresentam de forma não mediada. Todos os fenômenos só são acessíveis por intermédio de teorias e conceitos humanos, e estes estão abertos a mudanças, às vezes mudanças bastante radicais. Os construcionistas rígidos são uma pequena minoria entre os construcionistas. A vasta maioria dos estudos construcionistas está satisfeita em reconhecer que existe uma realidade externa ao **discurso** dos sociólogos, porém o que está em questão é como obter acesso a ela.

Os construcionistas contextuais têm muito a dizer a respeito dos problemas sociais e **ambientais** e das alegações que os grupos sociais fazem sobre eles, ressaltando que aquilo que não pode ser aceito em valor de face é a hierarquia existente de problemas sociais. Alguns problemas parecem bastante urgentes e carentes de atenção, porém outros parecem relativamente triviais e podem seguramente ser ignorados. Os construcionistas contextuais adotam a atual ordem de problemas sociais como ponto de partida. Essa ordem de fato reflete a seriedade dos problemas da sociedade? A Sociologia pode exercer um útil papel na investigação de argumentos feitos por "reivindicadores" e "negadores de reivindicações" e, fazendo isso, os sociólogos podem garantir que todas as informações necessárias para uma avaliação racional entrem em domínio público.

Um bom exemplo de como os construcionistas trabalham é o estudo (2006) realizado por Hannigan do problema ambiental da perda de biodiversidade, que rapidamente ganhou destaque nos anos 1980. A perda de biodiversidade é conhecida desde pelo menos 1911, o que pode ser comprovado por inúmeras tentativas legislativas de proteção de pássaros e animais ameaçados. No entanto, não surgiu nenhuma instituição internacional para conceder foco político a essas preocupações. O que mudou nos anos 1980 foi o envolvimento de empresas multinacionais que buscavam patentear recursos genéticos – como espécies integrantes de florestas tropicais –, a criação de uma nova disciplina da "crise" da biologia de conservação, a criação de uma infraestrutura das Nações Unidas que conferiu o foco político necessário à questão e uma série de leis de preservação de espécies. Em suma, um grupo muito mais eficaz de "reivindicadores" teve interesse em fazer essa demanda, e sua união levou o tema para o topo da pauta dos problemas ambientais. Claro que também houve alguns negadores de reivindicações, porém nesses casos os reivindicadores se mostraram bastante fortes e bem organizados. Somente uma explicação construcionista atenta à construção histórica dessa reivindicação é capaz de mostrar claramente como e por que ela foi bem-sucedida.

Aspectos controversos

Por mais interessantes que as explicações construcionistas possam ser, alguns críticos se opõem ao seu "agnosticismo". No estudo da biodiversidade realizado por Hannigan, por exemplo, falta algo importante. A perda de biodiversidade é um problema ambiental e social que se agrava cada vez mais? Essa questão não é abordada e não pode ser abordada pelo construcionismo social. Para fazer isso, precisamos do conhecimento especializado de biólogos, historiadores naturais e cientistas ambientais.

CONSTRUCIONISMO SOCIAL 51

São raros os sociólogos com o conhecimento especializado necessário para o envolvimento em discussões detalhadas sobre biodiversidade ou muitos outros problemas. Para alguns, como os realistas críticos, não incluir esse conhecimento especializado na análise reduz a Sociologia a uma série de estudos do discurso que observam declarações, documentos e textos sem nunca chegar ao cerne do real problema.

Outra crítica é a de que o construcionismo social parece priorizar a política da realização de reivindicações e às vezes parece mais útil aos movimentos políticos e sociais do que à Sociologia científica. Demonstrar como grupos sociais relativamente poderosos conseguem influenciar e dominar debates políticos é uma função útil, mas o construcionismo muitas vezes parece assumir o lado dos injustiçados. Nesse sentido, alegou-se que a perspectiva é politicamente tendenciosa. Por exemplo, os movimentos das mulheres usavam argumentações construcionistas para mostrar que não havia "lugar natural" para as mulheres nas esferas privada e doméstica e que a gravidez e a criação dos filhos não representariam barreiras "naturais" para a igualdade de gêneros. A crítica aqui não é de que esses argumentos sejam ilegítimos, porém de que o construcionismo está mais próximo da estratégia política do que dos métodos de pesquisa científica.

Relevância contínua

O construcionismo social foi extremamente bem-sucedido na Sociologia e é provavelmente responsável pela maior parte das pesquisas atuais. Não há dúvidas de que tenha produzido muitas descobertas sobre a vida social. O construcionismo social indica a natureza *social* inexorável de todos os fenômenos de que se tem notícia, o que posiciona as sociedades humanas no cerne da análise, concedendo aos sociólogos um lugar central. Pode ser extremamente valiosa na medida em que oferece aos sociólogos uma tarefa claramente definida, ou seja, revelar os processos de construção social e, portanto, viabilizar o debate público mais fundamentado sobre os principais problemas em vez de deixá-los a cargo dos "especialistas".

Um número considerável de estudos ligados ao construcionismo social analisa reportagens e contribuições aos debates públicos. Um exemplo recente disso é a análise (2009) feita por Wanda Siu sobre jornais norte-americanos traçando os perigos do uso do tabaco em relação a um relatório fundamental de um cirurgião geral de 1964 e um julgamento de 1998 envolvendo a indústria tabagista em Minnesota. Siu comparou a cobertura feita pelo *New York Times*, jornal "liberal" distribuído em território nacional, e o *Wall Street Journal*, jornal especializado em finanças mais próximo da comunidade empresarial. Em ambas as situações, ela descobriu que o *Wall Street Journal* tendia a tratar o assunto de uma forma mais solidária à indústria tabagista – por exemplo, subestimando as descobertas do cirurgião e culpando os advogados do caso em Minnesota de sonegar descobertas científicas. Esse estudo mostra que os jornais não simplesmente reportaram o conflito acerca da construção social do uso do tabaco nos EUA, porém estavam ativamente envolvidos nesses processos de construção.

Considerando que todos os fenômenos sociais são potencialmente abertos à análise construcionista social, era apenas uma questão de tempo para que o construcionismo social fosse, ele mesmo, visto como algo construído socialmente – daí a cáustica discussão de Motyl (2010) e a rejeição ao construcionismo radical. O foco de seu ensaio é o nacionalismo e a formação da identidade, mas deve ser lido por sua crítica do construcionismo social, visto por esse autor como "medíocre" mas, em suas variáveis mais persuasivas, "incomum, estimulante e equivocado".

Referências e leitura complementar

GOODE, E.; BEN-YEHUDA, N. *Moral Panics*: The Social Construction of Deviance. 2.ed. Chichester: Wiley-Blackwell, 2009.

HANNIGAN, J. *Environmental Sociology*. 2.ed. London: Routledge, 2006, esp. cap. 5.

MOTYL, A. J. The social construction of social construction: implications for theories of nationalism and identity formation, *Nationalities Papers*, 38(1), 2010, p.59-71.

SIU, W. Social construction of reality: the tobacco issue, *Critical Public Health*, 19(1), 2009, p.23-44.

MÉTODOS QUALITATIVOS / QUANTITATIVOS

Definição prática

Distinção básica entre abordagens de pesquisa que buscam o conhecimento profundo explorando o raciocínio e os processos de tomada de decisão (qualitativas) e aquelas que fazem vasto uso de medidas para quantificar os fenômenos sociais (quantitativas).

Origens do conceito

A pesquisa quantitativa foi fundamental para a Sociologia desde a origem da disciplina. O uso de estatísticas oficiais feito por Durkheim para quantificar taxas de suicídio e fazer comparações entre sociedades é típico da técnica adotada por sociólogos. Considerando o desejo no século XIX de firmar a Sociologia como a *"**ciência** da **sociedade**"*, não é de surpreender que os sociólogos tenham lançado mão de métodos quantitativos, que embutiam a promessa de medidas exatas e confiáveis. Esses métodos também viabilizavam estudos comparativos e históricos capazes de proporcionar descobertas acerca da extensão das mudanças sociais, tanto geográfica quanto cronologicamente.

A pesquisa qualitativa começou como uma forma mais especializada, atuando como uma espécie de subordinada aos estudos quantitativos supostamente mais significativos e de larga escala. O trabalho qualitativo foi muitas vezes analisado como um importante pré-requisito que assumiu a forma de estudos-piloto de menor porte cujo objetivo era esclarecer significados. A partir dos anos 1970, porém, essa situação começou a mudar e a pesquisa qualitativa aos poucos passou a ser vista como um método de pesquisa em si mesmo. Para um número cada vez maior de sociólogos hoje, a pesquisa qualitativa é, na verdade, superior aos métodos quantitativos, sendo um tipo mais apropriado, adequado ao objeto para o estudo de seres humanos e da vida social.

Significado e interpretação

Os estudos quantitativos, em geral, produzem informações numéricas na forma de, digamos, números ou percentuais, a fim de avaliar o tamanho de um problema social ou o percentual de uma determinada população que compartilha atitudes similares. As informações descritivas estatísticas são extremamente úteis para nos ajudar a criar um retrato exato da sociedade. Qual proporção da população é formada pela classe trabalhadora? Qual é a proporção de mulheres casadas com empregos remunerados? Quantas pessoas acreditam que o aquecimento global seja real? Todas essas perguntas exigem pesquisas quantitativas que quase sempre são realizadas selecionando-se uma amostra representativa da população de onde se extraem conclusões gerais. Para possibilitar análises estatísticas, as amostras quantitativas tendem a ser muito maiores do que as usadas na pesquisa qualitativa.

Os métodos quantitativos avançam outra etapa usando análises estatísticas inferenciais para chegar a conclusões gerais sobre os dados – por exemplo, sobre a probabilidade de uma diferença identificada entre grupos dentro de uma amostra ser ou não confiável e de ela não ter ocorrido simplesmente ao acaso. As estatísticas inferenciais são muito utilizadas em análises de variáveis, quando os sociólogos tentam dar conta de entender diversas variáveis detectadas como correlatas a fim de estabelecer relações de causa e efeito. Isso ficou um pouco mais fácil nos últimos anos com o advento de programas de computador, como o onipresente SPSS, que simplifica a manipulação de dados brutos e permite cálculos automatizados. Ironicamente, pode-se dizer, esse avanço coincidiu com uma tendência à adoção de métodos qualitativos na Sociologia.

A pesquisa qualitativa inclui todos os métodos a seguir: grupos focais [*focus groups*], etnografia, questionários semiestruturados ou não estruturados, entrevistas realizadas pessoalmente, observação dos participantes, pesquisa biográfica, história oral, estudos narrativos, teoria fundamentada em dados e histórias de vida. Em todos eles, os sociólogos tentam entender como a vida social é vivida e como as pessoas interpretam e compreendem a sua posição social. Em suma, o objetivo é se aprofundar na qualidade da vida social das pessoas, não medir o formato e o tamanho da sociedade como um todo. Uma das áreas em que a pesquisa qualitativa obteve êxito é em dar voz a grupos sociais sub-representados ou em desvantagem. Estudos sobre falta de habitação, automutilação, violência doméstica, experiências das crianças e muitos outros se beneficiaram bastante dos métodos de pesquisa qualitativos criados para permitir que grupos marginalizados se expressassem livremente.

Outra vantagem dos métodos qualitativos é a possibilidade de intensificar a credibilidade das conclusões de pesquisas. Nas entrevistas ou etnografias, os pesquisadores podem dizer aos participantes como estão interpretando suas respostas e perguntar-lhes se tal entendimento está correto. Após a entrevista, uma sessão de perguntas e respostas pode ser realizada a fim de eliminar um eventual mal-entendido. Na abordagem conhecida como teoria fundamentada em dados,[1] é feita uma reviravolta no método dedutivo tradicional, o qual envolve a construção de hipóteses que então são empiricamente testadas, pois os pesquisadores reúnem dados na forma de transcrições de entrevistas antes de explorá-las de formas sistemáticas a partir da triagem, codificação e classificação, antes de passar à criação de conceitos e teorias que supostamente "emergem" dos dados. Todas essas interações significam envolvimento de participantes no processo de pesquisa, em oposição a uma rígida divisão entre pesquisador e sujeito.

Aspectos controversos

O crescente uso de métodos de pesquisa qualitativos produziu muitos estudos úteis e aguçados, porém alguns sociólogos temem que os métodos quantitativos possam estar perdendo aceitação. Em uma pesquisa nacional sobre as atitudes de alunos de Sociologia britânicos em relação aos métodos quantitativos, Williams et al. (2008) descobriram que muitos estudantes demonstravam ansiedade ao trabalhar com

---

1 *Grounded Theory*. (N. E.)

números e aprender técnicas estatísticas. Ainda mais preocupante é o fato de a maior parte da amostra dos autores ter pouco ou nenhum interesse em métodos quantitativos porque sua percepção de Sociologia é de uma disciplina que se aproxima mais das humanidades do que das ciências. Essa mudança de postura aparentemente geracional pode representar um perigo para o *status* de Sociologia como uma disciplina científica e, por consequência, para fluxos de financiamento e, em última análise, o recrutamento de alunos.

Apesar da distinção aparentemente clara entre métodos qualitativos e quantitativos, alguns sociólogos afirmam que a divisão não é tão sólida como se pensava. Alguns métodos qualitativos também envolvem métricas numéricas e, por outro lado, alguns métodos ostensivamente quantitativos analisam declarações consideradas significativas (Bryman, 2012). Os pesquisadores qualitativos usam softwares para analisar enormes quantidades de texto e material de entrevistas, codificando, classificando e quantificando-os, enquanto alguns estudos quantitativos são realizados por meio de entrevistas semiestruturadas que permitem aos participantes ir além da estrutura fixa de questionários de pesquisadores. O estudo de pesquisas também se interessa pelas atitudes e opiniões das pessoas, o que sugere uma preocupação com significados e interpretação, ao passo que as conclusões retiradas de muitos estudos observacionais da **interação** social pressupõem implicitamente uma aplicação mais geral.

Relevância contínua

Alguns pesquisadores qualitativos argumentam que mensuração e verificação estatística não são adequadas para o estudo de seres humanos criadores de significado, enquanto pesquisadores quantitativos acham muitos dos métodos adotados por sociólogos qualitativos subjetivos demais para serem confiáveis e irremediavelmente individualistas. Contudo, um número cada vez maior de projetos adota hoje abordagens de "métodos mistos", que aplicam tanto o método quantitativo quanto o qualitativo. As descobertas consistentes com os métodos quantitativos e

MÉTODOS QUALITATIVOS / QUANTITATIVOS   57

qualitativos tendem a ser mais válidas e confiáveis do que as obtidas aplicando-se apenas um deles. Nos estudos de métodos mistos, a escolha do método de pesquisa costuma ser direcionada por questões de pesquisa e considerações práticas.

Um bom exemplo do uso produtivo de métodos mistos pode ser encontrado no estudo do capital cultural – como descrito por Bourdieu, em *A distinção* (1986) – e exclusão social ao longo de um período de três anos (2003-6) por Silva, Warde e Wright. (2009). O projeto utilizou uma pesquisa, entrevistas em famílias e grupos focais, mesclando assim métodos quantitativos com qualitativos. Os autores descrevem sua abordagem como "ecletismo metodológico", argumentando que isso permite não só corroborar fatos, mas também viabiliza a plausibilidade das interpretações a serem verificadas.

As abordagens de métodos mistos não estão livres de problemas. Giddings e Grant (2007) suspeitam que muitos estudos com métodos mistos dão preferência a um tipo de evidência característica de uma orientação positivista em detrimento de formas alternativas de investigação. A metodologia pragmática, aparentemente "pós-positivista", se torna então um cavalo de Troia para um positivismo ressurgente. Segundo Giddings e Grant, isso é visível nos tipos de estudos hoje populares em saúde, educação e ciência social aplicada, sobretudo estudos que dependem de fundos governamentais de pesquisa. Os modelos experimentais positivistas – baseados em métodos derivados das ciências naturais – tornaram-se o "padrão-ouro" das pesquisas financiadas pelo governo e muitas abordagens pragmáticas de métodos mistos promovem essa ideia em detrimento de todas as vias de pesquisa alternativas. No entanto, o alvo aqui não são as abordagens de métodos mistos *per se*, mas as versões que reforçam o modelo experimental positivista como o único ou o melhor caminho para a verdade científica.

Referências e leitura complementar

BRYMAN, A. *Social Research Methods*. 4.ed. Oxford: Oxford University Press, 2012 (esp. partes 2, 3 e 4).

GIDDINGS, L. S.; GRANT, B. M. A Trojan horse for positivism? A critique of mixed methods research, *Advances in Nursing Science*, 30(1), 2007, p.52-60.

SILVA, E.; WARDE, A.; WRIGHT, D. Using mixed methods for analysing culture: the cultural capital and social exclusion project, *Cultural Sociology*, 3(2), 2009, p.299-316.

WILLIAMS, M.; PAYNE, G.; HODGKINSON, L.; POADE, D. Does British Sociology Count?, *Sociology*, 42(5), 2008, p.1003-21.

REALISMO

Definição prática

Abordagem de pesquisa social que insiste na existência de uma realidade objetiva externa, cujas causas implícitas são sensíveis à investigação científica.

Origens do conceito

Embora o termo "realismo" seja aplicado desde antigamente, ele entrou na ciência social por meio dos debates filosóficos dos séculos XVI e XVII entre os proponentes do realismo e os do idealismo no estudo do conhecimento. Os realistas filosóficos argumentavam que existe um mundo real aí fora que só pode ser conhecido pela observação e experimentação sensorial. A tarefa da ciência é representar o mundo real em suas descrições e explicações de modo que, conforme elas são aprimoradas, nós ficamos cada vez mais próximos da verdade. Os idealistas filosóficos achavam que o conhecimento se originava na mente humana e não no mundo exterior, assim, seriam as estruturas de nosso pensamento que determinariam efetivamente o que se poderia saber sobre o mundo. Não há, portanto, um acesso "direto", sem mediação, a um mundo externo "aí fora".

Nos anos 1970 surgiu uma forma de realismo "crítico" revigorado associado a ideias de Roy Bhaskar ([1975] 2008), Andrew Sayer (1999), entre outros. O realismo crítico passou a ser visto como uma alternativa

REALISMO 59

às abordagens do **construcionismo social** na Sociologia, seguindo o modelo do antigo debate filosófico entre idealismo e realismo. O realismo crítico procurou preservar as credenciais científicas da Sociologia, mas sem as desvantagens associadas ao positivismo, e evoluiu para uma tradição de investigação particularmente influente na Sociologia britânica. O realismo crítico propõe um método que pode ser usado para estudar fenômenos sociais de todos os tipos, ainda que tenha sido adotado mais amplamente em alguns campos, como a Sociologia **ambiental**, do que em outros.

Significado e interpretação

O realismo crítico não é apenas uma filosofia da ciência, mas também um método de pesquisa que, segundo seus defensores, é capaz de se infiltrar sob a superfície dos eventos observáveis a fim de ter acesso às causas subjacentes ou "mecanismos generativos" dos fenômenos do mundo real. Trata-se de uma autêntica tentativa de manter as ciências sociais como "ciências". Quem a endossa afirma que é tarefa dos cientistas revelar os processos sociais implícitos que produzem o mundo que vivenciamos e observamos. O ponto de partida dos realistas é que as sociedades humanas fazem parte da natureza e que ambas deveriam ser estudadas conjuntamente usando-se o mesmo método. Isso não significa, porém, importar os métodos das ciências naturais para a Sociologia. Em vez disso, o que se afirma é que o método realista é apropriado tanto para as ciências naturais quanto para as sociais.

Um dos princípios fundamentais do realismo crítico é o de que o conhecimento é estratificado; os realistas trabalham com níveis de conhecimento abstratos e concretos. O conhecimento abstrato é formado pelas grandes teorias, como as "leis" das ciências naturais ou teorias gerais da sociedade, enquanto o conhecimento concreto se refere ao que é contingente nas circunstâncias historicamente específicas. O estudo de situações históricas específicas ou "conjunções" passa a ser obrigatório, além da pesquisa empírica detalhada, a fim de abordar como fatores contingenciais interagem com relações necessárias para produzir resultados conjunturais específicos que podem ser observados. Em um exemplo simples, Dickens (2004) afirma que a pólvora possui uma estrutura química instável, o que lhe concede o **poder** de eventualmente explodir. Contudo, se esse poder será ou não acionado dependerá de outros fatores contingenciais – como foi armazenada, está ou não conectada a uma fonte de combustão e em que quantidade está disponível. Da mesma maneira, os seres humanos possuem certos poderes e recursos (natureza humana), mas se irão ou não conseguir colocá-los em prática também dependerá de fatores historicamente contingenciais: são viabilizados ou limitados pelas relações sociais existentes e a sociedade oferece oportunidades suficientes para que essas habilidades sejam usadas?

Nitidamente o realismo crítico aborda a produção de conhecimento de uma maneira diferente do construcionismo social. Os estudos construcionistas muitas vezes adotam uma postura "agnóstica" em relação à realidade de um problema social como o aquecimento global, deixando essas análises a cargo de cientistas ambientais e outros. No entanto, os realistas desejam aproximar o conhecimento científico natural e social, o que deveria produzir uma compreensão melhor e mais abrangente sobre o aquecimento global e suas causas subjacentes ou "mecanismos generativos". Alguns realistas críticos veem a teoria da **alienação** de Marx como uma precursora da teoria social realista, na medida em que ela conecta a teoria da natureza humana a fatores contingenciais como o surgimento de relações sociais capitalistas, que efetivamente impedem os humanos de compreender totalmente seu "ser enquanto espécie".

Aspectos controversos

Um dos problemas com o realismo crítico é a sua predisposição em lançar mão do conhecimento das ciências naturais. Considerando que os sociólogos não têm um treino rotineiro nas ciências naturais e não estão preparados para entrar em debates sobre, por exemplo, a física e a química dos processos de mudança climática, baseados em que eles, como *sociólogos*, poderiam avaliar essas constatações? Se simplesmente aceitarmos o conhecimento científico natural, isso pareceria para muitos construcionistas sociais uma certa ingenuidade. Isso acontece particularmente considerando a extensa tradição dentro da Sociologia do Conhecimento Científico de estudar os processos pelos quais se chega ao consenso científico. Para os sociólogos da ciência, é absolutamente necessário adotar uma postura agnóstica a fim de manter uma imparcialidade relativa necessária para se infiltrar pelos procedimentos experimentais e outros métodos científicos.

Há ainda um debate dentro do realismo crítico referente a até que ponto as ciências naturais e sociais podem ser estudadas com o mesmo método. O próprio Bhaskar, por exemplo, afirmou que existem diferenças fundamentais entre as ciências sociais e as naturais. Para ele, as estruturas sociais são diferentes das estruturas naturais. As estruturas sociais não duram por longos períodos e não são independentes das percepções das pessoas de suas ações. Portanto, pode ser necessário usar métodos diferentes para estudar os fenômenos sociais e naturais. Contudo, se isso for verdadeiro, então o realismo crítico talvez não ofereça o tipo de abordagem unificadora que o torna tão atraente como uma alternativa ao pós-modernismo e a outras "Sociologias decorativas".

Relevância contínua

Apesar das críticas, podemos dizer que todos os estudos sociológicos *na prática* adotam alguma forma de realismo "simples", não importando se a perspectiva é teórica ou metodológica. Qual seria o sentido de fazer pesquisas se não achássemos que existe um mundo social real lá fora que valesse a pena ser estudado? O realismo crítico é visto como uma forma de afastar a Sociologia de alguns dos rígidos argumentos construcionistas sociais que negam a realidade do mundo natural. Para muitos sociólogos que veem o construcionismo rígido como abdicação da responsabilidade profissional, o realismo crítico talvez ofereça a alternativa não positivista mais atraente disponível hoje.

Provavelmente a melhor forma de compreender o realismo crítico é observar alguns exemplos específicos. Por exemplo, Suzanne Fitzpatrick (2005) mostra como a abordagem do realismo crítico à análise dos problemas sociais pode produzir análises mais rigorosas e adequadas. Fitzpatrick explorou o problema dos sem-teto, argumentando que as abordagens ao problema dominantes no momento associam fatores individuais e estruturais, chegando a explicações supostamente mais abrangentes. Contudo, muitas delas também apresentam fatores estruturais – como a **pobreza** – como mais significativos. Uma abordagem realista aceita o fato de que as explicações são sempre contingenciais, logo, enquanto o desemprego geral pode afetar mais o aumento do desemprego entre jovens, fatores pessoais como privações poderiam afetar mais os idosos. O equilíbrio entre causas individuais e estruturais difere entre grupos sociais e determinados tipos de ausência de moradia. Pode-se dizer que a abordagem realista é a que melhor atende essa complexidade.

O realismo crítico também foi empregado no estudo do crime e é visto como defensor da possibilidade de reavivar a relevância política da criminologia. Matthews (2009) afirma que grande parte da criminologia contemporânea é pessimista quanto à intervenção para reduzir o crime e a reincidência, pois nada parece funcionar. No entanto, ele sugere que o realismo demanda intervenções para além de meras estratégias ou práticas. As intervenções agregam teorias sobre o que *pode* funcionar em determinados contextos, e um importante aspecto não é apenas a intervenção, mas a avaliação a fim de identificar os pontos em que a intervenção fracassa. Como todas as intervenções têm como alvo agentes humanos ativos, seu objetivo é mudar ou delinear o processo de raciocínio de um criminoso em potencial. Para Matthews (2009, p.357), ainda que tais intervenções não tenham um impacto transformador radical, "até os pequenos ganhos são ganhos" que podem conduzir a outras reformas.

Referências e leitura complementar

BHASKAR, R. A. *A Realist Theory of Science*. London: Verso, 2008 [1975].
[Ed. Bras.: *Uma teoria realista da ciência*. Niterói: UFF, 2000.]
CARTER, B. *Realism and Racism*: Concepts of Race in Sociological Research. London: Routledge, 2000.

DICKENS, P. *Society and Nature*: Changing our Environment, Changing Ourselves Cambridge: Polity, 2004, esp. p.1-24.

FITZPATRICK, S. Explaining homelessness: a critical realist perspective, *Housing, Theory and Society*, 221, 2005, p.1-17.

MATTHEWS, R. Beyond "So what?." criminology, *Theoretical Criminology*, 133, 2009, p.341-62.

SAYER, A. *Realism and Social Science*. London: Sage, 1999.

REFLEXIVIDADE

Definição prática

Caracterização da relação entre conhecimento e **sociedade** e/ou pesquisador e sujeito, focando na reflexão contínua dos atores sociais em si mesmos e seu contexto social.

Origens do conceito

A reflexividade está ligada às ideias de reflexão ou autorreflexão e, portanto, tem uma história muito longa. Contudo, sua aplicação nas **ciências** sociais remonta às ideias de George Herbert Mead (1934) e Charles H. Cooley (1902) sobre o **eu social** [*social self*], à abordagem **construcionista social** de W. I. Thomas e a alguns trabalhos antigos sobre profecias autorrealizáveis e autoderrotistas. Cooley e Mead rejeitavam a ideia de que o eu individual é inato. Em vez disso, Cooley argumentava que o eu [*self*] é criado por meio da **interação** social com outros, pois as pessoas passam a ver a si mesmas da forma como os outros as veem. Segundo a teoria de Mead, essa interação contínua entre o organismo humano biológico e o ambiente social de outras pessoas produz um eu de duas partes consistindo de um "eu" ["*I*"] e um "mim" ["*me*"] que vivem em constante diálogo interno com o indivíduo. Essa reflexividade individual se constitui no pano de fundo da interação social genuína. Entretanto, a reflexividade individual e social se tornou mais central para a teoria social a partir do final do século XX. Sobretudo as ideias teóricas de Ulrich Beck

(1994) e Anthony Giddens (1984) ampliaram o conceito de reflexividade do nível individual para o social, enquanto uma ênfase renovada nos métodos de pesquisa qualitativos atraiu atenção para a natureza fundamentalmente reflexiva da vida social *per se*. A existência da reflexividade individual e social fatalmente acabou com qualquer vestígio de positivismo na Sociologia.

Significado e interpretação

Para Cooley, Mead e a tradição interacionista simbólica como um todo, o processo de construção do "eu" [*self*] torna os seres humanos "reflexivos" – ativamente engajados na vida social e, ao mesmo tempo, capazes de refletir sobre ela. A reflexividade individual significa que agentes humanos ativos conseguem surpreender as previsões dos cientistas sobre como irão ou deveriam se comportar, e demonstra ainda que aquela coisa chamada "sociedade" é uma contínua construção social e não uma entidade fixa, objetiva, desvinculada dos indivíduos. As profecias que se realizem também ilustram algumas das consequências da reflexividade. Boatos de problemas em um banco solidamente seguro podem fazer que investidores se apressem para sacar seu dinheiro, o que por sua vez concretiza a falsa profecia levando o banco a de fato ter problemas (Merton, 1957 [1949]). Conhecimento e informação de todos os tipos têm o poder de alterar os processos de tomada de decisões das pessoas e conduzir a ações imprevisíveis.

Na obra de Anthony Giddens, Ulrich Beck e outros autores, a reflexividade é um conceito-chave de compreensão das sociedades contemporâneas. Giddens e Beck afirmam que a **modernidade** "tardia" é um contexto social "destradicionalizado" em que os indivíduos são isolados da estrutura social e, em consequência, forçados a serem continuamente reflexivos em relação à própria vida e identidade. Essa forma emergente de sociedade é denominada por Beck de "modernização reflexiva", "segunda modernidade" ou "sociedade de risco" além da forma industrial. As consequências dessa reflexividade intensificada para a prática da pesquisa são supostamente profundas. As descobertas da pesquisa sociológica se tornam parte da reserva de conhecimento da sociedade. Esse conhecimento é retido pelos indivíduos e sustenta sua tomada de decisões. O tipo de efeito recursivo evidente nas profecias autorrealizáveis e autoderrotistas se torna parte integrante da vida social como tal. Dessa forma, uma abordagem meramente positivista baseada no estudo objetivo do mundo externo "lá fora" parece equivocada, na medida em que a lacuna entre pesquisador e sujeito da pesquisa é erodida. Da mesma maneira, os métodos adotados por sociólogos precisam refletir isso, o que pode ser o motivo pelo qual os métodos qualitativos como pesquisa biográfica, história oral e inclusão da biografia do próprio pesquisador no processo de pesquisa cresçam em popularidade. O conceito de reflexividade se tornou fundamental para a criação de teorias sociais e para os métodos de pesquisa sociológica, enfatizando as inevitáveis conexões entre ambos.

Aspectos controversos

A teoria de modernização reflexiva e a intensificação da individualização pressuposta por ela ficam sujeitas a críticas em bases empíricas. Embora algumas mudanças sociais descritas pela teoria sejam incontestáveis – a diversificação da vida em **família**, mudanças nas taxas de casamentos e divórcios, por exemplo –, a ideia de que a sociedade industrial tenha viabilizado uma nova forma de modernidade reflexiva é polêmica. Administrar **riscos** realmente se tornou o novo princípio de organização das sociedades contemporâneas? Os processos de produção industrial agora estão em escopo global, com a maior parte da manufatura ocorrendo em países em desenvolvimento, e é contestável a visão de que o **capitalismo** industrial continua sendo a melhor caracterização das sociedades hoje. A tese de individualização e maior reflexividade também pode ser exagerada. Ainda que as pessoas talvez não se identifiquem conscientemente com uma **classe social**, por exemplo, de forma muito parecida como ocorria na primeira metade do século XX, não é certo afirmar que sua vida e as oportunidades de vida não sejam mais influenciadas por posicionamento de classe. De fato, houve uma forte reação contra a tese de individualização na medida em que os sociólogos demonstraram a contínua proeminência da classe.

A adoção da reflexividade na pesquisa sociológica também foi recebida de formas diferentes. Para alguns, o ímpeto de incluir a biografia do próprio pesquisador no processo de pesquisa pode facilmente levar a desvios para autocomplacência e descrições irrelevantes de detalhes pessoais. Além disso, o foco na reflexividade pode conduzir a um processo interminável de reflexão sobre reflexão e interpretação sobre interpretação, que traz o risco de paralisar os pesquisadores que são pegos em uma prática própria em detrimento do que muitos consideram ser a verdadeira tarefa da Sociologia, ou seja, produzir conhecimento válido e confiável da vida social a fim de compreendê-la e explicá-la melhor. Também não fica claro como a prática da pesquisa reflexiva poderia ser aplicada às pesquisas sociais e de atitude em larga escala que ainda são necessárias se quisermos descobrir os padrões e as regularidades que constituem a base das sociedades.

Relevância contínua

Nem todos que adotam métodos de pesquisa mais reflexivos em seu trabalho endossariam a teoria de modernização reflexiva de Beck ou a tese de destradicionalização de Giddens. Para muitos, a reflexividade é apenas parte da forma como eles abordam a tarefa de estudar a sociedade, forma esta que os ajuda a se conscientizarem melhor de suas próprias inclinações e pressuposições teóricas. Sem dúvida, uma dose de reflexividade pode ser muito saudável para pesquisadores que não têm por costume refletir sobre seus arraigados hábitos e práticas.

Para se ter uma ideia do que significa para um pesquisador levar a si mesmo para o processo de pesquisa, procure a obra *Becoming a Reflexive Researcher* [Tornando-se um pesquisador reflexivo] (2004), de Kim Etherington, um guia prático de como fazer pesquisa reflexiva. Contudo, nem todos os sociólogos são a favor de pesquisadores dispondo de detalhes pessoais e biográficos como parte de seus estudos, o que pode parecer autocomplacente e talvez irrelevante. Entretanto, atualmente, parece provável que vejamos pesquisadores mais novos procurando cada vez mais incluir a reflexividade em seus projetos de pesquisa.

Referências e leitura complementar

BECK, U. The reinvention of politics: towards a theory of reflexive modernization. In: BECK, U.; GIDDENS, A.; LASCH, A. *Reflexive Modernization*: Politics, Tradition and Aesthetics in the Modern Social Order. Cambridge: Polity,1994, p.1-55.

[Ed. Bras.: *A modernização reflexiva: política, tradição e estática na ordem social moderna*. 2.ed. São Paulo: Editora Unesp, 2012.]

BUTTEL, F. H. Classical theory and contemporary environmental sociology: some reflections on the antecedents and prospects for reflexive modernization theories in the study of environment and society. In: SPAARGAREN, G.; MOL, A. P. J.; BUTTEL, F. H. (eds.). *Environment and Global Modernity*. London: Sage, 2002, p.17-40.

COOLEY, C. H. *Human Nature and the Social Order*. New York: Scribner's, 1902.

ETHERINGTON, Kim. *Becoming a Reflexive Researcher*: Using our Selves in Research. London: Jessica Kingsley, 2004.

FINLAY, L.; GOUGH, B. (eds.). *Reflexivity*: A Practical Guide for Researchers in Health and Social Sciences. Chichester: Wiley-Blackwell, 2003.

GIDDENS, A. *The Constitution of Society*. Cambridge: Polity, 1984.

[Ed. Bras.: *A constituição da sociedade*. São Paulo: Martins Fontes, 2003.]

MEAD, G. H. *Mind, Self and Society*. C. W. Morris (ed.). Chicago: University of Chicago Press, 1934.

[Ed. Bras.: *Mente, self e sociedade*. São Paulo: Ideias e Letras, 2010.]

MERTON, R. H. *Social Theory and Social Structure*. rev. edn. Glencoe, IL: Free Press, 1957 [1949].

TIPO IDEAL

Definição prática

Construção "pura" de um fenômeno social feita pelo pesquisador, enfatizando apenas alguns de seus principais aspectos, usados para abordar as semelhanças e as diferenças em relação a casos concretos do mundo real.

Origens do conceito

O conceito de tipo ideal foi criado por Max Weber como parte de seu método de estudo da ação social como uma forma de Sociologia. Para Weber, compreender e explicar a vida social não foi possível usando os mesmos métodos empregados pelas **ciências** naturais. Os seres humanos, ao contrário de outros seres encontrados na natureza, criam um ambiente com significados, e para poder compreender suas ações individuais é preciso inseri-las no contexto desse ambiente social. Obviamente as pessoas criam organizações e instituições sociais, vistas por alguns sociólogos como seu principal objeto de pesquisa. Weber (1949 [1904]), porém, afirmava que uma explicação total do fenômeno social precisa ser compreensível no nível da ação individual. Essa abordagem da Sociologia é conhecida como *Verstehen*, e Weber a usava para explorar as origens e os principais aspectos do **capitalismo** e sua relação com a crença religiosa, os diferentes tipos de vida econômica nas sociedades, os tipos de **autoridade** e liderança e as formas de organização em diferentes períodos históricos. A construção de tipos ideais foi um elemento importante do método de Weber, que possibilitava a ele reunir os níveis macro e micro da análise sociológica.

Significado e interpretação

Os tipos ideais são "construções" – ou seja, são criados por pesquisadores com base em critérios originados de seu interesse em um determinado fenômeno social. Por exemplo, seria possível construir um

TIPO IDEAL

tipo ideal de socialismo, **democracia**, crime cibernético, **sociedade** de consumo ou **pânico moral**. Contudo, ao fazer a construção, nosso objetivo não é combinar o maior número possível de aspectos do fenômeno a fim de produzir um retrato exato dele. Como, segundo Weber, a Sociologia não consegue reproduzir os métodos experimentais usados pelas ciências naturais, precisamos encontrar outras formas de obter conhecimento válido sobre a sociedade, e o tipo ideal é uma ferramenta útil que nos ajuda nessa tarefa.

Por exemplo, se quiséssemos compreender o "novo terrorismo", poderíamos identificar alguns de seus aspectos típicos a partir da observação – talvez suas conexões mundiais, suas formas organizacionais informais, seus objetivos díspares e sua prontidão para o uso de violência extrema contra alvos civis. Em seguida, poderíamos criar nosso tipo ideal conforme essas características centrais. Claro que casos reais de novo terrorismo incluirão mais do que apenas esses elementos e, em alguns casos, um ou mais elementos podem sem dúvida ser incluídos. Entretanto, ao criar o tipo ideal, estamos intencionalmente dando origem a um modelo unilateral, uma forma pura que provavelmente não existe ou nunca poderia existir na realidade. Essas pessoas, células e organizações envolvidas no novo terrorismo podem, na verdade, ter comportamentos divergentes de nosso tipo ideal. No entanto, o objetivo do exercício é ressaltar uma forma logicamente derivada do novo terrorismo que nos permitirá compará-lo com muito mais facilidade com formas mais antigas e identificar semelhanças significativas e diferenças cruciais entre casos do mundo real. Os tipos ideais são aparatos heurísticos – ferramentas de pesquisa usadas pelos sociólogos para criar hipóteses e fazer comparações.

Um tipo ideal se assemelha a um ponto de vista a partir do qual podemos observar o mundo social, um ponto de referência que permite ao pesquisador começar a formular algumas perguntas realistas sobre o fenômeno em questão. Portanto, jamais se pode afirmar que os tipos ideais são verdadeiros ou falsos, e não era a intenção de Weber que eles devessem ser testados em relação a casos empíricos tal qual nos casos de hipóteses científicas, sendo tratados como fraude quando casos negativos fossem encontrados. Seu valor está na pesquisa que deles se origina e na contribuição que fazem para a nossa compreensão. Se os tipos ideais não são capazes de nos oferecer um entendimento melhor da realidade ou apenas não funcionam para gerar outros estudos e questões de pesquisa, eles simplesmente serão abandonados como, mera e literalmente, inúteis.

Aspectos controversos

Os críticos de Weber veem os tipos ideais como algo de uso limitado na Sociologia. Norbert Elias, por exemplo, comentou causticamente que era esquisito pensar que deveríamos gastar nosso tempo construindo tipos ideais quando podemos, em vez disso, estudar "tipos reais" ou casos empíricos. A crítica é oportuna, embora seja preciso lembrar que o objetivo dos tipos ideais é que façam parte dos estágios preliminares de pesquisa para então evoluir para estudos empíricos formais. O problema dos tipos ideais está mais na forma como são usados do que no conceito em si. Em particular, o que começa como um aparato heurístico para auxiliar a compreensão pode rapidamente se tornar uma caracterização real que precisa ser defendida. Em suma, um tipo ideal fictício passa a ser tratado como se representasse um fenômeno social real e, em vez de ajudar na compreensão, torna-se um obstáculo para ela. Talcott Parsons observou esse deslize até mesmo na própria obra de Weber sobre o "capitalismo", em que ele transita entre a construção e a forma histórica única. Na visão de Parsons, o tipo ideal é útil para identificar aspectos gerais de fenômenos sociais para estudos comparativos, porém é muito menos útil para investigar **culturas** e períodos históricos únicos, que exigem detalhada investigação empírica.

Relevância contínua

Os tipos ideais continuam sendo usados na Sociologia, sobretudo quando surgem fenômenos aparentemente novos. Todos os sociólogos que pesquisam "novos" **movimentos sociais** (NMSs), o "novo" terrorismo

TIPO IDEAL 71

ou "novas" guerras construíram tipos ideais do fenômeno que desejam estudar, os quais são então usados para orientar sua pesquisa sobre casos específicos. Por exemplo, as teorias dos NMSs dos anos 1980 os retratavam como organizados de maneira relativamente informal, abarcando sobretudo as novas classes médias, que empregavam ações simbólicas diretas para levar novos problemas, como questões relacionadas ao **meio ambiente**, à atenção pública. Esse modelo tipicamente ideal foi na época alvo de críticas implacáveis, pois sociólogos da História como Craig Calhoun (1993) não tardaram a encontrar "novos movimentos sociais" no século XIX. Contudo, sem o tipo ideal inicial para orientar os esforços da pesquisa subsequente, talvez não tivéssemos chegado à atual e mais realista compreensão dos novos movimentos. Esse é um bom exemplo do valor permanente do tipo ideal como uma ferramenta heurística que estimula a pesquisa e nos ajuda a compreender melhor os fenômenos sociais.

Em uma crítica do tipo de análise de classe conduzida por pesquisadores que tentavam explorar o esquema de classes de Goldthorpe, Prandy (2002) observa algumas semelhanças com os tipos ideais weberianos e seus problemas. Muitos estudos empíricos de classe social precisam necessariamente resumir toda uma série de características em categorias de classe tipicamente ideais. Em certo sentido, trata-se de um procedimento similar à produção de estereótipos na vida social: em ambos os casos, os tipos resultantes são, inevitavelmente, simplificações excessivas que não visam representar com precisão grupos de classe do mundo real. Por causa disso, a preocupação de Prandy é que teorias alicerçadas nesse tipo de análise sejam efetivamente isoladas da falsificação empírica. O artigo investiga uma potencial alternativa a esse método padrão.

Referências e leitura complementar

CALHOUN, C. "New Social Movements" of the early nineteenth century, *Social Science History*, 17(3), 1993, p.385-427.

HEKMAN, S. J. *Weber, the Ideal Type and Contemporary Social Theory*. Notre Dame, IN: University of Notre Dame Press, 2006 [1983].

PARKIN, F. *Max Weber*. rev. edn. London: Routledge, 2009 (esp. cap. 1).

PRANDY, K. Ideal types, stereotypes and classes, *British Journal of Sociology*, 53(4), 2002, p.583-601.

WEBER, M. Objectivity in social science and social policy. In: SHILS, E. A.; FINCH, H. A. (eds.). *The Methodology of the Social Sciences*. New York: Free Press, 1949 [1904], p.50-112.

[Ed. Bras.: A "Objetividade" do conhecimento na Ciência Social e na Ciência Política. In: *Metodologia das ciências sociais*. São Paulo: Cortez, 1992, p.107-154.]

TEMA 3
MEIO AMBIENTE E URBANISMO

ALIENAÇÃO

Definição prática

Separação ou dissociação dos seres humanos de algum aspecto essencial de sua natureza ou da **sociedade**, muitas vezes resultando em sentimentos de impotência e desamparo.

Origens do conceito

A aplicação sociológica do termo "alienação" advém das ideias originais de Marx relacionadas ao impacto do **capitalismo** nas relações sociais e à falta de controle que os seres humanos têm sobre a própria vida. Marx, porém, foi influenciado pela crítica filosófica de Ludwig Feuerbach ao cristianismo. Com a ideia religiosa de um Deus todo poderoso e onisciente, o cristianismo era uma projeção do que na verdade seriam poderes humanos sobre um ser espiritual, sendo a salvação humana alcançável somente após a morte, não neste mundo. Feuerbach via isso como uma forma de alienação ou dissociação e uma mistificação dos poderes humanos que precisavam ser expostos e eliminados.

Marx (2007 [1844]) retirou o conceito de alienação desse contexto essencialmente religioso e o usou para analisar as condições de trabalho e vida em sociedades seculares inseridas no capitalismo industrial. Para Marx, a "salvação" humana está em tomar à força o controle coletivo sobre todos os aspectos da sociedade de uma pequena **classe** dominante no poder que explora a massa de trabalhadores. Algumas crenças religiosas faziam parte do controle ideológico que incentivava os trabalhadores a aceitar sua sina em vez de genuína salvação na eternidade. No século XX, os sociólogos industriais usavam o conceito de alienação para embasar estudos empíricos das relações no local de trabalho sob diferentes sistemas gerenciais. Esse conjunto de pesquisas posterior tendia a ser muito mais psicológico-social do que os primeiros estudos marxistas.

Significado e interpretação

Alienação é um conceito que escapou do **discurso** sociológico para análises da mídia e linguagem cotidiana. É comum escutarmos que toda uma geração está se tornando "alienada da sociedade", por exemplo, ou que as subculturas jovens representam a alienação destes em relação aos valores tradicionais. Obviamente a ideia de distanciamento ou separação é evidente aqui; porém, em Sociologia, a alienação está ligada às desigualdades das sociedades capitalistas. A abordagem do materialismo histórico de Marx teve início com o modo como as pessoas organizam suas tarefas em conjunto para produzir bens e sobreviver. Para Marx, ser alienado é estar em uma condição objetiva que possui consequências reais, e a chave para mudar essa situação é uma questão de mudar não aquilo que pensamos ou acreditamos, mas a forma como vivemos, a fim de obter mais controle sobre as nossas circunstâncias. Pode parecer que antigamente a vida do trabalho era mais exigente do ponto de vista físico, abundante e exaustiva. Para muitos grupos sociais, como camponeses e artesãos, entretanto, o trabalho era qualificado e prazeroso em si mesmo, permitia mais controle sobre as tarefas profissionais do que nas fábricas modernas, nos grandes escritórios corporativos, nas centrais de atendimento ou nos restaurantes de *fast-food*. O trabalho hoje pode, em muitos aspectos, exigir

ALIENAÇÃO   75

menos fisicamente do que no passado, mas não oferece mais controle e, portanto, continua produzindo níveis elevados de alienação. A teoria de Marx sugere que a produção capitalista cria alienação em quatro áreas principais. Os trabalhadores são alienados de seu próprio *poder de trabalho*: precisam trabalhar como e quando for exigido e executar tarefas definidas por seus empregadores. São alienados dos *produtos* de seu trabalho, apropriados com êxito pelos capitalistas para serem vendidos no mercado visando a obtenção de lucros, enquanto os trabalhadores recebem apenas uma fração em forma de salário. Os trabalhadores também são alienados *uns dos outros*, na medida em que o capitalismo obriga os trabalhadores a competir por vagas, e as fábricas e regiões a competir por participação no mercado. Por fim, Marx defende que, como o trabalho é uma característica essencial e determinante da natureza humana, a alienação das pessoas do trabalho das formas descritas anteriormente significa que se tornaram alienados do próprio *"ser da espécie"*. O trabalho não é mais prazeroso em si mesmo, mas se tornou um mero meio para um fim – receber salários para sobreviver. Isso é representado pelas conotações negativas ligadas à própria ideia de "trabalho" e sua separação da esfera muito mais agradável do "lazer". A solução ansiada por Marx é o fim das relações de exploração capitalistas e a transição para o comunismo, no qual o controle coletivo do processo de produção se estabelece e a alienação é abolida.

Aspectos controversos

A tese de Marx foi influente, embora seja bastante genérica e abstrata, além de estar intimamente conectada com sua teoria social geral, com conclusões revolucionárias. Para tornar o conceito útil para pesquisas empíricas, os sociólogos o despiram dessas conexões e, como resultado, ficou possível comparar níveis de alienação em diferentes ambientes profissionais e sob diferentes regimes gerenciais. Durante o século XX, houve diversas tentativas de operacionalizar o conceito. Um exemplo é *Alienation and Freedom* [Alienação e liberdade] (1964), de Robert Blauner, que comparou os efeitos alienantes das condições de trabalho em quatro setores. Para fazer isso, Blauner começou a medir os níveis de alienação conforme vivenciados pelos próprios trabalhadores de acordo com relatos subjetivos de impotência, irrelevância, isolamento e autoisolamento. Com base nesses critérios, descobriu que o trabalho na linha de montagem tendia a gerar níveis mais elevados de alienação, mas que esta foi reduzida quando a linha foi automatizada. Ao contrário de algumas teorias marxistas, que viam a automatização como um elemento desqualificador dos trabalhadores, Blauner dizia que a automatização, na verdade, resulta em uma força de trabalho mais integrada que sentia ter mais controle de sua vida profissional. A introdução de percepções subjetivas à teoria foi inovadora e trouxe as visões dos trabalhadores para as teorias sociológicas sobre alienação. Também sugeria que a alienação poderia ser reduzida sem a destruição do capitalismo.

Relevância contínua

O conceito de alienação surge inextricavelmente conectado à teoria marxista, apesar das tentativas de ampliá-lo para uma aplicação sociológica mais genérica. Como os regimes chamados marxistas entraram em colapso após 1989 e a teoria marxista revolucionária perdeu espaço, o conceito de alienação parece menos relevante para o futuro da disciplina. Contudo, os estudos das práticas gerenciais japonesas implicitamente partiam do princípio de que a adoção de grupos de trabalho e a tomada de decisões em equipe reduziam a alienação do trabalhador e melhoravam as relações no local de trabalho. Houve ainda tentativas de usar o conceito em outros campos, os quais podem restabelecer o conceito para um novo século.

Smith e Bohm (2008) discordam do vasto uso do conceito durkheimiano de **anomia** em criminologia, argumentando que a alienação proporciona uma perspectiva mais completa e relevante. Os autores sustentam que no cerne da teoria da anomia está a ideia de "ausência de normas", mas essa é apenas uma das cinco dimensões da teoria da alienação. Portanto, as outras quatro dimensões – impotência, insignificância, isolamento e autosseparação – foram totalmente ignoradas. Isso tendeu

DESENVOLVIMENTO SUSTENTÁVEL 77

a produzir uma criminologia que continua próxima demais da política de controle de crime e não consegue explicar o comportamento criminoso. Smith e Bohm afirmam que a alienação é um conceito mais integrativo que detém a possibilidade de encontrar maneiras eficazes de reduzir os efeitos da alienação de uma estrutura social capitalista.

De forma análoga, Yuill (2005) analisa a teoria da alienação em relação à saúde que, segundo ele, foi bastante negligenciada por sociólogos médicos. Isso é estranho, pois a teoria original de Marx se fundamenta na ideia de que as condições exploradoras e alienantes das economias capitalistas impactam e formam seres humanos materiais, emocionais e personificados cujo bem-estar e saúde são nitidamente afetados. Yuill defende a versão de Marx do conceito e analisa alguns exemplos de Sociologia Médica pelas lentes da alienação.

Referências e leitura complementar

ARCHIBALD, W. P. Marx, globalization and alienation: received and underappreciated wisdoms, *Critical Sociology*, 35(2), 2009, p.151-74.

MARX, K. *Economic and Philosophic Manuscripts of 1844*. Ed. and trans. Martin Milligan. Mineola, NY: Dover, 2007 [1844].
[Ed. Bras.: *Manuscritos econômico-filosóficos*. São Paulo: Boitempo, 1997.]

SMITH, H. P.; BOHM, R. M. Beyond anomie: alienation and crime, *Critical Criminology*, 16(1), 2008, p.1-15.

YUILL, C. Marx: capitalism, alienation and health, *Social Theory and Health*, 3, 2005, p.126-43.

DESENVOLVIMENTO SUSTENTÁVEL

Definição prática

Enfoque que combina a conservação em longo prazo do **meio ambiente** natural do planeta com o desenvolvimento econômico nos países em desenvolvimento.

Origens do conceito

O conceito de desenvolvimento sustentável tem origem precisamente no Relatório Brundtland de 1987 da Comissão das Nações Unidas, ainda que existam alguns precursores muito anteriores a isso. Ao final do século XVIII, Malthus escrevia sobre os perigos do contínuo crescimento populacional, o qual, segundo ele, sempre tendia a ultrapassar a capacidade da terra de alimentá-lo. A menos que a população se estabilizasse em um nível seguro, o resultado poderia ser inanição em massa, fome e colapso social. John Stuart Mill (1999 [1848]) dizia que o crescimento econômico sem limites prejudicaria a qualidade de vida e o meio ambiente. Aquilo que Malthus e Mill buscavam era o que hoje chamamos, na linguagem moderna, de uma forma de desenvolvimento sustentável.

Nos anos 1970, o relatório *Os limites do crescimento* (Meadows et al., 1972) usou como ponto de partida cinco tendências globais – aceleração da industrialização, rápido crescimento populacional, vasta desnutrição, diminuição dos recursos não renováveis e deterioração do meio ambiente – e as manipulou a fim de criar cenários futuros. A conclusão foi que o crescimento econômico contínuo era insustentável e se desgastaria até cessar antes de 2100, apesar das novas tecnologias e da duplicação dos recursos disponíveis. O Relatório Brundtland veio em seguida, apresentando uma plataforma política que se vinculasse ao desenvolvimento econômico e à conservação natural por meio da redução da desigualdade mundial.

Significado e interpretação

O relatório seminal *Our Common Future* [Nosso Futuro Comum] (1987) (conhecido como Relatório Brundtland, em homenagem à presidente Gro Harlem Brundtland) foi produzido pela Comissão Mundial sobre Meio ambiente e Desenvolvimento. Nele apresentou-se a famosa definição de desenvolvimento sustentável: "o desenvolvimento que atende às necessidades do presente sem comprometer a capacidade das gerações futuras de atenderem às próprias necessidades". Tal conceito é polêmico em termos políticos, muito flexível e, portanto, dá margem a interpretações conflitantes. Contudo, uma versão dele é usada por ambientalistas, governos e órgãos internacionais na tentativa de encontrar maneiras de lidar com graves problemas ambientais e desigualdades globais. A definição pede que as pessoas hoje encontrem formas de gerar riqueza suficiente para atender às suas necessidades sem prejudicar o meio ambiente natural do qual todos dependemos, de modo que as gerações futuras não sejam prejudicadas.

A associação de *sustentabilidade* e *desenvolvimento* torna esse conceito atraente para ambientalistas e governos no Hemisfério Norte relativamente rico e a todos que trabalham em prol de melhorar as economias do Sul relativamente pobre. Ele apontou para muitos objetivos que englobam uma série de indicadores sociais como **educação** e alfabetização, saúde, fornecimento de serviços e participação da comunidade. Ao mesmo tempo, os indicadores ambientais, como auditorias ambientais corporativas e governamentais, qualidade do ar nas cidades, reciclagem e muitos outros, procuram reduzir o impacto humano no meio ambiente. Até agora, os resultados das iniciativas de desenvolvimento sustentável são bastante mistos, com muitas iniciativas da comunidade em pequena escala e progressos em alguns, mas não todos, indicadores.

Uma avaliação geral foi fornecida pelo relatório da Junta Coordenadora da Avaliação Ecossistêmica do Milênio da ONU (2005), que concluiu que a humanidade continuava abusando de seus meios, exercendo uma pressão insustentável sobre o meio ambiente global. Em particular, ressaltou que o comprometimento em deixar um planeta adequado para que as futuras gerações suprissem suas próprias necessidades não poderia ser assegurado e que as Metas do Milênio de reduzir à metade de a pobreza e a desnutrição globais até 2015 não seriam alcançadas. Na verdade, a desigualdade mundial estava crescendo, os danos ambientais se agravando e cerca de 1,8 milhão de pessoas por ano estava morrendo como consequência de falta de higiene, saneamento básico ou fornecimento de água adequados – exemplos que em nada endossam o conceito e a prática do desenvolvimento sustentável.

Aspectos controversos

A possibilidade de inclusão do desenvolvimento sustentável é uma possível força, pois permite que todos participem. No entanto, também pode fazer o **discurso** público de sustentabilidade parecer incoerente, significando "tudo para todos", mas, no final das contas, causando pouco impacto. Depois de quase 25 anos de iniciativas de desenvolvimento sustentável, o progresso real nos problemas mais urgentes e prementes continua ilusório. Talvez um dos motivos pelos quais o desenvolvimento sustentável ainda não tenha cumprido sua promessa inicial seja que o conceito fora esvaziado de conteúdo radical e usado como arremedo **ideológico** para promover projetos não sustentáveis. Em suma, aquilo que passa por desenvolvimento sustentável, na prática, "não é nem sustentável, nem desenvolvimento" (Luke, 2005).

Outros críticos combatem o conceito propriamente dito. Por ter origem dentro da política conservacionista e ambiental ocidental, há um caráter tendencioso inerente a favor do principal problema do mundo industrializado, ligado à proteção ambiental, em vez da preocupação fundamental do mundo em desenvolvimento, ou seja, eliminar a **pobreza** material. Isso resulta no espetáculo de mau exemplo dos governos ocidentais que punem os países em desenvolvimento pelo fracasso em proteger florestas tropicais e recifes de coral, enquanto o Ocidente continua esbanjando recursos. Por outro lado, os países em desenvolvimento se queixam de que as restrições propostas para as emissões de gases de efeito estufa não levam em consideração o fato de que, para os países ricos, a maior parte dessas emissões são de "luxo" (como as produzidas por automóveis particulares), ao passo que para os países mais pobres são "emissões de sobrevivência" para o tão necessário desenvolvimento econômico. Polêmicas como essas podem ser exemplos de que sustentabilidade e desenvolvimento são metas incompatíveis.

Relevância contínua

É muito fácil criticar o conceito de desenvolvimento sustentável. Ele é ambicioso, quase utópico, uma tentativa de solucionar a maioria

DESENVOLVIMENTO SUSTENTÁVEL   **81**

dos problemas insolucionáveis do mundo moderno. É mais recomendável, no entanto, analisar o desenvolvimento sustentável como um processo contínuo, e é esse processo que realmente importa. Além disso, existem poucas – se é que existem – alternativas sérias que atraiam tantas pessoas, governos e ONGs. É de se considerar ainda que grande parte das críticas mais mordazes vêm de dentro e não de fora. O Relatório Ecossistêmico do Milênio *Vivendo além dos nossos meios* (2005) é um bom exemplo, admitindo o parco progresso até o momento e forçando, ou constrangendo, os governos dos países a se empenharem mais. Contanto que essa autocrítica baseada na prática e observação continue, o desenvolvimento sustentável provavelmente continuará em destaque por um bom tempo.

Uma das formas de desenvolvimento econômico que também poderia ser sustentável é o turismo, sobretudo quando comparado com a produção industrial e a poluição que ela acarreta. Contudo, o turismo possui seus próprios impactos ambientais, e Mbaiwa e Stronza (2009) exploram a viabilidade do "ecoturismo" em países em desenvolvimento. O ecoturismo se baseia em três princípios: eficiência econômica, igualdade social e sustentabilidade ecológica. No entanto, muitas empresas de turismo têm sedes no exterior, e as receitas são revertidas para fora dos países em vez de serem aplicadas no desenvolvimento interno. Os autores observam que, na região do delta do Okavanga, em Botsuana, o turismo está nas mãos dos estrangeiros, com 71% da receita repatriada para países desenvolvidos. Os trabalhadores locais costumam receber salários baixos e, enquanto os expatriados dominam posições gerenciais, os locais podem perder o senso de lar, uma vez que o ambiente é transformado para uso dos turistas, e as autoridades locais perdem o controle sobre os recursos. Não há dúvidas de que os desafios para atender aos princípios básicos do ecoturismo são enormes e o artigo aprofunda a questão de como podem ser atingidos.

Referências e leitura complementar

BAKER, S. *Sustainable Development*. London: Routledge, 2005.

MEIO AMBIENTE E URBANISMO

LUKE, T. Neither sustainable, nor development: reconsidering sustainability in development, *Sustainable Development*, 13(4), 2005, p.228-38.

MBAIWA, J. E.; STRONZA, A. L. The challenges and prospects for sustainable tourism and ecotourism in developing countries. In: JAMAL, T.; ROBINSON, M. (eds.). *The Sage Handbook of Tourism Studies*. London: Sage, 2009, p.333-53.

MEADOWS, D. H. et al. *The Limits to Growth*. New York: Universe Books, 1972. [Ed. Bras.: *Os limites do crescimento*. São Cristóvão, RJ; QualityMark, 2007.]

MILL, J. S. *Principles of Political Economy with Some of their Applications to Social Philosophy*. Oxford: Oxford University Press, 1999 [1848]. [Ed. Bras.: *Princípios de economia política*. São Paulo: Abril Cultural, 1996.]

UN MILLENNIUM Ecosystem Assessment Board. *Living Beyond our Means: Natural Assets and Human Well-Being*. Washington, DC: Island Press, 2005. (Disponível em <http:::// www.millenniumassessment.org/en/BoardStatement.aspx>.)

WORLD COMMISSION on Environment and Development. Oxford: Oxford University Press, 1987.

INDUSTRIALIZAÇÃO

Definição prática

Iniciado em meados do século XVIII na Grã-Bretanha e Europa, processo de substituição da mão de obra humana e animal por máquinas, sobretudo no campo da produção e do trabalho.

Origens do conceito

Antes do período moderno, as palavras "indústria" e "industrioso" eram muito usadas no sentido de "diligente". Ao final do século XVI, o termo "indústria" também era usado para descrever manufatura e comércio. Esse significado posteriormente começou a ser bastante usado para descrever determinadas áreas da manufatura, como mineração, eletrônica e até mesmo setores de serviços. Portanto, o conceito de industrialização sugere um processo de mudança em longo prazo, de uma

INDUSTRIALIZAÇÃO

sociedade pré-industrial ou não industrial rumo a uma sociedade primordialmente baseada na manufatura. Nesse sentido, a industrialização talvez seja o aspecto mais significativo do processo de modernização. A Revolução Industrial na Europa e América do Norte começou na Inglaterra entre meados do século XVIII e as primeiras décadas do XIX. Durante esse período, o processo começou a decolar e se perpetuar, com uma série de inovações relacionadas, como mineração de carvão, produção de ferro e novas tecnologias que facilitavam a produção de quantidades maiores de mercadorias. Mais produção significava movimentos populacionais, uma vez que as pessoas deixavam as zonas rurais e agrícolas à procura de trabalho nas cidades em pleno desenvolvimento, sedes de novas fábricas e oficinas.

Ao final do século XIX, já era possível falar em uma sociedade industrial com base em uma mudança tecnológica contínua em que os processos de manufatura dominavam e a grande massa de trabalhadores era empregada na manufatura, não na agricultura. Embora muitos tenham visto nisso um avanço positivo, o período também foi alvo de muitas críticas fervorosas contra as terríveis condições de vida e de trabalho em cidades superlotadas, sem contar o impacto devastador das máquinas sobre as habilidades artesanais tradicionais. Os sociólogos mais antigos estudavam a expansão radical da **divisão do trabalho**, o surgimento do **conflito de classes** e as formas cada vez mais seculares de vida urbana. Desde os anos 1970, os sociólogos argumentam que muitas sociedades previamente industriais se tornaram gradativamente pós-industrializadas, pois uma quantidade cada vez menor de trabalhadores está diretamente envolvida na manufatura e mais pessoas estão empregadas no segmento de serviços nas áreas de **educação**, saúde e finanças.

Significado e interpretação

Industrialização se refere à substituição da mão de obra animal e humana por máquinas. O desenvolvimento tecnológico em si não é novidade e remonta à mais básica fabricação de ferramentas de pedra nas antigas sociedades tribais, o que possibilitou novas práticas sociais como caça e construção de moradias mais eficazes. Contudo, a Revolução Industrial do século XVIII é vista como uma mudança revolucionária equiparável em representatividade àquela criada pela Revolução Neolítica iniciada por volta de 9000 a.c., que trouxe a fixação de comunidades e a produção agrícola. A industrialização transformou o modo como a massa de pessoas vivia o seu cotidiano e das mais variadas maneiras. Portanto, uma sociedade industrial é aquela cuja tecnologia faz a mediação do relacionamento entre os seres humanos e o mundo natural.

A industrialização muda a relação entre pessoas e natureza, pois esta passa a ser cada vez mais vista apenas como fonte de matérias-primas ou recursos destinados ao processo de produção. No início do século XIX, muitos analistas sociais se perguntavam se a industrialização seria apenas um processo em curto prazo que poderia ser interrompido ou revertido, porém ao final do século tal expectativa parecia impossível. Hoje a desindustrialização não só é improvável, mas também impossível sem que antes haja significativas reduções na população global, que cresceu para além de qualquer previsão realizada pelos cientistas sociais. Os níveis populacionais humanos globais de 6 a 8 bilhões só são sustentáveis com a industrialização na produção alimentícia, no transporte e na divisão global do trabalho.

Algumas teorias de mudança pós-industrial da década de 1970 sugerem que a mais recente onda de desenvolvimento eletrônico usando microcircuitos, computação, satélites e tecnologia da informação representa um avanço além da simples industrialização. No entanto, todas essas tecnologias ainda são produzidas em instalações industriais onde as máquinas dominam, não a mão de obra humana e animal. Os computadores ainda precisam ser produzidos em fábricas industriais e funcionam usando eletricidade gerada por usinas elétricas. A internet é um meio de comunicação global maravilhoso, mas não pode ser acessado sem os devidos dispositivos tecnológicos e uma fonte de energia. Talvez seja mais correto descrever o surgimento das tecnologias da informação como uma forma de industrialismo avançado em vez de um movimento que se distancia dos princípios industriais.

INDUSTRIALIZAÇÃO   85

Uma das consequências significativas da industrialização está relacionada à movimentação das pessoas conhecida como urbanização, extremamente acelerada ao longo do século XIX. A produção industrial gerou mais matérias-primas para casas, fábricas e infraestrutura, o que acelerou o abandono da agricultura e do modo rural de vida. Para muita gente, as novas cidades pareciam uma sociedade totalmente nova, com diversas invenções industriais como gás, eletricidade e novas máquinas junto com salários mais altos. Muitos críticos, inclusive William Morris e John Ruskin, na Inglaterra, viram os modos tradicionais de vida e moralidade desaparecerem à medida que novos problemas sociais eram criados. Sociólogos da época também reclamavam sobre a perda de solidariedade social na **comunidade** e o aumento do individualismo e da ação voltada aos próprios interesses (Tönnies, 2001 [1887]).

Aspectos controversos

Em muitos aspectos, a industrialização é um processo contínuo, já que um número crescente de países passa pelo seu próprio processo. No entanto, desde os anos 1970 a teoria da pós-industrialização nos alerta para a forma pela qual as sociedades industriais avançadas transitam em outra direção. Os processos de manufatura migraram para os países em desenvolvimento onde os custos de mão de obra são mais baratos e as regulamentações aplicadas com menos rigidez. Esse processo levou a uma forte diminuição da manufatura nos países desenvolvidos e a uma expansão do emprego no setor de serviços, em que as pessoas trabalham cada vez mais com e para outras pessoas em vez de matérias-primas e máquinas na produção de mercadorias. O trabalho no setor de serviços exige um conjunto de habilidades muito diferente, incluindo o "trabalho emocional", e a isso se atribui a "feminização" da força de trabalho à medida que mais mulheres ocupam empregos remunerados e obtêm ensino superior. Obviamente, nesses países, a industrialização não é o que costumava ser, embora o conceito ainda capte a experiência dos países que passaram recentemente pelo processo de industrialização como China, Filipinas e Índia.

Relevância contínua

A tese pós-industrial descreve a situação em países como Inglaterra, Estados Unidos e França, mas é importante observar que esses países não podem evitar a poluição industrial produzida em outra parte do mundo. As mudanças socioeconômicas vivenciadas no mundo desenvolvido não significam o fim da industrialização, mas apenas que o processo agora envolve o mundo inteiro. A escala de mudança industrial e a transformação da vida humana trazida por ela não são correspondidas pelas mudanças pós-industriais – pelo menos, ainda não. A industrialização foi um avanço histórico mundial que viabilizou um crescimento populacional em ritmo jamais visto, e a produção industrial continua a sustentar essa população.

A maioria dos países em desenvolvimento foi industrializada muito tempo depois do mundo desenvolvido e em um período em que as preocupações ambientais estão no topo do debate político global. O que alguns estudiosos defendem agora é que haja uma forma ecológica de modernização que evite os níveis devastadores de poluição gerados na industrialização anterior e que permita que os países em desenvolvimento se modernizem. Frijns, Phuong e Mol (2000) analisam essa tese em relação ao desenvolvimento no Vietnã a partir de três dimensões: consciência ambiental, relações Estado-mercado e desenvolvimento tecnológico. Nas três eles encontram uma divergência significativa das expectativas da teoria de modernização ecológica (ME), que foi desenvolvida no contexto europeu. Assim sendo, a teoria precisa ser refinada para que possa ser útil em países em desenvolvimento. Entretanto, as reformas no Vietnã em relação à democratização, internacionalização e liberalização econômica podem oferecer possibilidades de uma forma diferente de ME em relação àquela criada na Europa.

Referências e leitura complementar

CLAPP, B. W. *An Environmental History of Britain since the Industrial Revolution*. London: Longman, 1994.

FRIJNS, J.; PHUONG, P. T.; MOL, A. Ecological modernization theory and industrialising economies: the case of Viet Nam, *Environmental Politics*, 9(1), 2000, p.257-92.

KUMAR, K. *From Post-Industrial to Post-Modern Society: New Theories of the Contemporary World*. 2.ed. Oxford: Blackwell, 2005.

TÖNNIES, F. *Community and Society* [Gemeinschaft und Gesellschaft]. Cambridge; New York: Cambridge University Press, 2001 [1887].

MEIO AMBIENTE

Definição prática

Em Sociologia Ambiental, o ambiente natural do planeta Terra, distinto do ambiente econômico, do ambiente corporativo ou de outros ambientes frutos da criação humana.

Origens do conceito

Se "meio ambiente" significa o "ambiente natural", então não difere do conceito de "natureza". "Natureza" é uma palavra muito antiga e complexa com diversos significados, porém, em Sociologia, é muitas vezes compreendida como o oposto de **cultura** ou **sociedade**. O uso de "meio ambiente" para descrever o mundo natural dentro do qual as sociedades existem é muito mais recente. O conceito contemporâneo de meio ambiente é um misto de ideias de forças naturais e coisas naturais, como plantas, animais e ecossistemas. Esse conceito de meio ambiente começou a substituir o de "natureza" no período do pós-guerra e seu uso foi disseminado entre ativistas ambientalistas nos anos 1960 em países desenvolvidos. Contudo, essa origem concedeu ao meio ambiente uma nítida perspectiva moral como algo valioso que precisasse de proteção contra a usurpação pela atividade humana, sobretudo a **industrialização** e a difusão do **urbanismo**. Em seu sentido mais amplo, meio ambiente é o próprio planeta Terra, e as imagens transmitidas por satélite a partir de missões espaciais conferiram ao conceito um símbolo claro e visível amplamente difundido. O meio ambiente entrou na Sociologia conforme questões como chuva ácida, aquecimento global e poluição foram ganhando destaque como problemas graves que exigiam soluções. Hoje, a Sociologia Ambiental é um campo de especialização com grande presença nos Estados Unidos, enquanto na Europa uma Sociologia do meio ambiente fundamentada na perspectiva **construcionista social** tende a dominar.

Significado e interpretação

Muitos sociólogos têm profunda desconfiança com relação a explicações que aplicam conceitos biológicos ao estudo da vida social. Esse é um dos motivos por que o estudo de problemas ambientais demorou tanto tempo para ser aceito na disciplina. Para alguns, os problemas ambientais permanecem à margem da Sociologia se comparados com problemas sociais conhecidos há muito tempo, como desigualdade, **pobreza**, crime e saúde. Para outros, o meio ambiente é um dentre os diversos novos "problemas centrais", incluindo **risco**, terrorismo e **globalização**, os quais estão dando nova forma à Sociologia e às ciências sociais como um todo.

O estudo da relação meio ambiente e sociedade envolve a compreensão tanto das relações sociais como dos fenômenos naturais, pois os problemas ambientais são híbridos entre sociedade e meio ambiente (Irwin, 2001). Isso fica óbvio quando pensamos em poluição por petróleo e do ar, modificações genéticas dos alimentos e aquecimento global que, sem exceção, exigem que os sociólogos se debrucem sobre as evidências científicas naturais. Não se pode esperar que os sociólogos tenham algo de útil a acrescentar sobre esses temas, mas ao menos eles podem compreender por que são temas preocupantes e quais consequências podem trazer para as pessoas. Por outro lado, os problemas ambientais não podem ser completamente "naturais", uma vez que as suas causas são identificadas na atividade humana. Portanto, os cientistas naturais também precisam entender as causas sociais ou o caráter "fabricado" dos problemas ambientais que procuram resolver. De fato, o

MEIO AMBIENTE 89

problema ambiental identificado pelos cientistas naturais como o mais grave – aquecimento global – é bastante aceito como resultado da produção industrial em larga escala e das formas modernas de vida. Os sociólogos que exploram os problemas ambientais costumam cair em um de dois campos. Os construcionistas sociais não subestimam os aspectos "naturais" dos problemas ambientais e tendem a ser agnósticos, questionando se seriam realmente tão graves como afirmam cientistas e defensores da causa. Há um bom motivo para isso. A maioria dos sociólogos não é treinada nas ciências naturais e não possui o conhecimento para entrar em discussões com cientistas naturais. Em vez disso, os construcionistas investigam a história e a sociologia dos problemas ambientais, abrindo as questões para consideração pública geral.

No segundo campo estão os sociólogos ambientais e os realistas críticos. Se os problemas ambientais são reais e urgentes, então deve ser possível entender suas causas sociais e naturais e intervir para solucioná-los. Os realistas críticos, sobretudo os que trabalham na Sociologia britânica, afirmaram que os sociólogos deveriam se aprofundar para além da superficialidade da realidade para explicar os mecanismos ativos na geração de problemas ambientais. Quando a quantidade de CO_2 na atmosfera atinge níveis que retêm mais calor do sol, provocando aquecimento global total da superfície da Terra, começamos a ver como os processos naturais foram gerados, sendo capazes de produzir consequências perigosas. Contudo, os processos naturais foram provocados pela atividade humana durante muito tempo e é preciso entender devidamente quais dessas atividades são causas e quais são meras correlações ou consequências. Os realistas argumentam que não podemos ser agnósticos com relação a esses problemas.

Aspectos controversos

A introdução do meio ambiente na Sociologia foi interpretada como algo problemático. Se os sociólogos precisam se render aos cientistas naturais por causa do seu conhecimento dos problemas ambientais, será que isso comprometeria a abordagem crítica exigida pela Sociologia?

MEIO AMBIENTE E URBANISMO

Considerando as profundas diferenças entre teorias, métodos e tipos de comprovações usados nas ciências naturais e nas sociais, seria realista achar que os profissionais de ambas as ciências conseguiriam trabalhar em equipe? Como muitos pesquisadores da Sociologia adotam uma abordagem construcionista social antagônica ao **realismo** básico inerente às ciências naturais, parece mais provável agora que a Sociologia continuará estudando não só problemas ambientais, mas também os processos e **interações** sociais que estão envolvidos na produção de conhecimento científico sobre eles.

Relevância contínua

Os sociólogos demoraram tempo demais para começar a valorizar a importância dos problemas ambientais, ficando assim muito defasados em relação aos defensores da causa verde e dos cientistas ambientalistas. Meio ambiente é um conceito controverso, e é improvável que um dia se chegue a uma única definição consensual. No entanto, crescem as quantidades de teorias e pesquisas sociológicas sobre meio ambiente, o que enriquece a nossa compreensão da relação entre sociedade e meio ambiente. Diante da alta visibilidade da mudança climática global, iniciativas de **desenvolvimento sustentável** e o crescente interesse em problemas como métodos de produção de alimentos e segurança energética, os sociólogos precisam garantir que tudo isso seja integrado à disciplina se a intenção é que ela permaneça relevante para as novas gerações de estudantes.

Lever-Tracy (2008) afirma que a Sociologia lutou para integrar os problemas ambientais – principalmente o aquecimento global – à disciplina, sobretudo porque os sociólogos desconfiam profundamente dos argumentos "naturalistas", dando preferência ao construcionismo social com o qual já estão habituados. Entretanto, a autora sugere que é chegada a hora de tornar o problema da mudança climática um tema central para a disciplina, com os sociólogos reconhecendo a multidisciplinaridade do tema. Isso é necessário, pois entender o aquecimento global e trabalhar para mitigar seu impacto e reduzir as emissões de carbono exige que os cientistas naturais e sociais trabalhem juntos. Todavia, em resposta a esse artigo, Grundmann e Stehr (2010) defendem uma abordagem construcionista para os problemas ambientais, afirmando que o construcionismo ajuda os sociólogos a evitar que sejam arrastados para debates essencialmente políticos e traz uma perspectiva social equilibrada para as descobertas científicas.

Referências e leitura complementar

DUNLAP, R. E. Paradigms, theories and environmental sociology. In: DUNLAP, R. E.; BUTTEL, F. H.; DICKENS, P.; GIJSWIJT, A. (eds.). *Sociological Theory and the Environment: Classical Foundations, Contemporary Insights.* Lanham, MD: Rowman & Littlefield, 2002, p.329–50.

GRUNDMANN, R.; STEHR, N. Climate change: what role for sociology? A response to Constance Lever-Tracy', *Current Sociology*, 58(6), 2010, p.897–910.

IRWIN, A. *Sociology and the Environment: A Critical Introduction to Society, Nature and Knowledge.* Cambridge: Polity, 2001.

LEVER-TRACY, C. Global warming and sociology, *Current Sociology*, 56(3), 2008, p.445-66.

SUTTON, P. W. *The Environment: A Sociological Introduction.* Cambridge: Polity, 2007.

MIGRAÇÃO

Definição prática

Movimento de pessoas de uma região geográfica para outra, ultrapassando sobretudo as sociedades nacionais, que se tornou mais disseminado e comum no século XX.

Origens do conceito

As pessoas mudam de uma região para outra desde que a história é história, e a migração em grande escala é bastante responsável pela propagação da espécie humana. Em tempos modernos, a **industrialização**

MEIO AMBIENTE E URBANISMO

alterou os padrões migratórios *dentro* de cada país conforme novas oportunidades de trabalho arrastaram imigrantes rurais para as áreas urbanas, enquanto as necessidades de mão de obra de empregados e mercados de trabalho também geraram um enorme volume de migrações entre países. Durante a perseguição nazista das minorias nas décadas de 1930 e 1940, muitos judeus do Leste Europeu foram obrigados a migrar para o oeste do continente para se salvar, o que mostra que a migração é muitas vezes forçada e não uma escolha feita livremente. A migração tende a produzir um misto de grupos étnicos e a criação de sociedades etnicamente diversificadas. Dentro do processo de integração europeia, muitas barreiras ao movimento livre de pessoas foram retiradas, levando a um aumento significativo na migração regional. A migração em grande escala pode, portanto, ter causas distintas, e as teorias a seu respeito precisam levar isso em conta.

Significado e interpretação

Imigração é o processo de entrar em um país com o objetivo de nele se fixar, enquanto emigração se refere à saída de um país para fixação em outro lugar. Agrupados, os padrões migratórios são produzidos de modo a conectar países de origem a países de destino, e isso forma a base da pesquisa nesse campo. A intensificação da migração global desde a Segunda Guerra Mundial, e particularmente em décadas mais recentes, transformou a migração em uma importante questão política no mundo inteiro. A migração não é um fenômeno novo, porém ganhou muito mais força nos tempos modernos, acelerando o processo integrativo da **globalização**. Essa tendência levou algumas pessoas a denominarem o atual período como "era da migração". Por exemplo, desde o final do comunismo no Leste Europeu a partir de 1989, a Europa vivencia uma "nova migração". O resultado direto da abertura das fronteiras foi a migração de milhões de pessoas entre 1989 e 1994, enquanto guerras e conflitos étnicos na antiga Iugoslávia levaram cerca de 5 milhões de refugiados a mudar para outras regiões europeias. Os padrões de migração também passaram a se alterar a partir do momento em que foram borradas

MIGRAÇÃO 93

as linhas entre os países de origem e os países de destino com a desintegração dos Estados.

Quatro modelos podem ser usados para caracterizar os movimentos populacionais globais a partir de 1945 (Castles; Miller, 2008). O *modelo clássico* se aplica ao Canadá, Estados Unidos e Austrália, todos desenvolvidos como "nações de imigrantes". Nesse caso, a imigração foi incentivada e a **cidadania** estendida aos recém-chegados, ainda que restrições e cotas restringissem a chegada anual de novas pessoas. O *modelo colonial*, adotado por França e Inglaterra, oferece mais benefícios aos imigrantes originados de antigas colônias do que de outros locais. O grande número de imigrantes da Comunidade Britânica de Nações vindos da Índia e da Jamaica rumo à Inglaterra após a Segunda Guerra Mundial é um bom exemplo desse modelo. O *modelo de trabalhadores convidados*, no qual os imigrantes são aceitos apenas em regime temporário para atender demandas de curto prazo do mercado de trabalho, aplica-se aos casos de Alemanha, Suíça e Bélgica. Ao contrário dos imigrantes coloniais, os trabalhadores convidados não recebem direitos de cidadania, às vezes nem mesmo após períodos longos de residência. São crescentes as *formas ilegais* de imigração, sobretudo pelo endurecimento das leis sobre a questão nos países desenvolvidos. As pessoas que ingressam em um país dessa forma, como a enorme população de "estrangeiros ilegais" mexicanos no sul dos Estados Unidos ou no tráfico internacional de refugiados que atravessam fronteiras nacionais, muitas vezes acabam conseguindo viver ilegalmente fora das regras da **sociedade** tradicional.

As teorias que explicam os padrões migratórios são pautadas pelos chamados fatores *push* (empurrar) e *pull* (puxar). Os fatores *push* ocorrem dentro de um país e obrigam ou "empurram" as pessoas para que emigrem, como **conflitos**, guerras, fome ou opressão política. Os fatores *pull* ocorrem nos países de destino e atraem novos imigrantes, por exemplo, melhores mercados de trabalho, oportunidades de emprego, melhores condições de vida e incentivo político. Ultimamente, as teorias *push-pull* têm sido consideradas simplistas demais, em especial com os padrões migratórios cada vez mais fluidos e globais. Uma alternativa é conectar os fatores em nível micro e macro. Por exemplo, no nível macro poderíamos citar mudanças de legislação, situação política ou formação de blocos regionais como a UE, que dão margem ao surgimento de uma nova estrutura de migração. Poderíamos então conectá-los aos fatores em nível micro como finanças pessoais, o conhecimento sobre outros países e laços preexistentes com membros da **família**. Dessa forma é possível chegar a explicações mais convincentes e satisfatórias sobre determinadas migrações.

Aspectos controversos

Os críticos das teorias de migração afirmam que a maioria delas não conseguiu se desprender de uma perspectiva muito antiga e convencional, que não foi capaz de se entrosar com os novos trabalhos teóricos como os novos estudos das mobilidades (Urry; Sheller, 2004). A maior parte da pesquisa sobre padrões de migração continua centralizada no Estado, aprofundando-se nos movimentos entre países em vez de tentar compreender padrões regionais ou movimentos *dentro* de grandes áreas urbanas. Novos padrões de migração também passaram a contradizer as ideias convencionais de cidadania e **identidade** baseadas na soberania do Estado-nação, resultando em problemas para as teorias que continuam presas a posições preestabelecidas. Contudo, conforme descrito anteriormente, alguns trabalhos recentes nessa área estão começando a remediar essas potenciais falhas.

Relevância contínua

Os estudos sobre migração demonstram uma tendência a se tornarem uma área fundamental da Sociologia, principalmente se considerarmos o volume, a velocidade e o escopo da migração contemporânea. Portanto, os sociólogos precisam entender os contornos de novos padrões, em contraste com períodos anteriores, como a tendência no sentido da *aceleração* da migração entre fronteiras e da *diversificação*, já que a maioria dos países recebe imigrantes de muitos lugares diferentes. Existe ainda uma tendência voltada à globalização da migração, envolvendo um número muito

MIGRAÇÃO 95

maior de países que são "remetentes" e "destinatários" de imigrantes, e uma *feminização* da migração, com números cada vez mais representativos de migrantes mulheres, mais uma vez contrastando com padrões anteriores (Castles; Miller, 2008). Parece provável que haverá mais migração, cuja maior parte será composta de mulheres, e que os países irão conviver com uma diversidade maior de grupos de imigrantes. Não menos significativo é o fato de que a migração está se tornando um aspecto "normal" de nosso mundo global e, para administrá-lo, governos e órgãos internacionais terão de encontrar maneiras criativas.

Uma útil iniciação aos estudos sobre migração é um estudo de caso sobre um único país, e não poderia haver melhor exemplo do que a história da imigração na Inglaterra por Robert Winder (2004). Apresentando um vasto perfil histórico, Winder conta a história de migrações sucessivas para o país até os nossos tempos. Ele nos lembra que a maior parte dos migrantes é formada, via de regra, por "empreendedores dispostos a se arriscar", com forte senso de aventura e liberdade individual, e essa emigração da Inglaterra também compõe uma grande parte da história. A mensagem implícita no livro diz que a Inglaterra (e isso se aplica a muitos outros países) é formada "profundamente" por imigrantes.

A ideia de mudar para outro país em busca de vida melhor também é abordada no estudo de Benson e O'Reilly (2009) da chamada migração por estilo de vida entre indivíduos relativamente ricos. A migração oferece a alguns a promessa de seguir um estilo de vida alternativo e mais simples, a outros uma oportunidade de fugir de dramas pessoais ou de se reinventar. Embora normalmente não faça parte dos estudos sobre migração, os autores analisaram a migração por estilo de vida do ponto de vista dos muito ricos, que permitiu a eles tomar a decisão sobre o contexto do curso de vida como um todo. Talvez esse seja um movimento produtivo no estudo de outros tipos de migração.

Nem toda migração é escolhida por vontade própria. Na outra ponta da balança temos tráfico humano e escravidão moderna, que muitos achavam que haviam sido erradicados para sempre. No entanto, a breve descrição histórica de Masci (2010) mostra que hoje grande parte do tráfico humano desloca pessoas de algumas das partes mais pobres do mundo

MEIO AMBIENTE E URBANISMO

para a mão de obra escrava, sexo e prostituição, em grande parte um processo estreitamente relacionado ao crime organizado internacional. O capítulo questiona se os governos do mundo estão fazendo o suficiente para controlar e evitar o tráfico e engloba debates nos países desenvolvidos e em desenvolvimento, úteis aos estudantes.

Referências e leitura complementar

BENSON, M.; O'REILLY, K. Migration and the search for a better way of life: a critical exploration of lifestyle migration, *Sociological Review*, 57(4), 2009, p.608-25.

CASTLES, S. Twenty-first century migration as a challenge to sociology, *Journal of Ethnic and Migration Studies*, 33(3), 2007, p.351-71.

CASTLES, S.; MILLER, M. J. *The Age of Migration*: International Population Movements in the Modern World. 4.ed. Basingstoke: Palgrave Macmillan, 2008.

MASCI, D. Human trafficking and slavery: are the world's nations doing enough to stamp it out?. In: *Issues in Race, Ethnicity, Gender and Class*: Selections from CQ Researcher. Thousand Oaks, CA: Pine Forge Press, 2010, p.25-46.

URRY, J.; SHELLER, M. (eds.). *Tourism Mobilities*: Places to Play, Places in Play. London: Routledge, 2004.

WINDER, R. *Bloody Foreigners*: The Story of Immigration to Britain. London: Little, Brown, 2004.

RISCO

Definição prática

Segundo Ulrich Beck, tentativas de evitar ou mitigar potenciais perigos, sobretudo os "riscos fabricados" que são produtos da atividade humana.

Origens do conceito

O termo "risco" foi extraído do uso cotidiano e aprimorado como conceito sociológico bem como uma teoria mais genérica de mudança social.

Correr riscos ou se envolver em comportamentos confortavelmente arriscados, como esportes radicais, é parte corriqueira da vida de muita gente e engloba ações imbuídas de perigo. A maioria dessas atividades são riscos calculados, pois foram feitas todas as tentativas possíveis para deixá-las o mais seguras possível. A disciplina distinta de análise de riscos é usada em empresas, governos e órgãos de trabalho voluntário para avaliar os prós e contras de um curso de ação, analisar a possibilidade de sucesso e sugerir maneiras de minimizar os perigos financeiros, entre outros, a ele atrelados.

Depois que os sociólogos começaram a usar o conceito de risco, ele se tornou muito mais geral, e agora se refere às condições sociais predominantes à medida que as pessoas das sociedades industriais passam a refletir sobre os aspectos mais prejudiciais da **modernidade**. Ulrich Beck (1992) e Anthony Giddens (1991) influenciaram a determinação das teorias do risco (e confiança) como altamente relevantes para compreendermos as sociedades contemporâneas. Contudo, esse conceito geral foi introduzido em uma série de temas como saúde, crime e **desvio**, **meio ambiente** e teoria social.

Significado e interpretação

Os seres humanos sempre enfrentaram riscos, de violência de outros humanos, catástrofes naturais, incêndios e acidentes. Ainda enfrentam. No entanto, os teóricos do risco veem os riscos de hoje como qualitativamente diferentes dos perigos externos de antigamente. Esses riscos externos – secas, terremotos, fome e tempestades – eram temidos, pois emergiam do ambiente natural, eram imprevisíveis e fugiam do controle humano. Os principais perigos de hoje, como aquecimento global ou a proliferação de armas nucleares, são exemplos de *risco fabricado*, criados pelos próprios seres humanos por meio do impacto de seu conhecimento e suas tecnologias.

Muitas decisões no cotidiano também ficaram imersas em riscos e incertezas. Por exemplo, os riscos hoje abarcam uma série de mudanças sociais, como mais insegurança em relação a emprego, o declínio da influência das tradições na identidade própria, a erosão de padrões tradicionais de **família** e a democratização dos relacionamentos pessoais. Como o futuro das pessoas está menos estável e previsível do que no passado, todos os tipos de decisões apresentam novos riscos para os indivíduos. O casamento costumava ser um passo bastante óbvio, uma etapa do **curso de vida** e uma estabilização da **sexualidade** adulta. Hoje, muitas pessoas vivem juntas sem terem se casado, os índices de divórcio são elevados, os índices de pessoas que se casam novamente também são altos, e as pessoas precisam avaliar os riscos em circunstâncias cada vez mais incertas. Isso é típico da forma como o conceito de risco ingressou no **discurso** sociológico assim como na vida cotidiana das pessoas (Arnoldi, 2009). Os últimos vinte anos foram palco de inúmeros ataques terroristas que também mudaram as visões das pessoas sobre o quanto suas comunidades estão protegidas de ameaças de violência e como os governos podem proteger seus cidadãos. Embarcar em um avião para um voo nacional hoje em dia pode envolver um conjunto de medidas de segurança, como escaneamento completo do corpo, cujo intuito é reduzir os riscos de os passageiros virarem vítimas. Como são produtos de nosso modo de vida moderno, esses riscos nos apresentam novas escolhas e novos desafios. Até mesmo decisões aparentemente simples quanto ao que comer agora são tomadas no contexto de informações e opiniões conflitantes sobre as vantagens e desvantagens de determinado alimento.

Para Ulrich Beck, o conceito de risco possui um significado ainda maior. Segundo ele, atravessamos atualmente a morte lenta da **sociedade** industrial conforme surge um novo tipo de "sociedade de risco", em que se conscientizar sobre os riscos e evitá-los estão se tornando características centrais e as questões ambientais ganham destaque. Durante os séculos XIX e XX, a política foi dominada pelo enorme **conflito** de interesses entre trabalhadores e empregadores encabeçado por partidos de esquerda e direita, com foco na distribuição de riquezas. Segundo Beck (2002), esse conflito industrial de classes perdeu representatividade, pois as pessoas perceberam que lutar por uma fatia maior do "bolo da riqueza" é em vão se o próprio bolo estiver envenenado pela poluição e destruição ambiental. Rumamos para uma "sociedade de riscos mundiais" em que até mesmo países relativamente ricos não ficam imunes à poluição industrial, às mudanças climáticas nem à destruição da cama de ozônio. Gerenciar os riscos será um aspecto fundamental da nova ordem mundial, porém os Estados-nação sozinhos não conseguirão vencer em um mundo de riscos globais. Portanto, a cooperação transnacional entre governos, como o acordo internacional no Protocolo de Kyoto, a fim de tentar solucionar o aquecimento global reduzindo as emissões de carbono, provavelmente se tornará algo comum.

Aspectos controversos

Uma das principais críticas da teoria dos riscos é a de que ela é exagerada. Por exemplo, não há pesquisas empíricas suficientes e provas concretas que sustentem a tese de Beck sobre a transição para uma "sociedade de riscos", embora haja mais consciência dos riscos e problemas ambientais. Os partidos políticos voltados à causa verde não ganharam o espaço eleitoral que esperaríamos se a política mais tradicional baseada em classes estivesse se esfacelando; e os antigos partidos de "esquerda" e "direita" continuam a dominar a política nacional. Em âmbito global, o problema da geração e distribuição de riquezas continua a dominar, enquanto países em desenvolvimento tentam desesperadamente estreitar a distância entre ricos e pobres. Solucionar o problema gigantesco da **pobreza** absoluta no mundo em desenvolvimento continua sendo o foco da política internacional. Alguns críticos acham a teoria dos riscos um tanto quanto ingênua com relação ao conceito de risco e como isso varia de **cultura** para cultura. Aquilo que se define como "risco" em algumas sociedades pode não ser considerado como tal em outras, da mesma forma como o que se define como poluição nas sociedades ricas industrializadas é muitas vezes visto como um sinal de desenvolvimento econômico saudável em países mais pobres e em desenvolvimento. O que se considera como risco varia culturalmente, o que torna bastante difícil a realização de acordos internacionais para lidar com os riscos.

Relevância contínua

Ainda que alguns dos principais argumentos da teoria dos riscos possam ser exageros, não há dúvidas de que as mudanças sociais recentes levaram a mais incertezas e menos confiança nos modos de vida tradicionais e habituais. Nesse contexto modificado, a sensibilidade aos riscos de fato parece aumentar, em paralelo à necessidade dos indivíduos de tomar as próprias decisões em um espectro muito mais amplo de assuntos com os quais convivem agora. Ameaças globais à saúde, como a gripe suína ou a polêmica nacional sobre a segurança da vacina MMR no Reino Unido,[1] bem como intermináveis debates sobre os perigos da internet para as crianças demonstram que o que poderia ser visto como questões não políticas passa agora para a esfera da "política de riscos".

Judith Green (2009) reconhece que o conceito de riscos foi muito produtivo em seu campo da Sociologia Médica, sobretudo para entender como as pessoas se relacionam com as doenças e mapear suas ações em relação aos riscos ligados à saúde. No entanto, ela afirma que o "risco" é agora muito menos útil nesse campo, principalmente para aqueles que desenvolvem estudos empíricos. Isso porque a pesquisa de riscos ficou com um foco mais restrito, limitada a alguns temas da análise de riscos, tomada de decisões racional e cálculo técnico. Restringir as pesquisas em termos de risco pode ser agora desnecessariamente limitador.

Referências e leitura complementar

ARNOLDI, J. *Risk*. Cambridge: Polity, 2009.

BECK, U. *Risk Society*: Towards a New Modernity. London: Sage, 1992.
[Ed. Bras.: *Sociedade do risco*. São Paulo: Editora 34, 2011.]

---

1 Referência à vacina também conhecida como "tríplice viral" ou SRC, sigla de "sarampo, rubéola e catapora". Em 1998, um estudo assinado pelo doutor Andrew Wakefield foi divulgado vinculando essa vacina à ocorrência de autismo em crianças. Muitos pais deixaram de vacinar seus filhos em decorrência dessa informação que, anos depois, se mostrou infundada. Investigações posteriores revelaram que o médico responsável fraudou os resultados de sua pesquisa. A revista se retratou e Wakefield teve sua licença cassada. (N. E.)

BECK, U. *Ecological Politics in an Age of Risk*. Cambridge: Polity, 2002.

_____. *World at Risk*. Cambridge: Polity, 2008.

GIDDENS, A. *Modernity and Self-Identity*: Self and Society in the Late Modern Age. Cambridge: Polity, 1991.

[Ed. Bras.: *Modernidade e identidade*. Rio de Janeiro: Jorge Zahar, 2002.]

GREEN, J. Is it time for the sociology of health to abandon "risk"?, *Health, Risk and Society*, 11(6), 2009, p.493-508.

TULLOCH, J.; LUPTON, D. *Risk and Everyday Life*. London: Sage, 2003.

URBANISMO

Definição prática

A qualidade particular da vida nas cidades modernas e áreas urbanas e o seu impacto nas áreas suburbanas e rurais no entorno.

Origens do conceito

Cidades são grandes povoações humanas, muitas vezes centros de **poder** em relação a áreas mais remotas e ocupações menores. Embora seja possível identificar a existência de cidades reconhecíveis como tal na Antiguidade, a ideia de que as cidades e a vida urbana possuem uma qualidade particular ou forma de vida é uma tese sociológica do final do século XIX. Na época, o processo de urbanização levava ao crescimento populacional e ao aumento da densidade extremamente rápidos, o que para muitos significava o marco de um novo estágio da civilização. Ferdinand Tönnies (2001 [1887]) e Georg Simmel (2005 [1903]) estudaram a fundo o contraste com ocupações anteriores, mostrando como os indivíduos desenvolveram novas estratégias psíquicas e sociais para sobreviver no novo ambiente. No entanto, os estudos urbanos atingiram a maturidade com o trabalho da Escola de Chicago nos anos 1920 e 1930. Robert Park, Ernest Burgess, Louis Wirth e outros, que usavam a particular abordagem de Chicago conhecida como "ecologia urbana", inauguraram efetivamente a subdisciplina de estudos urbanos. Trabalhos mais

Significado e interpretação

Ferdinand Tönnies foi um importante precursor dos estudos urbanos. Nos anos 1880, ele observou que os vínculos sociais tradicionais da *Gemeinschaft* (**comunidade**), que eram próximos e duradouros, passavam a dar lugar a uma *Gesellschaft* [sociedade], mais volátil e transitória, ou mera associação. Tönnies achava que isso era inevitável, mas que, no processo de mudança, algo vital estava sendo perdido, pois a individualidade resultante do processo facilmente se transformava em um individualismo mais egoísta e instrumental. Outro precursor, Georg Simmel, tentou compreender a experiência e a qualidade da vida urbana, focando em como as pessoas conviviam com a cidade. Simmel sugeriu que os moradores urbanos se adaptam adotando uma postura blasé, uma mentalidade do tipo "nada me afeta", que atenua e nega o efeito extenuante que a vida na cidade exerce sobre os sentidos. Sem esses mecanismos de defesa, o ambiente urbano se tornaria insuportável.

Louis Wirth (1938) consolidou as análises impressionistas anteriores sobre a experiência urbana em sua frase, hoje famosa, de que o urbanismo é um "modo de vida". O surgimento do urbanismo moderno demarcou uma nova forma de existência humana. Muitos contatos entre os moradores das cidades são passageiros e parciais; são meios para fins, não propriamente relações satisfatórias. Wirth as denomina "contatos secundários", em comparação com "contatos primários" estabelecidos entre familiares e relações mais sólidas na comunidade. Por exemplo, as **interações** com vendedores em *shoppings*, caixas de banco ou cobradores nos trens são encontros passageiros, estabelecidos não por interesse no contato, como nas relações em comunidade, mas tão somente como meios visando outros fins. O urbanismo é um modo de vida que implica muita mobilidade, em que as pessoas se deslocam por toda parte para trabalhar e viajar, o que cria vínculos sociais mais frágeis.

URBANISMO **103**

A Escola de Chicago construiu os alicerces dos estudos urbanos modernos. A sua perspectiva "ecológica" via grupos sociais gravitando na direção de determinadas áreas das cidades. Robert Park ficou famoso pela descrição da cidade como um "grande mecanismo de classificação" que cria uma ordem por meio de processos de competição, invasão e sucessão – conceitos extraídos da ecologia biológica. As cidades se formam sobre um modelo de anéis concêntricos divididos em segmentos. No centro, existe uma mistura de grande prosperidade comercial e residências particulares em decadência, além dessas existem os bairros mais antigos e ainda mais longe os bairros nobres onde os grupos de rendas mais altas costumam morar. Os processos de invasão e sucessão ocorrem dentro dos segmentos dos anéis concêntricos e o urbanismo pode então ser entendido como uma das tendências dominantes da **modernidade**. O enfoque ecológico estimulou muitas pesquisas empíricas, ainda que a analogia biológica tenha, de modo geral, perdido aceitação.

Tendências mais recentes nos estudos urbanos exploraram a contínua reestruturação do espaço em ambientes urbanos, uma vez que empresas mudam de endereço, investidores compram terras e propriedades e o governo e os conselhos atuam para incentivar o emprego, mas também tentam proteger as áreas verdes. A reestruturação do espaço urbano é um processo contínuo na medida em que as empresas capitalistas se mudam para obter vantagem competitiva, e o processo agora é global. O resultado disso é a degradação urbana em algumas regiões e a rápida regeneração em outras. Isso também significa que a forma de urbanismo muda com o ambiente empresarial, nos últimos tempos das fábricas para os blocos de escritórios e polos industriais revitalizados que foram transformados em habitações particulares.

Aspectos controversos

Um dos problemas com o conceito de urbanismo é a sua aplicação como uma caracterização geral da vida em todas as áreas urbanas, sendo que ele surgiu a partir de estudos antigos realizados somente nos Estados Unidos e na Europa. Será que as cidades ocidentais ricas como Londres,

MEIO AMBIENTE E URBANISMO

Nova York ou Paris são realmente semelhantes às dos países em desenvolvimento como Nairobi, Mumbai ou Dhaka? Além de terem em comum uma enorme concentração populacional, as diferenças parecem mais contundentes, como moradias pobres e improvisadas que cercam o centro de muitas cidades em países em desenvolvimento, para as quais não existe equivalente espacial no mundo desenvolvido. De maneira análoga, a condição urbana até mesmo dentro de uma mesma cidade é diversificada e variada, o que significa que o cenário descrito por Simmel ou Wirth pode realmente se aplicar apenas a um distrito comercial central e principais zonas de compras.

O tom negativo da caracterização do urbanismo que surge de diversos estudos também é questionável. É absolutamente possível que muitos moradores urbanos vivenciem a impessoalidade como algo libertador, aproveitando a liberdade que isso traz. Nesse sentido, o urbanismo poderia ser interpretado como um avanço em relação às comunidades anteriores intimamente emaranhadas onde se reprimia a individualidade. A formação de "comunidades de escolha" como grupos de amigos e associações de pessoas com afinidades também invalida as ideias exageradas de que o urbanismo promove o excesso de individualismo. Herbert Gans (1962) observou que vilas urbanas eram comuns entre grupos de imigrantes nas cidades norte-americanas, exemplo de que o urbanismo é capaz de fomentar, e não destruir, a vida em comunidade. De modo geral, a perspectiva ecológica dá pouca ênfase à importância do projeto e planejamento urbano conscientes que poderiam mitigar os problemas que eles descrevem.

Relevância contínua

O urbanismo nos alerta para uma qualidade particular de ambientes urbanos densamente povoados, que são únicos na história. A análise de Simmel sobre a vida mental nas cidades pode ser impressionista, mas de fato captou um pouco do que é viver nas cidades, e seu mérito está em nos mostrar que a cidade é muito mais um fenômeno sociológico do que espacial. Os estudos urbanos ficaram paralisados desde que a

URBANISMO 105

Escola de Chicago apresentou sua abordagem ecológica urbana. Os estudos separados de Manuel Castells (1983) e Alberto Melucci (1989) sobre movimentos sociais urbanos e seu impacto na formação da vida urbana agregaram uma nova dimensão à nossa compreensão, assim como o fez David Harvey (2006) em seu estudo geográfico da mudança na paisagem da cidade e nas formas urbanas.

O urbanismo hoje pode ser mais diversificado do que considerariam os teóricos mais antigos, e o surgimento de "cidades mundiais" mostra que forças externas e pressões da globalização também devem ser levadas em consideração. Contudo, nos últimos anos, os projetos de áreas construídas foram influenciados por ideias de **desenvolvimento sustentável**. Por exemplo, Douglas Farr (2008) defende que os EUA (e, por extensão, outros países desenvolvidos) estão na rota errada e precisam de uma "ampla reforma das áreas construídas" para integrar as sociedades humanas à natureza. Fazer isso significa adotar o "princípio de medidas preventivas" segundo o qual o ônus está nas mãos dos empreendedores que devem demonstrar que seus projetos não prejudicarão o meio ambiente *antes* de receberem aprovação para continuar. O livro inclui diversos estudos de caso e exemplos de como um projeto com enfoque ecológico poderá mudar a aparência e a experiência da vida urbana no futuro.

Uma consideração interessante sobre a experiência do urbanismo é feita no livro *Naked City* [Cidade nua] (2010) de Sharon Zukin – uma jornada pessoal pela revitalização urbana nos Estados Unidos na década de 1980, época em que houve muitas reformas de diversos prédios e áreas decadentes, mas que também rendeu críticas de que a cidade havia, num certo sentido, perdido a autenticidade. Zukin escreve que, em Nova York, a entrada de recursos financeiros privados levou a uma superconcentração em compras e segurança. E, embora ela não sugira que as pessoas devam lamentar a perda de moradias em áreas degradadas, níveis elevados de crimes nas ruas e tráfico de drogas, o tipo de revitalização homogeneizadora vivenciada nos anos 1980 também levou com isso grande parte da diversidade, criatividade e vibração da cidade. Trata-se de um relato pessoal, que não sucumbe à nostalgia e que contém muitas ideias sociológicas sobre os desafios dos planejadores urbanos contemporâneos.

Referências e leitura complementar

CASTELLS, M. *The City and the Grass Roots*: A Cross-Cultural Theory of Urban Social Movements. London: Edward Arnold, 1983.

FARR, D. *Sustainable Urbanism*: Urban Design with Nature. New York: John Wiley, 2008.

GANS, H. J. *The Urban Villagers*: Group and Class in the Life of Italian-Americans. 2.ed. NewYork: Free Press, 1962.

HARVEY, D. *Spaces of Global Capitalism*: Towards a Theory of Uneven Geographical Development. London: Verso, 2006.

MELUCCI, A. *Nomads of the Present*: Social Movements and Individual Needs in Contemporary Society. London: Hutchinson Radius, 1989.

SAVAGE, M.; WARDE, A.; WARD, K. *Urban Sociology, Capitalism and Modernity*. Basingstoke: Palgrave Macmillan, 2002.

SIMMEL, G. The metropolis and mental life. In: LIN, J.; MELE, C. (eds.). *The Urban Sociology Reader*. London: Routledge, 2005 [1903], p.23-31.

TÖNNIES, F. *Community and Society* [Gemeinschaft und Gesellschaft]. Cambridge; New York: Cambridge University Press, 2001 [1887].

WIRTH, L. Urbanism as a way of life, *American Journal of Sociology*, 441, 1938, p.1-24.

ZUKIN, S. *Naked City*: The Death and Life of Authentic Urban Places. Oxford; New York: Oxford University Press, 2010.

TEMA 4
ESTRUTURAS DA SOCIEDADE

BUROCRACIA

Definição prática

Espécie de organização baseada em regras, contratos e uma hierarquia de posições que é amplamente adotada nas sociedades modernas industriais.

Origens do conceito

A palavra "burocracia" foi cunhada em 1745, formando-se a partir de uma combinação da palavra francesa *"bureau"* (escritório ou escrivaninha) e a palavra grega *"kratos"* ("comandar") e, portanto, significa "a lei dos escritórios". Foi usada primeiramente para descrever os oficiais do governo, porém em seguida se estendeu a todas as grandes organizações. Desde o início a burocracia assumiu nuances negativas, e muitas obras de ficção criticam o **poder** burocrático, como o romance *O processo* de Franz Kafka, com sua descrição aterrorizante de um funcionalismo impessoal e incompreensível. Essa visão negativa tem correspondência na **cultura** popular, que vê as burocracias como amarras, além de símbolos de ineficiência e desperdício.

Os estudos sociológicos da burocracia foram dominados pelas ideias de Max Weber, que criou uma burocracia de **"tipo ideal"** clássico, servindo de base para muitas pesquisas. Ao contrário de análises anteriores que consideravam a burocracia como ineficiente, Weber argumenta que, na verdade, a burocracia moderna, em última análise, só é tão difundida por ser a forma *mais* eficiente de organização até então inventada. Contudo, ele também reconhecia que as formas burocráticas de dominação costumam reprimir a criatividade e anular a iniciativa, produzindo muitos resultados irracionais, conflitantes com o princípio de **democracia**. Nesse sentido, sua visão, em parte, mantinha a tradição que retrata as burocracias como, de modo geral, uma força negativa na **sociedade**.

Significado e interpretação

A vida moderna é complexa e requer algum tipo de organização para que possa funcionar de modo harmônico. Weber entendia a burocracia como o modelo dominante da organização formal, e a sua caracterização continua a embasar os estudos sociológicos. Embora as organizações burocráticas existam em civilizações grandes e tradicionais como a China imperial, somente com o advento do capitalismo industrial elas se instalaram em todas as áreas da sociedade. Para Weber, tal extensão e expansão eram inevitáveis, ou seja, a única maneira de lidar com as demandas da **modernidade**. Seria praticamente impossível imaginar um moderno sistema de previdência social ou um sistema nacional de saúde sem registros por escrito, arquivos catalogados e regras escritas. Weber construiu um tipo de burocracia ideal, ou "pura", enfatizando alguns traços comuns a partir de casos reais a fim de ressaltar os aspectos definitivos das burocracias modernas.

O tipo ideal de Weber incluía as seguintes características:

1. Clara hierarquia de autoridades, com as posições da mais alta autoridade e poder no topo. Há também uma cadeia de comando em que cada posto superior controla e supervisiona aquele logo abaixo;

BUROCRACIA 109

2. Conduta de oficiais regidos por regras escritas, o que possibilita a previsibilidade e a ordem;

3. Funcionários que são assalariados, fixos e, em geral, trabalham em período integral. As pessoas chegam a fazer carreiras de uma vida toda dentro da organização;

4. Uma nítida separação entre o trabalho dos funcionários e a sua vida pessoal – eles não se misturam;

5. Todos os recursos (incluindo mesas, computadores, canetas, papel etc.) são de propriedade da organização; os funcionários não têm autorização para possuir seus próprios "meios de produção".

Ainda que esse tipo puro jamais pudesse existir, quanto mais próximo disso chegar a realidade, mais eficiente será a organização no alcance de seus objetivos.

Para Weber, uma vez que se torna dominada por organizações burocráticas, a sociedade começa a se sentir mais como uma "jaula de aço" com as pessoas trancadas do lado de dentro. Muitas pessoas *de fato* acreditam que as burocracias são empecilhos para suas necessidades individuais quando entram em contato com elas pessoalmente, porém isso ocorre porque as considerações pessoais e os apelos emocionais não podem ser supridos, uma vez que as burocracias são criadas visando ao máximo de eficiência ao lidar com milhares ou até milhões de situações. Portanto, o próprio princípio de tratamento igualitário ajuda a produzir grande parte da insatisfação individual. Um problema mais grave é que a dominação burocrática pode se opor à democracia. Como a máquina permanente do governo se torna o verdadeiro agente de poder, as eleições e os processos democráticos correm o risco de serem prejudicados.

Aspectos controversos

Os críticos aos argumentos de Weber acham que a sua perspectiva é basicamente *parcial* e que ignora quase totalmente as relações informais e a dinâmica de pequenos grupos que ajudam a fazer a vida organizacional "funcionar". O estudo de Blau de 1963 sobre uma agência tributária do governo norte-americano descobriu que as regras processuais eram rotineiramente infringidas para que se "realizasse o trabalho", e foram geradas lealdades em grupos nos níveis mais inferiores da hierarquia conforme um sistema informal de aconselhamento e colaboração mútua se solidificava.

Para outros, as preocupações de Weber sobre a burocracia não se aprofundam o suficiente. Zygmunt Bauman (1989) afirma que o assassinato em massa de populações judaicas cometido pelo nacional-socialismo alemão durante a Segunda Guerra Mundial só foi possível por meio da máquina burocrática do Estado moderno. A enorme organização envolvida no deslocamento de milhões de pessoas pela Europa com destino aos campos de concentração e o registro de uma quantidade incontável de detalhes pessoais – em pleno período de guerra – exigiam planejamento e execução sistemáticos e meticulosos. Foi justamente a impessoalidade das burocracias que permitiu que os oficiais evitassem a responsabilidade pessoal e moral. Para Bauman, o holocausto não foi uma aberração em uma modernidade normalmente civilizada, porém uma consequência de seu recurso organizador central – a burocracia.

Por outro lado, há quem ache a perspectiva de Weber *negativa demais*. Paul du Gay (2000) apresenta sólidos argumentos a favor da burocracia e do *ethos* burocrático tradicional, afirmando que muitos dos problemas normalmente atribuídos à "burocracia" são, na verdade, provocados por tentativas de *passar por cima* das regras e diretrizes de procedimento. Ele afirma que o estudo de Bauman, na realidade, ignora as causas reais do holocausto, que se fundamenta em atitudes e ideologias racistas e usa a intimidação e coerção. As burocracias, cujo *ethos* se baseia no tratamento igualitário para todos, contêm algumas importantes salvaguardas que evitam, e não facilitam, abusos de poder por parte de líderes políticos.

Relevância contínua

Weber não tinha como prever todas as consequências da burocratização e algumas críticas a sua análise original procedem. O fato de que os sociólogos ainda estejam envolvidos em "debates com Weber"

BUROCRACIA 111

demonstra que ele conseguiu tocar em um aspecto crucial do mundo moderno. Weber também tinha certeza de que a burocracia era um importante colaborador da crescente racionalização da sociedade, que se espalhava para mais e mais áreas da vida social. Embora trechos da análise de Weber sejam contestáveis, a difusão global do **capitalismo** e das burocracias modernas significa que a essência geral do seu argumento continua pertinente e deve ser seriamente considerada.

Ao contrário de alguns estudos recentes que sugerem que **redes** mais flexíveis possam substituir as rígidas hierarquias características das burocracias, Casey (2004) argumenta que as burocracias começaram a permitir ou inserir na vida no ambiente de trabalho algumas atividades novas. Se isso se difundir, então talvez desafie a nossa atual compreensão do que, antes de mais nada, constitui uma "burocracia". Casey se concentra na tendência de organizações burocráticas de permitir e viabilizar a expressão da espiritualidade no trabalho. Muitas pessoas buscam a Nova Era e outras atividades "espirituais" no local de trabalho, enquanto outras grandes corporações – Ford, IBM, Apple, entre outras – apoiam e até incentivam programas de "espiritualidade no trabalho", oferecendo textos e seminários para gerentes. Casey defende que, em vez de endurecerem, as burocracias estão se adaptando e evoluindo dentro de sociedades em constante mutação.

Um número cada vez maior de pesquisas sugere que os procedimentos burocráticos podem, na realidade, provarem-se benéficos para as mulheres nas organizações, pois garantem que as promoções de carreira se baseiem em habilidades e qualificações, e não em laços pessoais e redes de contatos que durante muito tempo foram artifícios de exclusão usados por homens para proteger seus privilégios. DeHart-Davis (2009) amplia esse argumento explorando as *percepções* de homens e mulheres de seus locais de trabalho burocráticos. Usando uma abordagem de métodos mistos, o estudo revelou algumas claras diferenças de gênero. As mulheres tinham mais propensão em enfatizar a eficiência, a legitimidade e a igualdade da burocracia, enquanto os homens focavam naquilo que, em sua interpretação, seria um excesso de regras e controles. A conclusão do autor é que as mulheres ressaltavam os elementos

112 ESTRUTURAS DA SOCIEDADE

que as capacitavam e viabilizavam a sua participação e progressão na carreira em termos igualitários. Isso confronta algumas teorias feministas que descrevem as burocracias como dominação masculina em formato organizacional.

Referências e leitura complementar

BAUMAN, Z. *Modernity and Holocaust*. Cambridge: Polity, 1989.

[Ed. Bras.: *Modernidade e holocausto*. Rio de Janeiro: Jorge Zahar, 1998.]

BLAU, P. M. *The Dynamics of Bureaucracy*. Chicago: University of Chicago Press, 1965.

CASEY, C. Bureaucracy re-enchanted? spirit, experts and authority in organizations, *Organization*, 11(1), 2004, p.59-79.

DEHART-DAVIS, L. Can bureaucracy benefit organizational women?, *Administration and Society*, 41(3), 2009, p.340-63.

DU GAY, P. *In Praise of Bureaucracy*: Weber, Organization, Ethics. London: Sage, 2000.

CAPITALISMO

Definição prática

Sistema econômico originado no Ocidente baseado no intercâmbio comercial e na geração de lucro visando ao reinvestimento e crescimento dos negócios.

Origens do conceito

Os economistas políticos do século XVIII discutiam mercados, intercâmbio, preços e produção de mercadorias, enquanto Adam Smith argumentava que uma certa ordem e equilíbrio econômico eram produzidos como que pela "mão invisível" do livre mercado (Ingham, 2008). Contudo, o termo "capitalismo" só surgiu em meados do século XIX, quando Marx e Engels discutiam o modo capitalista de produção. Para Marx, o capitalismo é um sistema econômico explorador baseado na produção de mercadorias para comercialização no mercado a fim de

CAPITALISMO 113

gerar lucros para uma burguesia ou **classe** capitalista. Segundo a teoria marxista, o capitalismo é a última etapa do desenvolvimento social que precederia o comunismo, que por sua vez finalmente viria para eliminar as sociedades de classe extremamente desiguais que o precederam.

Uma concepção alternativa foi apresentada por Max Weber, cujo estudo das origens do capitalismo na interpretação das crenças religiosas calvinistas contrastava com o grande esquema histórico de Marx. Para Weber, o capitalismo não era produto da mudança revolucionária, nem tinha propensão a dar lugar ao comunismo no futuro. Na verdade, o futuro da classe trabalhadora está no desenvolvimento, e não no fim, do capitalismo. Segundo ele, o processo de longo prazo de **racionalização** e a disseminação das organizações burocráticas seriam as chaves para compreendermos a **modernidade**. O capitalismo pelo menos incentivava a competição e a inovação, o que ajudava a mitigar os efeitos repressores da dominação burocrática, permitindo assim a liberdade para experimentar novas ideias.

Significado e interpretação

A mais influente teoria do capitalismo continua sendo a perspectiva marxista, segundo a qual o capitalismo surge da sociedade feudal como o último estágio da história geral das sociedades humanas. Marx delineou os estágios progressivos que começaram com as sociedades comunistas primitivas dos caçadores e coletores e passaram pelos antigos sistemas de propriedade de escravos e sistemas feudais baseados na divisão entre servos e proprietários de terra. O surgimento de mercadores e artesãos marcou o início de uma classe comercial ou capitalista que chegava para substituir a nobreza fundiária. Marx identificou dois elementos principais no capitalismo: capital – qualquer ativo, incluindo dinheiro, máquinas ou até fábricas, que pode ser usado ou investido para produzir ativos futuros – e mão de obra assalariada – um conjunto de trabalhadores que não são donos dos meios de produção e dependem de empregos remunerados. Os detentores do capital constituem a classe dominante, enquanto a maioria é formada pela classe trabalhadora ou proletariado.

Capitalistas e trabalhadores são mutuamente dependentes, porém, como a relação é de exploração, o conflito de classes viria a se intensificar. Marx afirmava que, com o tempo, todas as outras classes encolheriam, mantendo as duas classes principais cujos interesses estavam em **conflito** direto.

Apesar disso, Marx não era exclusivamente crítico; ele via nitidamente que o capitalismo é imensamente produtivo, libertando as pessoas da desnecessária opressão da **autoridade** religiosa e da "estupidez da vida rural". Também demonstrava o enorme poder da humanidade para formar seu próprio futuro em vez de ficar à mercê de forças naturais. O problema era que as relações sociais capitalistas competitivas se tornariam um obstáculo à cooperação que seria necessária para as pessoas controlarem o próprio destino. A contradição entre imensas forças produtivas e seu uso competitivo, em vez de cooperativo, só poderia ser solucionada pela revolução. Mais de 150 anos depois da previsão de Marx essa revolução evidentemente não aconteceu.

Houve mudanças significativas no desenvolvimento do capitalismo, do "capitalismo familiar" da época de Marx, passando pelo capitalismo gerencial que se desenvolveu conforme as empresas cresceram tanto a ponto de superar o controle por membros da **família**, até o capitalismo assistencialista do século XX, quando grandes empresas oferecem serviços aos funcionários como auxílio-creche, férias remuneradas e seguro de vida. O auge do capitalismo assistencialista foi anterior a 1930, e a partir daí os sindicatos passaram a ser a principal fonte das tentativas dos trabalhadores de obter benefícios do sistema. O estágio mais recente é o "capitalismo institucional", baseado na difundida prática de corporações detendo participação em outras empresas. Sem dúvida, conselhos de administração reunidos controlam grande parte do mundo corporativo, revertendo assim o processo de controle gerencial, uma vez que a participação dos gerentes é encolhida por enormes blocos de ações detidos por outras corporações. Com a intensificação da **globalização**, a maioria das grandes corporações opera em um contexto econômico internacional.

Aspectos controversos

O debate entre os pontos de vista weberianos e marxistas sempre envolveu julgamentos morais e normativos. Para os marxistas, o capitalismo é um sistema econômico que produz e prospera com a desigualdade, o que merece ser reservado à "lata de lixo da história". Para os weberianos, porém, o capitalismo pode ser explorador, mas todas as alternativas a ele se mostraram menos produtivas e mais autoritárias, oferecendo um escopo menor para a **democracia** e o exercício da liberdade pessoal. Até hoje não há um acordo entre os sociólogos quanto a um diagnóstico geral das economias capitalistas.

Entretanto, a maioria dos sociólogos considera que a previsão de Marx de revolução e de destruição do capitalismo se provou decisivamente equivocada. Ainda que tenha havido revoluções – como na Rússia (1917) ou China (1949) –, elas não seguiram o modelo Marx, pois envolveram camponeses e trabalhadores agrícolas em vez de um proletariado industrial formado. O colapso do comunismo soviético ao final do século XX também é visto como o marco do término de uma era, uma vez que a globalização e a integração mais forte do sistema capitalista global, ao que tudo indica, impedem qualquer transição ao socialismo ou comunismo. Muitos marxistas ainda defendem a perfeição da análise de Marx sobre os mecanismos centrais do capitalismo e sua tendência de guinar para uma crise, ainda que ele tenha obviamente subestimado a capacidade adaptativa das economias capitalistas.

Relevância contínua

Não há nenhuma discordância acentuada quanto ao fato de os sistemas econômicos capitalistas dominarem a economia global, ainda que esse seja um desdobramento relativamente recente que se seguiu ao colapso dos sistemas comunistas rivais na antiga União Soviética, no Leste Europeu e em outras partes do mundo. Após a queda do Muro de Berlim em 1989 e a reunificação da Alemanha, a dissolução da União Soviética e o abandono do comunismo no Leste Europeu, o que havia de comunismo/

socialismo estava praticamente extinto. A oposição atual parece adotar a forma de movimentos pós-socialistas como as mobilizações antiglobalização e anticapitalistas dos últimos anos, além de campanhas anarquistas e ambientalistas.

Em estudos acadêmicos recentes, há bastante interesse nas diferenças entre as economias capitalistas nacionais. A comparação de Campbell e Pedersen (2007) entre o capitalismo na Dinamarca e nos EUA é uma ótima introdução ao debate sobre as "variações do capitalismo". Muitas vezes se considerou que as economias capitalistas "funcionam" com mais eficácia com o mínimo de regulamentação econômica, baixos regimes tributários e um Estado pouco assistencialista. Contudo, a Dinamarca desafia esse receituário. Sua versão de capitalismo se fundamenta em impostos relativamente altos, enorme orçamento estatal, altos níveis de regulamentações e economia aberta, e ainda assim compete com eficácia contra variações muito mais adequadas ao modelo de baixa regulamentação. Segundo o estudo, a Dinamarca é bem-sucedida porque as empresas obtêm vantagens das instituições do país, as quais coordenam os mercados de trabalho, gerenciam treinamentos vocacionais e capacitadores e adotam uma política industrial. É esse conjunto de instituições que permite que a Dinamarca possa competir, provando que há mais de uma forma de ter sucesso nos mercados globais.

Dada a atual preocupação com o aquecimento global, a questão quanto ao capitalismo poder ou não poder um dia ser "sustentável" é muito séria. Markandya (2009) acredita que isso é possível apenas se medidas mercadológicas forem tomadas para que haja um forte empenho na redução de emissão de carbono. Ele afirma que os problemas ambientais, sobretudo a mudança climática, exigem regulamentações do Estado e ações coordenadas para as emissões serem reduzidas e estabilizadas. No entanto, qualquer plano nesse sentido deve ser entendido como justo para que tenha chance de sucesso. Portanto, Markandya propõe que, aos poucos, passe a existir uma concessão global *per capita* de emissões de carbono. Além disso, para que o sistema de comércio de carbono tenha êxito, o preço precisaria estar em torno de 420 dólares por tonelada de CO_2. Contudo, o preço de mercado em 2009 era de apenas 15 euros por tonelada! A radical disparidade do preço de mercado obviamente levanta sérias dúvidas sobre a exequibilidade dessas medidas capitalistas orientadas para o mercado para combater o aquecimento global.

Referências e leitura complementar

CAMPBELL, J. L.; PEDERSEN, O. K. Institutional competitiveness in the global economy: Denmark, the United States and the varieties of capitalism, *Regulation and Governance*, 1(3), 2007, p.230-46.

INGHAM, G. *Capitalism*. Cambridge: Polity, 2008.

MARKANDYA, A. Can climate change be reversed under capitalism?, *Development and Change*, 40(6), 2009, p.1139-52.

MARX, K.; ENGELS, F. *The Communist Manifesto*. London: Longman, 2005 [1848]. [Ed. Bras.: *O Manifesto Comunista*. São Paulo: Boitempo, 1988.]

CONSUMISMO

Definição prática

Modo de vida comum às sociedades relativamente ricas que promove a aquisição incessante de bens de consumo como algo benéfico para a economia e satisfação pessoal.

Origens do conceito

Pode-se dizer que o consumismo remonta à época da Revolução Industrial no início do século XIX, quando a quantidade total de bens materiais em produção aumentou vertiginosamente e preços mais baixos possibilitaram a muitos grupos sociais iniciarem o seu consumo. Os primeiros grupos a surgirem como consumidores modernos foram as classes mais altas e a aristocracia, que se constituíam no maior mercado de novos produtos de luxo. Ao longo dos séculos XIX e XX, o notável consumo se disseminou para muitos outros grupos sociais e, em meados do século XX, o consumismo como modo de vida passou a caracterizar as economias desenvolvidas.

Um dos importantes avanços que estimularam o crescimento do consumismo foi a maior disponibilidade de crédito a partir do início do século XX. Ao final do século, viver com enormes montantes de dívidas passava a ser normal e a competição por *status* social se instalava cada vez mais na arena dos padrões de consumo. Desde os anos 1960, os sociólogos afirmam que as sociedades capitalistas se tornaram dependentes do consumismo, o que incentiva estilos de vida altamente materiais e o desejo de ter e usar as mercadorias adquiridas. Acredita-se que essas mudanças tenham resultado na "sociedade de consumo". Os ativistas ambientalistas afirmam que a mudança na direção das sociedades de consumo elevado tenha provocado danos ambientais desastrosos, desperdícios desnecessários e práticas não sustentáveis.

Significado e interpretação

As sociedades capitalistas industriais se baseiam em um sistema de produção em massa, mas isso, portanto, significa que também há consumo em massa. Bens e serviços precisam ser comprados e consumidos, embora a produção e o consumo possam muito bem ocorrer em locais geográficos bastante diferentes. As mercadorias serão produzidas onde quer que seja mais barato, mas consumidas onde o melhor preço puder ser obtido, e a probabilidade é de que ambas as coisas ocorram em lugares distintos. Durante o século XX, a diretriz central das sociedades capitalistas industriais mudou do "paradigma de produção" para o de "consumo". Hoje é comum notar na Sociologia que sociedades relativamente ricas sejam caracterizadas como "sociedades de consumo" ou "capitalismo de consumo".

O trabalho aos poucos fica menos importante no processo de formação da **identidade**. Na realidade, o consumo oferece às pessoas a oportunidade de construir uma identidade pessoal comprando os diversos elementos, dando pelo menos a impressão de mais liberdade de escolha e individualidade. O foco central no consumo e a **ideologia** do consumismo promovem uma rápida circulação de produtos baseada em mudanças da moda do valor de troca das mercadorias e, como consequência, produzem mais desperdício. A identificação do consumidor com produtos e marcas faz que o consumo seja fundamental para as rotinas cotidianas. Em segundo lugar, as corporações estão mais preocupadas em aproveitar e produzir para uma demanda de consumidores flexível e diferenciada, em vez de priorizar as necessidades de produção e só então se preocupar com os clientes. Em geral, essa mudança é representada como o fim dos métodos de produção uniformes "fordistas" e uma tendência a seguir os métodos "pós-fordistas" mais flexíveis, dirigidos aos mercados de nichos. O consumidor, não o trabalhador, torna-se o protagonista. Em terceiro lugar, como as sociedades de consumo permitem a construção de identidades pessoais, isso serve para tirar do foco os conflitos sociais baseados na produção, envolvendo mais grupos sociais no processo competitivo da disputa por *status* por meio de trocas simbólicas. A mudança em direção ao consumismo e à sociedade de consumo, portanto, marca mudanças significativas nas esferas econômica, política e cultural.

O consumismo também é um modo de pensar, uma mentalidade ou até mesmo uma ideologia que funciona para produzir o *desejo* de consumir sem parar. Os sociólogos do consumo afirmam que o prazer de consumir não está no *uso* dos produtos, mas na *expectativa* de comprar coisas. As pessoas passam horas folheando revistas, namorando vitrines e navegando pela internet à procura de produtos, desejando-os, antes de efetuarem a compra. Campbell (2005) acredita que isso se deva ao fato de a parte mais satisfatória e viciante do consumismo moderno consistir no querer, no cobiçar, no procurar e no desejar os produtos, não no uso que se faz deles. Trata-se de uma "ética romântica" do consumo baseada no desejo e veementemente incentivada pela indústria publicitária, o que explica por que as pessoas, no fundo, nunca estão satisfeitas.

Aspectos controversos

Ainda que o conceito de consumismo tenha agregado uma nova dimensão à nossa compreensão sobre o capitalismo, não ficou muito claro se ele é a *causa* da expansão capitalista. A ideia de que o consumo impulsiona a produção dá um peso muito grande às demandas dos consumidores, porém há quem ache isso bastante implausível, ressaltando os orçamentos astronômicos de *marketing* e criação de marcas das empresas, cujo objetivo é criar desejos e demandas, transformando as pessoas em consumidores ativos. A grande questão em jogo aqui é quem de fato exerce o **poder** nesse sistema: fabricante ou consumidor? Será que as grandes corporações capitalistas transnacionais realmente estão à mercê da demanda do consumidor?

Há ainda quem critique o consumismo propriamente dito, considerado responsável pela destruição das relações sociais e do **meio ambiente**. O consumismo "funciona" transformando desejos em "necessidades" e, portanto, persuadindo as pessoas de que elas podem e devem supri-las. Assim sendo, há um fluxo potencialmente interminável de modismos, novos produtos e serviços para o nosso consumo. Essa fusão de necessidades e desejos é considerada perigosa, pois induz à falsa crença de que felicidade pode ser comprada e de que consumir produtos é algo natural. Em vez disso, deveríamos separar o que é desejo do que é necessidade e deixar o desejo de fora para assegurar que as reais necessidades das pessoas no mundo inteiro possam ser atendidas. O problema é que todas as tentativas de definir o que é "necessidade" foram um fiasco. As necessidades são definidas dentro de um contexto cultural e não há um critério rígido consensual que torne essa distinção possível.

Relevância contínua

O conceito de consumismo e seu corolário, a sociedade de consumo, foram muito proveitosos para os sociólogos. Viabilizou-se uma compreensão mais equilibrada do capitalismo associando-se os processos de produção aos padrões de consumo. Por exemplo, uma das abordagens que mesclou os dois elementos com êxito é a teoria da "esteira rolante de produção e consumo" [*treadmill of production and consumption*]. Nela, combinam-se **industrialização**, economia capitalista e consumismo de massa para entender como a **modernidade** transformou a relação entre

CONSUMISMO

sociedade humana e meio ambiente. A imagem da esteira rolante demonstra que, uma vez que o sistema de produção e consumo em massa começa, fica impossível cessá-lo.

O consumismo virou não só um estilo de vida, mas também um traço do **curso de vida** como um todo, incluindo o período prolongado dos últimos anos de vida que se tornou comum no mundo desenvolvido. Jones et al. (2008) observam que é justamente esse o caso, já que muitas pessoas mais velhas hoje, na Grã-Bretanha e em outros locais, possuem rendas mais altas do que as gerações anteriores, e algumas optam por antecipar a aposentadoria, parcial ou totalmente. A atual geração de idosos é também a que ajudou a gerar a cultura de consumo pós-1945. Estão entre os primeiros "cidadãos-consumidores" e, como tal, continuam consumindo ativamente por muitos anos da velhice em vez de se acomodarem no "consumo passivo" de serviços. Esse estudo empírico analisa detalhadamente as diversas formas por meio das quais os idosos ao mesmo tempo impulsionam e sofrem os impactos do consumismo.

Uma das tendências cada vez mais em voga é a do consumo "verde", ainda que esse seja um conceito tão abrangente que fica difícil explicá-lo com clareza. Em uma pesquisa com 1.600 casas em Devon, na Inglaterra, Gilg, Barr e Ford (2005) se aprofundaram no que motiva os consumidores verdes a tentar adotar estilos de vida mais sustentáveis. A pesquisa identificou quatro grupos principais. Os *ambientalistas engajados* tinham mais propensão a abraçar o consumo sustentável – comprando produtos da região, orgânicos e a preços justos e praticando a compostagem. Os *ambientalistas tradicionais* se engajavam em comportamentos bastante parecidos com esse, exceto pela compostagem, enquanto os *ambientalistas de ocasião* muito raramente ou quase nunca adotavam essas medidas. Os *não ambientalistas* não demonstraram inclinação para realizar nenhuma dessas ações que foram descritas. Havia uma conexão entre o consumo sustentável e os valores ambientalistas, o que sugere que os governos podem enfrentar dificuldades para incentivar uma mudança do consumo verde para estilos de vida sustentáveis.

122 ESTRUTURAS DA SOCIEDADE

Referências e leitura complementar

ALDRIDGE, A. *Consumption*. Cambridge: Polity, 2003.

CAMPBELL, C. *The Romantic Ethic and the Spirit of Modern Consumerism*. Oxford: Blackwell, 2005.

GILG, A.; BARR, S.; FORD, N. Green consumption or sustainable lifestyles? Identifying the sustainable consumer, *Futures*, 37(6), 2005, p.481-504.

JONES, I. R.; HYDE, M.; HIGGS, P.; VICTOR, C. R. *Ageing in a Consumer Society*: From Passive to Active Consumption in Britain. Bristol: Policy Press, 2008, esp. cap. 5.

DIVISÃO DO TRABALHO

Definição prática

Separação das tarefas e ocupações do trabalho em um processo de produção que cria uma abrangente interdependência econômica.

Origens do conceito

Uma das primeiras explorações sistemáticas sobre o tema da divisão do trabalho é *A riqueza das nações* (1776) de Adam Smith, em que o autor descreve a divisão do trabalho em uma fábrica de alfinetes. Smith afirmou que uma pessoa que trabalhasse sozinha poderia fabricar vinte alfinetes por dia, mas desmembrando a tarefa em diversas atividades simples, a produção coletiva atingiria 48 mil alfinetes por dia. Trata-se de um exemplo clássico dos imensos benefícios obtidos em uma divisão do trabalho sistemática e planejada. Segundo a teoria de Émile Durkheim (1984 [1893]), a divisão industrial do trabalho, em seu sentido mais amplo, conduzia a mudanças fundamentais no tipo de solidariedade social que une a sociedade. Para ele, as formas tradicionais de solidariedade fundamentadas nas semelhanças davam lugar a uma forma moderna alicerçada nas diferenças e na cooperação. Para Durkheim, a divisão do trabalho não era apenas um fenômeno econômico, mas uma transformação da **sociedade** como um todo.

Significado e interpretação

As sociedades modernas estão alicerçadas em uma divisão do trabalho altamente complexa na qual o trabalho foi dividido em um número enorme de diferentes ocupações especializadas. Isso passou a ser uma característica tão normal da vida que quase nem notamos mais sua relevância histórico-mundial. Nas sociedades tradicionais, as pessoas que trabalham fora da agricultura, de modo geral, aprenderam algum ofício e, para tanto, foi necessário um longo período de aprendizado. Os artesãos, usualmente, participavam de todos os aspectos de sua produção do começo até o fim. A **industrialização** aos poucos aboliu a maioria dos ofícios mais tradicionais produzindo as mesmas mercadorias, mas com muito mais rapidez, eficiência e custos menores, usando máquinas e uma divisão ampliada do trabalho. Os trabalhadores das fábricas normalmente aprendem somente uma parte do processo de produção, o que possibilita que rapidamente dominem a tarefa sem precisar passar por um longo período de treinamento. Esse princípio também se estende à maior parte das outras modalidades de trabalho. Uma das consequências é a especialização, difundida por milhares de ocupações, funções e cargos, algo completamente diferente dos cerca de trinta ofícios e funções principais encontrados nas sociedades tradicionais.

Para Émile Durkheim, a divisão ampliada do trabalho é extremamente significativa e, ainda que tenha trazido consigo alguns problemas graves, como um potencial **conflito** entre patrões e trabalhadores, também trouxe muitas vantagens em longo prazo. Nas sociedades tradicionais, o coletivo tinha preponderância sobre o individual, e o individualismo era minimizado. O tipo de solidariedade que unia a sociedade era uma "solidariedade mecânica" estável e baseada em semelhanças. Instituições relativamente imutáveis compartilhavam estilos de vida e obediência às autoridades. A solidariedade não era algo que precisasse ser conscientemente elaborado, mas surgiu "mecanicamente" pelos contínuos padrões de vida.

Com o **capitalismo**, a industrialização e a urbanização, a vida tradicional e, com ela, a solidariedade mecânica extinguiram-se. Muitos analistas temiam que a destruição da solidariedade social e o estímulo ao individualismo resultariam em mais conflito, bem como em colapso social e moral. Durkheim discordava disso. Segundo ele, uma nova forma de "solidariedade orgânica" estava surgindo como resultado da ampla divisão do trabalho. A especialização de funções viria a fortalecer a solidariedade social nas comunidades maiores e, em vez de viver uma vida comunitária relativamente isolada e autossuficiente, as pessoas criariam vínculos por meio da dependência mútua. Todos nós dependemos de uma enorme quantidade de pessoas – hoje isso se estende em escala mundial – para obter produtos e serviços que sustentam a nossa vida. Salvo raras exceções, a vasta maioria de pessoas nas sociedades modernas não produz o alimento que come, a casa onde mora nem os bens materiais que consome. Na verdade, a solidariedade orgânica tende a gerar vínculos mais fortes de interdependência mútua e, além disso, um equilíbrio melhor entre diferenças individuais e objetivos coletivos.

Aspectos controversos

A divisão do trabalho resultou na interdependência econômica global entre os países e, nesse sentido, Durkheim tinha razão ao dizer que ela faria que os povos do mundo vivessem em cooperação e contato mais próximo. No entanto, muitos críticos argumentam que isso continua sendo válido à custa da desqualificação dos trabalhadores e da degradação do trabalho. Princípios científicos de gerenciamento associados ao advento da produção em massa dependente da fábrica criaram aquilo que os sociólogos industriais denominam sistemas de "baixa confiança". Isso ocorre nos casos em que trabalhos e tarefas são definidos pela gerência e colocados em funcionamento para a operação da máquina. Os trabalhadores são supervisionados e monitorados de perto e recebem pouca autonomia para agir. Para os críticos, os sistemas de baixa confiança erodem o comprometimento e o moral dos trabalhadores, gerando insatisfação, **alienação** e índices elevados de absenteísmo. Durante a maior parte do século XX, os trabalhadores tiveram que resistir a esses sistemas. Embora ainda o façam até hoje, a maioria se concentra

DIVISÃO DO TRABALHO 125

agora nos países em desenvolvimento, onde são comuns fábricas extremamente exploradoras promovendo condições desumanas de trabalho. A divisão mundial do trabalho pode ter muitas vantagens para os consumidores do Ocidente, porém é fonte de muita miséria e exploração.

Relevância contínua

Desde as décadas de 1970 e 1980, há um crescente interesse na ruptura com o modelo mais antigo baseado na produção em massa de produtos idênticos em fábricas enormes, passando para uma produção que adapta os itens visando mercados de nicho. Segundo a teoria, essa transição representa o afastamento do fordismo e a inclinação para a flexibilidade do pós-fordismo. As práticas flexíveis foram introduzidas em várias áreas como desenvolvimento de produtos, técnicas de produção, estilos gerenciais, ambiente de trabalho, envolvimento dos funcionários e *marketing*. Produção em grupo, equipes voltadas à solução de problemas, multitarefas e *marketing* de nicho são apenas algumas das estratégias adotadas pelas empresas na tentativa de se reestruturarem a fim de aproveitar as oportunidades presentes na economia global. O recente declínio econômico global certamente terá muitas consequências para a tomada de decisões corporativa e governamental e a divisão global do trabalho.

Mudanças recentes no emprego levaram ao crescimento das ocupações no setor de serviços nos países desenvolvidos. No entanto, o próximo passo talvez seja o *offshoring* – o movimento sistemático de um número crescente de tarefas para o exterior (Blinder, 2006). De fato, para Blinder, o *offshoring* poderia ter consequências revolucionárias para as economias desenvolvidas que dependem de serviços. Muitas tarefas de escritório e serviço podem facilmente ser transferidas para outros países e, como costumam ser estáveis e relativamente bem pagas, o choque de perder esse emprego seria sentido com mais impacto pela classe média e autônomos. Por exemplo, cursos universitários podem ser oferecidos pela internet de qualquer parte do mundo, assim como na maioria das funções de serviço na área bancária e de clientes. Por conseguinte, a pergunta é: que tipos de trabalho permanecerão nas economias "pós-industriais"?

126 ESTRUTURAS DA SOCIEDADE

Blinder sugere que os trabalhos que exigem contato – cuidados de saúde e transporte, por exemplo – devem se salvar. Contudo, ainda não se sabe ao certo se a extensão do *offshoring* será assim tão radical.

Usando o exemplo de Londres, Jane Wills et al. (2010) mostram como as cidades modernas se tornaram dependentes da mão de obra de imigrantes levados de várias partes do mundo para preencher vagas de trabalho desvalorizado, como servir mesas, fazer faxina, cuidar de doentes e trabalhar em *buffets*. Ainda que as grandes cidades sempre tenham atraído imigrantes em busca de trabalho, esse estudo mostra que algo mudou nos últimos vinte anos. O modelo de desenvolvimento econômico neoliberal e de livre mercado incentivou a normalização da terceirização e redução nos salários e condições, fazendo que Londres se tornasse quase totalmente dependente de trabalhadores estrangeiros que realizam os trabalhos necessários para manter o funcionamento da cidade. Isso levanta questões de políticas ligadas à **pobreza** e coesão social, abordadas pelo livro, que também estuda possíveis soluções.

Referências e leitura complementar

BLINDER, S. Offshoring: the next industrial revolution?, *Foreign Affairs*, mar.-apr. 2006, p.113-28.

DURKHEIM, É. *The Division of Labour in Society*. London: Macmillan, 1984 [1893].
[Ed. Bras.: *Da divisão do trabalho social*. São Paulo: WMV Martins Fontes, 2010.]

MORRISON, K. *Marx, Durkheim, Weber*: Formations of Modern Social Thought. London: Sage, 1998, p.128-51.

SMITH, A. *The Wealth of Nations*. London: Everyman's Library, 1991 [1776].
[Ed. Bras.: *A riqueza das nações*. Rio de Janeiro: Jorge Zahar, 2003.]

WILLS, J.; DATTA, K.; EVANS, Y.; HERBERT, J.; MAY, J.; MCILWAINE, C. *Global Cities at Work*: New Migrant Divisions of Labour. London: Pluto Press, 2010.

EDUCAÇÃO

Definição prática

Instituição social que promove e viabiliza a transmissão de conhecimento e habilidades de uma geração para a outra, quase sempre por meio do ensino compulsório em escolas.

Origens do conceito

Educação é a transmissão de conhecimento, habilidades e regras de comportamento para que novos membros passem a fazer parte da **sociedade**. Hoje, de modo geral, entende-se a educação como "algo positivo". A maioria das pessoas que passaram por um sistema educacional e dele saíram sabendo ler, escrever, fazer contas e com um nível razoável de instrução concordaria que ele possui benefícios claros. Contudo, os sociólogos fazem uma distinção entre educação e ensino escolar. Educação pode ser definida como uma *instituição social*, que possibilita e incentiva a aquisição de habilidades, conhecimento e a ampliação dos horizontes pessoais, podendo ocorrer em vários tipos de ambientes. O ensino escolar, porém, é o processo formal por meio do qual alguns tipos de conhecimento e habilidades são transmitidos por intermédio de um currículo pré-programado e, em geral, obrigatório até uma determinada idade. A educação obrigatória nos países desenvolvidos é cada vez mais estendida até a faculdade e níveis acadêmicos mais avançados.

Antes do final do século XVIII, a educação nas escolas era uma questão privada e apenas as **famílias** mais ricas conseguiam pagar pela educação dos filhos. Durante o século XIX, adentrando o século XX, os sistemas educacionais estatais compulsórios foram introduzidos conforme a necessidade de alfabetização e aritmética crescia entre os trabalhadores nos escritórios e ambientes industriais. Embora as teorias funcionalistas defendam que a função oficial das escolas seja formar uma população educada e capacitada, muitos críticos marxistas e radicais argumentam que existe um currículo oculto que sutilmente transmite valores e regras que sustentam uma sociedade capitalista absurdamente desigual. Pesquisas mais recentes tendem a se concentrar no papel da educação e do ensino escolar na reprodução cultural, na transmissão geracional de normas, experiências e valores culturais, e todos os mecanismos e processos pelos quais isso é alcançado.

Significado e interpretação

Para Émile Durkheim, a educação é um canal-chave da **socialização**, incutindo nas crianças os valores comuns da sociedade que sustentam a solidariedade social. Durkheim estava mais preocupado particularmente com as diretrizes morais e a responsabilidade mútua, que contribuem para mitigar o tipo de individualismo competitivo, o qual, para muitos, acabaria por destruir a solidariedade. No entanto, nas sociedades industriais, segundo Durkheim, a educação também possui outra função no ensinamento das habilidades necessárias para assumir funções ocupacionais cada vez mais especializadas que já não podiam mais ser aprendidas no âmbito familiar. A partir dessa abordagem basicamente funcionalista, Talcott Parsons avançou sua análise. Segundo ele, uma das principais funções da educação é difundir o valor central da conquista individual, quase sempre por meio de avaliações e exames competitivos. Isso é fundamental porque os exames se baseiam em padrões universais e meritocráticos, ao contrário dos padrões particulares da família e, na sociedade como um todo, as pessoas normalmente alcançam suas posições com base em capacidade e mérito e não com base em **classe**, **gênero** ou **etnia**.

Muitas pesquisas revelaram, contudo, que a educação e o ensino escolar reproduzem as desigualdades sociais em vez de ajudar a equalizar as oportunidades de vida. Um estudo de Paul Willis (1977) no Reino Unido, baseado no trabalho de campo realizado em uma escola de Birmingham, questionava por que os filhos da classe trabalhadora acabam quase sempre ficando com empregos de classe trabalhadora. Trata-se de uma pergunta pertinente em um sistema educacional meritocrático. Willis descobriu subculturas antiescolares em que jovens rapazes não tinham interesse em provas nem em uma "carreira", mas apenas queriam

EDUCAÇÃO 129

sair dali e ganhar dinheiro. Ele afirmava que isso em muito se assemelhava às culturas do operariado e, nesse sentido, o fracasso na escola, sem querer, preparava essas crianças para o trabalho na classe trabalhadora.

Aspectos controversos

A teoria funcionalista está correta em ressaltar as funções formais dos sistemas educacionais, porém será mesmo que existe um conjunto único de valores que permeiam a sociedade inteira, principalmente nas sociedades multiculturais de hoje? Os marxistas concordam que as escolas propiciam a socialização das crianças, mas o fazem para garantir que as empresas capitalistas obtenham o tipo de força de trabalho de que precisam, não porque estejam comprometidas com a igualdade de oportunidades. As estruturas da vida escolar *correspondem* às estruturas da vida profissional; ajustar-se conduz ao sucesso, professores e diretores ditam as tarefas, os alunos e trabalhadores as executam, escola e trabalho são organizados hierarquicamente, e ensina-se isso como algo inevitável (Bowles; Gintis, 1976).

Essa ideia de um "currículo oculto" também exerceu forte influência na Sociologia da Educação. Illich (1971) afirmou que as escolas são organizações de custódia criadas para manter os jovens ocupados e longe das ruas até atingirem a idade de trabalhar. Elas promovem uma aceitação sem senso crítico da ordem social e ensinam as crianças a conhecer a sua posição de classe. Illich defendia a "desescolarização" da sociedade a favor de tornar os recursos educacionais disponíveis para todos a qualquer momento que precisassem, e para que estudassem aquilo que quisessem em vez de serem forçados a aprender um currículo-padrão. Os recursos poderiam ser armazenados em bibliotecas e bancos de armazenamento de informações (hoje provavelmente *on-line*) e então disponibilizados a qualquer estudante. Na época, essas ideias pareciam desesperadamente idealistas, mas com o novo foco de hoje no aprendizado contínuo e no aprendizado a distância pela internet, elas não parecem mais tão improváveis.

Relevância contínua

Como podemos determinar as funções positivas da educação diante de críticas tão ferrenhas? O ensino escolar faz parte da reprodução de desigualdades estruturais, mas ao mesmo tempo também dota as pessoas de algumas das habilidades e de conhecimento que lhes permitem compreender e combater tais desigualdades. Além disso, também ocorre que muitos professores que valorizam plenamente a função estrutural do sistema educacional trabalham para melhorá-lo e modificá-lo de dentro para fora. Toda teoria que não apresenta nenhuma perspectiva de mudança talvez coloque peso demais no **poder** da estrutura social e peso insuficiente no poder criativo humano. A educação é um espaço importante para uma série de debates que não dizem respeito apenas ao que acontece nas escolas, mas também ao direcionamento da própria sociedade.

Nos últimos anos, muitas sociedades desenvolvidas viram as meninas "ultrapassarem" os meninos nas boas qualificações na escola e faculdade, e surgiu um debate sobre os motivos por que os meninos estariam "abaixo do esperado" e o que poderia ser feito a esse respeito. Isso indicaria que as meninas teriam superado os obstáculos para o seu êxito. Contudo, um estudo empírico no Reino Unido descobriu que uma amostra de meninas de 12 e 13 anos com excelente desempenho continua a enfrentar problemas de identidade causados pela tentativa de "ser inteligente" dentro das regras existentes de feminilidade aceitável (Skelton, Francis e Read, 2010). As meninas enfrentavam problemas específicos em seus relacionamentos com colegas de classe, mas também lutavam para obter atenção dos professores. A realidade da vida para meninas e mulheres cada vez mais bem-sucedidas é, sem dúvida, mais complexa do que ilustram as meras estatísticas de desempenho acadêmico.

Referências e leitura complementar

BARTLETT, S.; BURTON, D. M. *Introduction to Education Studies*. London: Sage, 2007, esp. cap. 2.

ORGANIZAÇÃO 131

BOWLES, S.; GINTIS, H. *Schooling in Capitalist America*: Educational Reform and Contradictions of Economic Life. New York: Basic Books, 1976.

GATTO, J. T. *Dumbing us Down*: The Hidden Curriculum of Compulsory Schooling. 2.ed. New York: New Society, 2002.

ILLICH, I. D. *Deschooling Society*. Harmondsworth: Penguin, 1971. [Ed. Bras.: *Sociedade sem escolas*. Petrópolis: Vozes, 1985.]

SKELTON, C.; FRANCIS, B.; READ, B. Brains before beauty? High achieving girls, school and gender identities, *Educational Studies*, 36(2), 2010, p.185-94.

UNESCO. *Overcoming Inequality*: Why Governance Matters. Education for All: Global Monitoring Report. Oxford: Oxford University Press, 2009, esp. cap. 2.

WILLIS, P. *Learning to Labour*: How Working-Class Kids Get Working-Class Jobs. London: Saxon House, 1977.
[Ed. Bras.: *Aprendendo a ser trabalhador*. Porto Alegre: Artes Médicas, 1991.]

ORGANIZAÇÃO

Definição prática

Grupo social ou entidade coletiva internamente estruturado para atender a uma necessidade social ou buscar objetivos específicos.

Origens do conceito

As organizações são tão antigas quanto os primeiros grupos de seres humanos que se uniram para obter segurança, comida e abrigo. Contudo, na Sociologia, o conceito de organização é muito mais recente. O estudo da **burocracia** realizado por Max Weber como uma característica fundamental do **capitalismo** e da vida moderna de maneira geral é normalmente usado como ponto de partida para tais investigações. Weber reconhecia que as burocracias são apenas uma forma de organização, mas seu formato moderno e racional era o mais eficiente criado até então, portanto todas as organizações se destinavam a ser burocráticas. Grande parte das teorias e pesquisas posteriores a Weber ampliou ou criticou sua interpretação básica. Com o tempo, a Sociologia das Organizações

132 ESTRUTURAS DA SOCIEDADE

passou de teorias da estrutura e função organizacional para as relações informais, a cultura das organizações, o funcionamento das relações de **poder** e de **gênero** e o crescimento das **redes**.

Significado e interpretação

As organizações (às vezes denominadas organizações "formais") abrangem desde pequenos grupos de pessoas até corporações transnacionais e organizações multinacionais não governamentais (ONGs), embora a maioria dos estudos esteja preocupada com organizações nacionais relativamente grandes como departamentos governamentais, universidades, escolas, hospitais, ordens religiosas, empresas, sindicatos e instituições de caridade. As organizações podem ser contrastadas com as instituições, pois estas podem ser definidas como todas as normas, valores e padrões estabelecidos de comportamento que fazem parte das culturas, como família, educação e casamento. As organizações são intencionalmente unidades projetadas para alcançar determinados objetivos, em geral por meio de um conjunto de regras, regulamentações e procedimentos por escrito e sediadas em locais físicos. Essas organizações formais se balizam, em parte, por exigências legais. As universidades, por exemplo, precisam cumprir leis que regem tudo, desde as políticas de admissão até saúde, segurança e igualdade no trabalho. As organizações formais continuam sendo o tipo predominante no mundo inteiro.

As organizações fazem parte da vida de todos: "Nascemos em organizações, somos educados por organizações e a maioria de nós passa a maior parte da vida trabalhando em organizações" (Etzioni, 1964, p.ix). Elas também realizam grande parte da coordenação necessária à vida moderna de hoje. Contudo, os **conflitos** de interesse bem como a cooperação são centrais para as organizações. O resultado das lutas por poder entre trabalhadores e patrões ou entre diferentes grupos de trabalhadores pode influenciar o funcionamento geral e até mesmo os objetivos das organizações. O reconhecimento desses conflitos marcou um distanciamento das perspectivas funcionalistas que retratavam as organizações

ORGANIZAÇÃO

como máquinas de funcionamento harmonioso (Silverman, 1994). Ainda que não estejam totalmente errados, esses estudos separavam a organização das pessoas que a constituem. Segundo uma perspectiva mais contemporânea da "ação social", a organização é uma "coalizão contínua e em permanente mutação de pessoas com interesses e objetivos bastante diferentes e quase sempre conflitantes que estão dispostas, dentro de determinados limites rigorosamente definidos, a realizar tarefas que ajudam a cumprir as exigências dos que estão no comando" (Watson, 2008, p.110). Isso nos ajuda a entender como a estrutura interna das organizações muda ao longo do tempo e chama a atenção para mudanças nos relacionamentos entre organizações e grupos externos.

Em sua pesquisa sobre empresas de eletrônicos na Escócia, Burns e Stalker (1966) descobriram dois tipos de organização: mecanicista e orgânica. As organizações mecanicistas são burocráticas, enquanto as organizações orgânicas são caracterizadas por uma estrutura mais solta, e os objetivos gerais da organização têm prioridade sobre responsabilidades restritivamente definidas. Mais recentemente, Sine, Mitsuhashi e Kirsch (2006) usaram esse contraste entre as estruturas mecanicistas e as orgânicas para estudar as empresas de internet que iniciaram as operações entre 1996 e 2001. Supostamente, essas empresas muito novas são menos do ponto de vista formal e adotam como rotina uma estrutura orgânica menos rígida, mas esse não é necessariamente o caso. Nos primeiros estágios, as empresas com uma estrutura mecanicista tiveram bom desempenho, pois as funções especializadas dos membros fundadores reduziam a incerteza e a ambiguidade, aumentando a eficiência organizacional em uma etapa crucial. Portanto, o contraste mecanicista/orgânico não pode ser absoluto; porém, a decisão sobre qual forma é mais eficaz dependerá do estágio de desenvolvimento de uma organização.

As organizações funcionam em locais físicos especialmente projetados que refletem a sua estrutura interna. Por exemplo, gerentes e executivos normalmente ficam nos andares mais perto do "topo" de um edifício em um sistema de classificação vertical. A distribuição de salas, corredores e áreas abertas também pode ser associada ao sistema de autoridade, permitindo que os supervisores observem as atitudes dos trabalhadores o tempo todo, como em centrais de atendimento e escritórios de plano aberto. Michel Foucault (1973, 1978) afirmava que o nível de visibilidade determina com que facilidade os trabalhadores estão sujeitos à vigilância. A autovigilância também funciona por meio da incerteza sobre quando ou se os trabalhadores estão sendo monitorados, o que os obriga a monitorar seu comportamento o tempo todo, "por via das dúvidas".

Aspectos controversos

Uma antiga crítica das conceitualizações tradicionais das organizações afirma que, embora as regras e os processos formais nitidamente existam de fato, é um erro assumir isso como algo intrínseco. Na prática, as organizações funcionam com base no costume de evitar ou ignorar as regras. Por exemplo, as fábricas podem até ter muitas regras de saúde e segurança, mas na prática os trabalhadores ignoram muitas delas a fim de "terminar o trabalho" mais rapidamente. Segundo Meyer e Rowan (1977), as regras formais são essencialmente "mitos" que possuem um caráter cerimonial ou ritual, mas pouco informam sobre a realidade da vida organizacional.

De maneira análoga, as hierarquias verticais impessoais que supostamente caracterizam as organizações também podem ser enganosas. As redes informais se desenvolvem em todos os níveis das organizações, e no topo ficam os vínculos e conexões extremamente *pessoais* de suma importância. Os conselhos de administração e os acionistas são responsáveis por determinar as metas e políticas das empresas, porém em muitos casos poucas pessoas tomam as decisões e esperam que os conselhos apenas as aprovem. Líderes corporativos de diferentes empresas usualmente consultam-se entre si de modo informal e frequentam os mesmo clubes fora do trabalho. Essa situação havia sido prevista por Robert Michels (1967 [1911]), que afirmava que o poder e o controle nas grandes organizações inevitavelmente se aglutinam em uma pequena elite. A isso ele denominou "a lei de ferro da oligarquia" (o poder na mão de poucos), considerando-a um empecilho à genuína democratização dentro das organizações e, como consequência, da sociedade como um todo.

ORGANIZAÇÃO   135

O estudo do feminismo a partir dos anos 1970 se concentrou no desequilíbrio dos papéis de gênero nas organizações. As organizações se caracterizaram pela segregação ocupacional de gênero, segregando as mulheres a ocupações mal pagas e rotineiras e usadas como fonte de mão de obra barata e confiável, sem receber as mesmas oportunidades dos homens de construir carreiras. As mulheres atendiam às necessidades do burocrata masculino, possibilitando que ele trabalhasse mais horas, viajasse e se concentrasse unicamente no trabalho. Portanto, as organizações modernas são ambientes dominados por homens nos quais as mulheres são destituídas de poder (Kanter, 1977; Ferguson, 1984).

Relevância contínua

Havia algumas diferenças fundamentais entre os modelos organizacionais convencionais e as grandes empresas que surgiram no Japão durante a industrialização do país no período pós-guerra. As empresas japonesas possuem uma hierarquia menos óbvia: trabalhadores de todos os níveis são consultados sobre políticas, os funcionários são muito menos especializados do que os do Ocidente e as corporações são comprometidas com o "emprego por toda a vida". No entanto, os problemas econômicos resultaram em mudanças no modelo japonês, que passou a ser visto como inflexível demais e caro. Muitos analistas buscavam um modelo de organização empresarial mais competitivo e individualista, mais parecido com o encontrado no Ocidente (Freedman, 2001). A ascensão das redes e de um modelo de organização em rede foi muito discutida nos últimos anos, ainda que estejamos muito longe de compreender claramente a dimensão dessa mudança (Castells, 2000). Embora haja alguma informalização dentro da organização tradicional, parece pouco provável que o mundo moderno possa ser coordenado com êxito sem as organizações formais.

Hoje mais mulheres trabalham dentro de organizações e espera-se que um dos primeiros lugares onde se possa observar essa mudança seja nas organizações políticas "'progressistas'", como partidos trabalhistas e sindicatos comprometidos com a igualdade. Guillaume e Pochic (2011) usaram métodos biográficos para analisar essa suposição nos sindicatos

136 ESTRUTURAS DA SOCIEDADE

ingleses e franceses. A pesquisa demonstrou que as mulheres agora são bem representadas entre os novos membros de sindicatos e ativistas, o que, no Reino Unido, se deveu muito a ações proativas e focadas dos próprios sindicatos. Contudo, mesmo nos mais femininos dos sindicatos, as mulheres ainda ficavam relativamente fora das posições de liderança. A impressão é que, apesar das mudanças nas políticas destinadas a incentivar maior presença das mulheres em posições superiores, a "cultura organizacional masculina", as conexões masculinas informais e problemas como o equilíbrio entre o pessoal e o profissional continuam postergando a autêntica igualdade de gêneros.

Referências e leitura complementar

BURNS, T.; STALKER, G. M. *The Management of Innovation*. London: Tavistock, 1966.

CASTELLS, M. *The Rise of the Network Society*. 2.ed. Oxford: Blackwell, 2000.

[Ed. Bras.: *A sociedade em rede*. 3v. São Paulo: Paz e Terra, 2007.]

CLEGG, S. R.; KORNBERGER, M.; PITSIS, T. *Managing Organizations*: An Introduction to Theory and Practice. London: Sage, 2011.

ETZIONI, A. *Modern Organizations*. Englewood Cliffs, NJ: Prentice Hall, 1964.

FERGUSON, K. E. *The Feminist Case against Bureaucracy*. Philadelphia: Temple University Press, 1984.

FOUCAULT, M. *The Birth of the Clinic*: An Archaeology of Medical Perception. London: Tavistock, 1973.

[Ed. Bras.: *O nascimento da clínica*. Rio de Janeiro: Forense Universitária, 1980.]

_____. *The History of Sexuality*. London: Penguin, 1978.

[Ed. Bras.: *História da sexualidade*. 3v. São Paulo: Paz e Terra, 1997.]

FREEDMAN, C. (ed.). *Economic Reform in Japan*: Can the Japanese Change? Cheltenham: Edward Elgar, 2001.

GODWYN, M.; GITTELL, J. H. (eds.). *Sociology of Organizations*: Structures and Relationships. Thousand Oaks, CA: Pine Forge Press, 2012.

GUILLAUME, C.; POCHIC, S. The gendered nature of union careers: the touchstone of equality policies? Comparing France and the UK, *European Societies*, 13(4), 2011, p.607-31.

KANTER, R. M. *Men and Women of the Corporation*. New York: Basic Books, 1977.

LUNE, H. *Understanding Organizations*. Cambridge: Polity, 2010.

MEYER, J. W.; ROWAN, B. Institutional organizations: formal structure as myth and ceremony, *American Journal of Sociology*, 83, 1977, p.340-63.

MICHELS, R. *Political Parties*. New York: Free Press, 1967 [1911]. [Ed. Bras.: *Sociologia dos partidos políticos*. Brasília: UnB, 1987.]

SILVERMAN, D. On Throwing Away Ladders: Re-writing the Theory of Organizations. In: HASSARD, J.; PARKER, M. (eds.). *Towards a New Theory of Organizations*. London: Routledge, 1994, p.1-23.

SINE, W. D.; MITSUHASHI, H.; KIRSCH, D. A. Revisiting burns and stalker: formal structure and new venture performance in emerging economic sectors, *Academy of Management Journal*, 49(1), 2006, p.121–32.

WATSON, T. J. *Sociology, Work and Industry*. 5.ed. London: Routledge, 2008.

RELIGIÃO

Definição prática

Conforme Émile Durkheim, "sistema unificado de crenças e práticas ligadas ao sagrado que congrega as pessoas que as seguem em uma comunidade".

Origens do conceito

De uma forma ou de outra, a religião pode ser encontrada em todas as sociedades humanas de que se tem notícia. Registros das mais primitivas sociedades revelam traços nítidos de símbolos e cerimônias religiosas. Desenhos em cavernas sugerem que as crenças e práticas religiosas já existiam há mais de 40 mil anos e desde aquela época a religião continua sendo parte central da experiência humana. As religiões europeias mais antigas envolviam crenças e práticas religiosas profundamente arraigadas e, portanto, eram partes integrantes do cotidiano e não partes de instituições sociais separadas. Isso até hoje vale em outras partes do mundo. Nas sociedades industriais modernas, porém, as religiões começaram a se estabelecer em organizações separadas de outras esferas da vida como economia e política. O debate central dentro da Sociologia da Religião no século XX dizia respeito à teoria da secularização, sendo que, de um lado, há quem afirme que a religião está perdendo a influência e, de outro, há quem diga que as crenças religiosas estão em ascensão, ainda que a afiliação formal de organizações religiosas aparente um declínio.

Significado e interpretação

Para Marx, a religião é para as massas um refúgio da dura realidade da vida em sociedades divididas por **classes**. O motivo disso é que a religião promete felicidade e recompensas na eternidade, mas apregoa a aceitação resignada da exploração no mundo real. A teoria marxista, portanto, vê dentro da religião um forte elemento ideológico que legitima as brutais desigualdades associadas à riqueza e ao **poder**. Os amplos estudos de Max Weber sobre as "religiões do mundo" chegaram a uma conclusão diferente. Segundo ele, a religião pode ser uma força conservadora, mas isso não é, de maneira alguma, inevitável. Por exemplo, a religião inibiu a mudança social durante muito tempo na Índia, onde o hinduísmo enfatiza a fuga das armadilhas do mundo material em vez de tentar controlá-lo ou influenciá-lo. Contudo, no Ocidente, o cristianismo, com suas constantes batalhas contra o pecado e os pecadores, gerou uma tensão e um dinamismo emocional que desafiaram a ordem existente. Da mesma maneira, a Igreja Católica exercia um importante papel na legitimação do movimento polonês Solidariedade que derrotou o regime comunista nos anos 1980. Portanto, as religiões podem promover a mudança social.

De acordo com Émile Durkheim, a persistência da religião é sua principal característica. Ele afirmava que todas as religiões dividem o mundo entre esferas sagradas e profanas, com objetos e símbolos sagrados tratados de maneira muito diferente do restante dos aspectos rotineiros da existência, o "profano". O motivo pelo qual as religiões resistiram durante períodos extremamente longos é que elas são a principal via pela qual os vínculos sociais são criados e fortalecidos. A cerimônia e o ritual são essenciais para unir as pessoas, e é por isso que fazem parte das diversas crises e transições da vida como nascimento, casamento e morte. Os

RELIGIÃO 139

cerimoniais coletivos reafirmam a solidariedade do grupo nos momentos em que as pessoas são obrigadas a se adaptar a uma grande mudança. Os eventos cerimoniais criam "efervescência coletiva" – sentimentos e energia exaltados gerados por reuniões coletivas que retiram as pessoas de suas preocupações mundanas e temporariamente as levam a um estado elevado. Durkheim ressalta que a *experiência* religiosa das pessoas não pode ser relegada à mera autoilusão ou **ideologia**. Trata-se, na verdade, da experiência *real* de genuínas forças sociais.

A Sociologia da Religião se ocupa de como as instituições e organizações religiosas funcionam, sobretudo em relação à criação da solidariedade social. Nos casos em que há inúmeras religiões concorrentes, as diferenças podem transbordar em conflitos desestabilizadores. Há incontáveis exemplos de conflitos entre protestantes e católicos na Irlanda do Norte e entre sikhs, hindus e muçulmanos na Índia, discordâncias entre muçulmanos e cristãos na Bósnia e na antiga Iugoslávia, e "crimes de ódio" contra judeus, muçulmanos e minorias religiosas nos Estados Unidos.

Aspectos controversos

A secularização descreve o processo pelo qual a religião perde a sua influência sobre as diversas esferas da vida social; se vivêssemos em uma sociedade inteiramente secular, o conceito de religião seria redundante. Na Europa ocidental, o padrão religioso ficou conhecido como "acreditar sem pertencer", pois as pesquisas mostram que uma maioria de pessoas ainda acredita em Deus ou deuses, porém frequenta cada vez menos as igrejas (Davie, 1994). Nos Estados Unidos, porém, tanto a crença religiosa quanto a frequência nas igrejas continuam altas. A dificuldade de chegar a uma conclusão geral se dá pela falta de consenso sobre o modo como a secularização deve ou pode ser mensurada.

Muita gente possui crenças religiosas, mas não frequenta os cultos, no entanto, por outro lado, muitos frequentam a igreja com regularidade por simples hábito ou para encontrar os amigos, mesmo que suas crenças pessoais não sejam lá tão fortes. Nem mesmo um recorte histórico ajuda a chegar a uma conclusão. Pode-se pensar que, antes da **industrialização**, a frequência à igreja era mais elevada, os clérigos tinham maior *status* social e a grande massa de pessoas tinha fortes crenças religiosas, todavia todas essas suposições foram contestadas pela pesquisa histórica. Na Europa medieval, a maioria das pessoas, na melhor das hipóteses, era desinteressada por crenças e frequentava os cultos religiosos muito mais por um senso de obrigação do que por comprometimento religioso. Por outro lado, a maioria das pessoas hoje tem menor percepção de que o cotidiano seja ocupado por entidades divinas ou espirituais.

Os críticos da tese de Durkheim argumentam que não é possível compreender o caráter essencial de *todas* as religiões com generalizações feitas a partir de uma pequena amostra de sociedades. No decorrer do século XX, muitas sociedades do mundo se tornaram mais multiculturais, com uma ampla gama de religiões dentro das sociedades nacionais. A tese de Durkheim da religião como fonte de solidariedade social pode ser menos persuasiva em sociedades de múltiplos tipos de fé e não leva propriamente em consideração os conflitos internos da sociedade acerca das diferentes crenças religiosas. Também poderíamos contestar a ideia de que a religião é essencialmente a veneração da própria sociedade e não de divindades ou espíritos. Esse argumento pode ser considerado reducionista – que a experiência religiosa pode ser reduzida ao fenômeno social, rejeitando, portanto, até mesmo a possibilidade de um nível de realidade "espiritual".

Relevância contínua

À medida que as religiões tradicionais perdem influência, a religiosidade parece ser canalizada em novas direções em uma série de novos movimentos religiosos. Há também poucos indícios de secularização na maior parte do mundo em desenvolvimento. Em muitas partes do Oriente Médio, Ásia, África e Índia, existe um fundamentalismo islâmico ativo e dinâmico. Da mesma forma, milhões de católicos participam de visitas papais nos países em desenvolvimento, enquanto a religião oriental ortodoxa foi entusiasticamente adotada em partes da antiga União Soviética

RELIGIÃO 141

depois de décadas de repressão comunista. Até nos Estados Unidos a religião exerce forte influência e assumiu novas formas como o popular movimento evangélico e o "televangelismo".

Michel Maffesoli (1995) desenvolveu a teoria de que agora vivemos no "tempo das tribos", quando se observa o rápido crescimento de pequenos grupos de pessoas que se reúnem com base nos mesmos gostos musicais, ideias, preferências de consumo e lazer. O comprometimento dessas pessoas com as "novas tribos" pode ser bastante fraco e pouco duradouro, mas mostra uma forte necessidade humana por sociabilidade que ainda é, nos termos de Durkheim, uma necessidade "religiosa". Enquanto as religiões tradicionais lutam para manter suas afiliações, alguns sociólogos afirmam que ideias "seculares" podem assumir uma função "religiosa". Um dos exemplos disso é o enfoque secular nos direitos humanos, que conecta o particular e o universal, visando a uma democracia futura. Esse discurso possui semelhanças com a tradição cristã e pode ser visto como representante de um tipo de "religião secular" (Reader, 2003). Contudo, se isso for verdade, trata-se de uma religião cujo foco central se dá no indivíduo e não na comunidade ou sociedade.

Um interessante estudo de caso de um novo movimento religioso é a análise de Carlo Barone (2007) sobre o Soka Gakkai, na Itália. O Soka Gakkai começou há mais de 75 anos, mas é um movimento religioso de rápido crescimento e particularmente bem-sucedido na Itália. O autor discute os motivos desse extremo sucesso. O Soka Gakkai possui cerca de 8 milhões de membros no Japão e é intimamente ligado a um partido político – o Komeito – que teve um papel importante nas coalisões do governo japonês desde a década de 1990. No entanto, muitos membros não japoneses, talvez a maioria, não têm conhecimento dessa conexão política e consideram a sua religião como algo individual e privado. Um dos principais motivos do sucesso do Soka Gakkai, ao que tudo indica, são seus métodos de organização. Os membros se associam a um pequeno grupo (parte de uma rede) e são incentivados a compartilhar experiências, o que cria um forte senso de solidariedade, enquanto a atenção do grupo está concentrada em objetos sagrados em um ambiente emocionalmente carregado. Em suma, os grupos criam uma efervescência coletiva (durkheimiana) que serve para integrar os membros de forma relativamente rápida e segura.

Referências e leitura complementar

ALDRIDGE, A. *Religion in the Contemporary World*: A Sociological Introduction. 3.ed. Cambridge: Polity, 2013.

BARONE, C. A neo-durkheimian analysis of a new religious movement: the case of Soka Gakkai in Italy, *Theory and Society*, 36(2), 2007, p.117-40.

DAVIE, G. *Religion in Britain Since 1945*: Believing without Belonging. Oxford: Blackwell, 1994.

FENN, R. K. *Key Thinkers in the Sociology of Religion*. New York: Continuum, 2009.

MAFFESOLI, M. *The Time of the Tribes*: The Decline of Individualism in Mass Society. London: Sage, 1995.

[Ed. Bras.: *Tempo das tribos*: o declínio do individualismo. São Paulo: Forense Universitária, 2006.]

READER, R. The discourse of human rights – a secular religion?, *Implicit Religion*, 6(1), 2003, p.41-51.

TEMA 5
OPORTUNIDADES DE VIDA DESIGUAIS

CLASSE

Definição prática

Posição econômica relativa de grandes grupos sociais, definida em relação à ocupação, posse de propriedades e riqueza ou escolhas de estilo de vida.

Origens do conceito

É antiga a discordância entre sociólogos sobre classe social, desde o surgimento das diferentes teorias e abordagens de Marx e Weber. Para Marx, define-se classe como um grupo de pessoas que possuem uma relação comum com os meios de produção – sem delongas, ou são proprietários ou não proprietários – e os sistemas de classe, portanto, abrangem a maior parte da história humana. Nas sociedades pré-industriais, as duas principais classes eram a de proprietários de terras (aristocratas, nobres ou donos de escravos) e a daqueles que trabalhavam na terra (servos, escravos e camponeses livres). Já nas sociedades capitalistas, fábricas, escritórios, equipamentos e o capital necessário para comprá-los se tornaram mais importantes do que a terra. As duas principais classes hoje são as de quem possui os novos meios de produção – os capitalistas – e os que ganham a vida vendendo o potencial de trabalho para aqueles – a classe trabalhadora ou o proletariado.

Também para Weber, classe se baseia em condições econômicas estipuladas de maneira objetiva, porém para ele havia uma série de fatores econômicos tão importantes quanto isso. As divisões de classe resultam não só da propriedade ou ausência dela, mas também de habilidades e qualificações, as quais afetam os tipos de trabalho que as pessoas são capazes de assumir. A posição dentro do mercado de trabalho influencia fortemente as oportunidades de vida das pessoas. As ocupações gerenciais e profissionais trazem salários mais altos, melhores condições de trabalho e mais "regalias" do que o trabalho industrial ou administrativo. Da mesma maneira, profissionais capacitados são, em geral, mais bem pagos do que os que possuem trabalhos que exigem pouca ou nenhuma qualificação. A posição de classe é, em consequência, determinada por um conjunto de fatores bastante complexos e não pode ser reduzida à mera propriedade dos meios de produção. Weber fez ainda uma distinção entre classe e *status*, sendo este formado a partir das percepções de outras pessoas e não da situação econômica objetiva de um indivíduo. Nos últimos anos, o debate se concentrou na possibilidade de a classe estar em declínio em significado prático e se os esquemas de classe também deveriam incluir preferências dos consumidores e outros fatores culturais.

Significado e interpretação

A maioria dos sociólogos hoje concordaria que classe social é uma forma de estratificação social que caracteriza os países modernos e industrializados do mundo, ainda que tenha se difundido para outras sociedades com o avanço do **capitalismo**. Classes são grandes grupos de pessoas que compartilham os mesmos recursos econômicos e estes, por sua vez, influenciam totalmente o tipo de estilo de vida que elas conseguem levar. A posse de riqueza e a ocupação são as principais bases das diferenças de classes. Os sociólogos, de modo geral, concordam que classe é a mais fluida forma de estratificação, pois as classes não são

CLASSE 145

entidades legais, as fronteiras entre elas não são fixas e não há restrições para casamentos entre pessoas de classes diferentes. Pesquisas mostram também que a posição de classe de nascença pode até limitar, mas não impedir o movimento das pessoas pelos sistemas de classe.

Estudos da **mobilidade social** mostram que as pessoas podem alcançar, e alcançam, a sua posição de classe, e isso nitidamente contradiz, por exemplo, o sistema indiano de castas, que não permite esse movimento. Os sistemas de classe são impessoais e a posição individual de classe é objetiva, não relacionada às suas relações pessoais, que costumam formar uma área da vida bastante distinta. Estudos teóricos e empíricos investigaram as conexões entre posição de classe e outras dimensões da vida social, como padrões de voto, saúde e conhecimento educacional. Os sociólogos tentaram mapear a estrutura de classe das sociedades modernas criando esquemas que captam o máximo de estrutura ocupacional possível dentro do mínimo de categorias necessárias. Os sociólogos costumam usar a ocupação como amplo indicador de classe social porque as pesquisas mostram que os indivíduos com a mesma ocupação tendem a vivenciar estilos de vida parecidos e apresentar oportunidades de vida semelhantes.

Os esquemas "relacionais" de classes são preferidos por muitos analistas de classe, pois trazem à tona algumas das mudanças de tensões e desigualdades dentro da **sociedade**, bem como mudanças de categorias de emprego e novas tendências ocupacionais. John Goldthorpe trabalhou no estudo de classes durante muitos anos e criou um esquema weberiano a ser aplicado em pesquisas empíricas. O esquema de classes de Goldthorpe foi criado não como uma hierarquia, mas como uma representação da natureza "relacional" da estrutura contemporânea de classes. Seu esquema original identificou a localização da classe com base na situação do mercado e do trabalho. A situação do mercado está ligada aos níveis salariais, segurança do emprego e perspectivas de progresso, ao passo que a situação do trabalho se concentra em questões como controle, poder e autoridade. Mais recentemente, Goldthorpe (2000) enfatizou as relações de emprego em vez da "situação do trabalho", chamando a atenção para os diferentes tipos de contratos de trabalho.

Aspectos controversos

A teoria e a análise de classes possuem uma longa história na Sociologia, porém enfrentam críticas desde a década de 1980 por parte de sociólogos que acreditam na perda de significado de classe. Pakulski e Waters (1996) afirmaram que a **globalização** produziu uma **divisão do trabalho** global na qual as principais desigualdades ocorrem *entre* um país e outro, e não *dentro* dos **Estados-nação**, e que os países desenvolvidos se tornaram sociedades pós-industriais baseadas em ocupações na área de serviços e na crescente individualização. Segundo eles, isso resultou no surgimento do convencionalismo do *status*, um sistema de desigualdade baseado no **consumismo** e nas escolhas de estilo de vida em vez de classe social.

Para outros, a expansão da **educação** superior e a ampliação das oportunidades que ela proporciona, além de muitos outros empreendimentos bem-sucedidos, alguns deles usando novas tecnologias como a internet, e transitando pelo sistema de classes, são provas de mais mobilidade social e de um movimento fluido entre as classes. Mais uma vez, o resultado é um enfraquecimento das comunidades baseadas em classe e da identificação de classe. A classe ficou menos importante para as pessoas dando lugar a **gênero, etnia**, sexualidade e afiliação política como fontes de identidade.

Outro problema das análises sobre classe é a sua incapacidade de lidar adequadamente com gênero, baseando-se no *status* de classe derivado do "chefe da família", partindo-se do pressuposto de que o homem sustenta a casa. Portanto, deduz-se qual é a posição de classe da mulher a partir da posição de classe de seu parceiro, situação essa que pode ter funcionado no início do século XX, porém, uma vez que mais mulheres casadas obtêm empregos remunerados, isso se tornou um dado pouco confiável. Também ficou muito difícil assimilar grupos como estudantes, aposentados, desempregados, entre outros, nas categorias de classe, o que significa que o esquema é incompleto e parcial.

Relevância contínua

Até seria possível admitir uma diminuição na identificação com as classes, porém isso não significa que a classe também tenha se tornado irrelevante na influência das oportunidades de vida das pessoas. De maneira subjetiva, as pessoas podem não se ver como pertencentes à classe trabalhadora, à classe média, e assim por diante, mas um considerável conjunto de pesquisas sociológicas continua a mostrar que a classe em que nascemos é um forte determinante de nossas oportunidades de vida (Crompton, 2008). As abordagens marxista e weberiana estão corretas em manter o foco no caráter objetivo da classe social se quisermos entender como e por que as desigualdades se perpetuam. Na verdade, as desigualdades entre ricos e pobres se acentuaram em muitos países desenvolvidos nos últimos trinta anos a despeito do crescimento de suas economias.

De volta à distinção original de Weber entre classe e *status*, Chan e Goldthorpe (2007) explicam que essas são duas formas relacionadas de estratificação, mas com resultados distintos. No Reino Unido, a posição econômica e as oportunidades de vida continuam sendo estratificadas por classe social, bem como as atitudes políticas esquerda-direita e as preferências eleitorais entre os dois principais partidos políticos (Conservador e Trabalhista). Entretanto, o estudo sugere que os padrões de consumo cultural e a probabilidade de adotar atitudes libertárias ou autoritárias são influenciados mais por *status* social do que por classe. No entanto, classe e *status* se relacionam de maneiras bastante complexas. Por exemplo, classe continua a ser o melhor previsor de valores políticos e preferências básicas do eleitor sobre questões materiais, mas o *status* influencia fortemente as atitudes das pessoas sobre "questões ligadas a ideais", como censura, vigilância e ética. Por isso, a combinação dos efeitos de classe e *status* oferece maior potencial explicativo do que se lidássemos com cada tipo de estratificação separadamente.

Considerando o número maior de teorias recentes que sugerem a perda gradual do significado de classe, alguns estudos se aprofundaram na experiência de classe em locais específicos. Vincent, Ball e Braun (2008) usaram métodos qualitativos em um estudo empírico da "ausência de classe trabalhadora" no interior de Londres, focando especificamente em assistência à criança e nos recursos disponíveis para as pessoas administrarem a vida. Um contraste fundamental identificado pelos autores diferenciava os que "lutam para lidar com os problemas" e a maioria que "consegue lidar com os problemas". Estes possuíam um bom capital social (apoio de amigos e família), capital cultural (credenciais educacionais) e capital econômico (emprego, ainda que instável). Embora as pessoas da classe trabalhadora nessa pesquisa compusessem uma amostra heterogênea, tudo indica que classe social se mantém como um importante indicador objetivo das oportunidades de vida.

Referências e leitura complementar

CHAN, T. W.; GOLDTHORPE, J. H. Class and status: the conceptual distinction and its empirical relevance, *American Sociological Review*, 72(4), 2007, p.512-32.

CROMPTON, R. *Class and Stratification*. 3.ed. Cambridge: Polity, 2008.

EDGELL, S. *Class*. London: Routledge, 1993.

GOLDTHORPE, J. H. *On Sociology*: Numbers, Narratives and the Integration of Research and Theory. Oxford: Oxford University Press, 2000.

PAKULSKI, J.; WATERS, M. *The Death of Class*. London: Sage, 1996.

VINCENT, C.; BALL, S. J.; BRAUN, A. It's like saying "coloured": understanding and analysing the urban working classes, *Sociological Review*, 56(1), 2008, p.61-77.

GÊNERO

Definição prática

Expectativas com relação aos traços e comportamentos sociais, culturais e psicológicos considerados apropriados para os membros de uma determinada sociedade.

Origens do conceito

O tema gênero foi quase totalmente negligenciado na Sociologia até que o surgimento de um conjunto de estudos feministas empíricos e teóricos a partir da década de 1960 chamou a atenção para as tremendas desigualdades entre homes e mulheres, até mesmo nas sociedades modernas. A Sociologia clássica inegavelmente ignorou a ordem de gênero dominada pelo homem, com o funcionalismo, por exemplo, baseado na teoria de que as diferenças de gênero estão alicerçadas nas necessidades funcionais da **sociedade**, como funções "expressivas" executadas por mulheres no lar comparadas com funções "instrumentais" realizadas por homens na economia formal. Os estudos feministas contestaram essa desigualdade aparentemente natural, mostrando que o domínio masculino tinha muito mais a ver com domínio de **classe**. Mesmo assim, alguns teóricos usaram teorias e conceitos sociológicos já existentes para explicar a desigualdade de gêneros, como socialização e uma versão da teoria dos conflitos. Nos últimos anos o próprio conceito de gênero passou a ser considerado rígido demais, sugerindo-se que "gênero" seria um conceito altamente instável em permanente processo de mudança.

Significado e interpretação

Em Sociologia, gênero se refere às diferenças psicológicas, sociais e culturais entre homens e mulheres, enquanto "sexo" se refere às diferenças anatômicas e fisiológicas entre os corpos masculino e feminino. A distinção entre sexo e gênero é fundamental, pois muitas diferenças entre homens e mulheres não são biológicas em sua origem. A maioria dos sociólogos afirma que não há evidências dos mecanismos que vinculariam as forças biológicas ao comportamento social complexo e diversificado demonstrado pelos seres humanos, o que significa que gênero é uma construção social complexa.

Alguns sociólogos acham que a socialização de gênero – aprender o papel de cada gênero por meio de canais sociais como família, escola e mídia de massa – ajuda a explicar as diferenças de gêneros observadas.

Pelo processo de socialização, as crianças internalizam as normas e expectativas sociais de seu sexo biológico e, dessa forma, as diferenças de gênero são reproduzidas culturalmente e homens e mulheres socializados em papéis distintos. Brinquedos e roupas diferenciados por gênero e papéis estereotipados na TV, no cinema e nos *videogames* são exemplos de incentivos culturais em prol da conformidade com as expectativas de gênero. Estudos mais recentes defendem que a socialização de gênero não é um processo simples nem de mão única, pois as pessoas se envolvem ativamente com ela e podem rejeitar ou modificar as expectativas, e isso torna a socialização inerentemente instável e aberta a contestações.

A distinção básica entre gênero e sexo também é refutada por alguns sociólogos que a consideram errônea, implicando que há um cerne biológico cuja cultura se sobrepõe às diferenças de gênero. Em vez de considerar sexo como biologicamente determinado e gênero como culturalmente aprendido, há quem enxergue hoje sexo *e* gênero como **construções sociais**. Não é apenas a identidade de gênero, mas o próprio corpo humano que está sujeito às forças sociais que o influenciam e alteram. As pessoas optam por construir e reconstruir o corpo do jeito que bem entendem, desde práticas de exercícios, dietas, colocação de *piercings* e modos de vestir, até cirurgias plásticas e operações para mudança de sexo. As identidades de gênero e as diferenças de sexo são inextricavelmente associadas dentro de cada corpo humano, e tornou-se quase impossível desvencilhar biologia de cultura.

Connell (2005) apresentou uma das bases teóricas mais completas sobre gênero, integrando **patriarcado** e masculinidade em uma teoria das relações de gênero. Segundo Connell, trabalho, poder e catexia (relacionamentos pessoais/sexuais) são partes distintas, porém inter-relacionadas da sociedade, que funcionam juntas e mudam em relação umas às outras. Trabalho se refere à **divisão** sexual **do trabalho** tanto dentro de casa como no mercado de trabalho. Poder funciona por meio de relações sociais como autoridade, violência e ideologia nas instituições, no Estado, no exército e na vida doméstica. Catexia diz respeito à dinâmica nas relações íntimas, emocionais e pessoais, incluindo casamento, sexualidade e criação dos filhos. No topo da ordem de gêneros fica a masculinidade hegemônica, exercida por meio da cultura e que se estende às esferas sociais e privadas. A masculinidade hegemônica está associada primordialmente à heterossexualidade e ao casamento, mas também à autoridade, ao trabalho remunerado, à força e à resistência física. Ainda que poucos homens correspondam a essa imagem estilizada, um enorme número obtém vantagens disso. Em uma ordem de gêneros dominada pela masculinidade hegemônica, o homossexual é considerado o oposto do "homem de verdade". A masculinidade homossexual é estigmatizada e é posicionada no lugar mais baixo da hierarquia de gênero dos homens. As feminilidades são todas formadas em posições de subordinação à masculinidade hegemônica. Mulheres que desenvolveram identidades e estilos de vida avessos à subordinação incluem feministas, lésbicas, solteironas, parteiras, feiticeiras, prostitutas e trabalhadoras manuais, porém as experiências dessas *representantes femininas da resistência* foram em grande parte "omitidas da história".

Aspectos controversos

Diversos críticos afirmaram que, embora a masculinidade hegemônica pareça bastante óbvia, Connell não chega a apresentar uma análise satisfatória da questão. Isso porque ela não deixa claro o que considera como "combate à hegemonia". Por exemplo, considerando o maior envolvimento dos homens agora na criação e nos cuidados dos filhos, isso faria parte da continuidade da masculinidade hegemônica ou de uma tendência contrária a ela? Se não soubermos quais ações combateriam a masculinidade hegemônica, como poderemos saber, antes de mais nada, quais ações elas implicam? Alguns psicólogos sociais também se perguntam *como* os homens "incorporam" a cumplicidade da masculinidade. Caso eles mesmos não consigam corresponder ao ideal masculino hegemônico, o que esse fracasso significaria para eles? Em suma, em termos práticos, em que consistiria a resistência?

Relevância contínua

O conceito de gênero foi ganhando cada vez mais espaço na Sociologia, em parte por causa dos estudos feministas, mas pesquisas recentes sobre sexualidade, incluindo a chamada teoria *queer*, também empregaram muito o conceito e, nesse processo, transformaram-no. Para Butler (2004), gênero é algo que se "executa" – isto é, o gênero das pessoas não é uma coisa, algo inerente ao corpo, mas é como um contínuo desempenhar ou um trabalho em andamento. Isso quer dizer que gênero é uma categoria social instável capaz de acomodar muitas variações e pode mudar radicalmente. Tomemos, por exemplo, as novas variações transgênero, bissexualidade e lesbianismo que surgiram no movimento de libertação gay. A definição do que é gênero e o modo como o compreendemos depende de como as pessoas o desempenham e isso pode mudar com muita rapidez.

A desigualdade de gêneros é um fato consagrado na maioria das sociedades, ocorrendo em maior ou menor grau. Hadas Mandel (2009) analisa a ordem de gêneros e as políticas públicas em catorze países desenvolvidos para comparar o impacto de diferentes intervenções estatais destinadas a reduzir a desigualdade de gêneros. Mandel argumenta que alguns regimes pagam as mulheres para cuidar dos filhos enquanto outros oferecem benefícios para amenizar o trabalho e as tensões familiares. No entanto, ambos estavam alicerçados nos papéis tradicionais de gêneros e não puseram um fim à desvantagem econômica das mulheres. As políticas destinadas a permitir que mais mulheres ingressem em trabalhos remunerados parecem ter mais a oferecer, mas Mandel sugere que elas não podem funcionar sozinhas e demandam mudanças na ideologia que deposita a obrigação da criação dos filhos nas mulheres. Portanto, a introdução de políticas de licença parental pode ser o primeiro passo prático na mudança do ônus da criação dos filhos para um modelo mais equânime.

INTERSECCIONALIDADE

Referências e leitura complementar

BRADLEY, H. G. *Gender*. 2.ed. Cambridge: Polity, 2012.

BUTLER, J. *Undoing Gender*. London: Routledge, 2004.

CONNELL, R. W. *Masculinities*. 2.ed. Cambridge: Polity, 2005.

HOLMES, M. *What is Gender?* Sociological Approaches. London: Sage, 2007.

MANDEL, H. Configurations of gender inequality: the consequences of ideology and public policy, *British Journal of Sociology*, 60(4), 2009, p.693-719.

INTERSECCIONALIDADE

Definição prática

Intercruzamento de desigualdades sociais, incluindo classe, "raça" / etnia, gênero, deficiência e sexualidade, que gera padrões mais complexos de discriminação do que se esses conceitos fossem dimensionados isoladamente.

Origens do conceito

A Sociologia pós-Marx definiu **classe** social como a principal forma de desigualdade a influenciar as oportunidades de vida dos indivíduos. Aos poucos, no decorrer do século XX, outras dimensões de desigualdade passaram a ser reconhecidas como cada vez mais significativas e, nos anos 1970, já se compreendia a diversidade das fontes de desigualdade nas sociedades modernas. Apesar da tentativa de alguns estudos de teorizar como, por exemplo, classe e **gênero** reforçam-se entre si, não havia uma maneira sistemática de fazê-lo. Conforme os estudos sociológicos se distanciaram do foco exclusivo na questão da classe, ficou cada vez mais claro que as teorias de classe existentes até então não poderiam ser imediatamente transferíveis para outras formas de desigualdade. Acredita-se que a primeira aplicação do conceito de interseccionalidade foi feita na dissertação de Kimberlé Crenshaw [1991] sobre a intersecção de "**raça** e sexo" nos Estados Unidos (cf. Taylor, Hines e Casey, 2010). Logo após esse trabalho, surgiu a antologia de Andersen e Hill Collins (2009 [1990]), que se aprofundou nas formas pelas quais as intersecções de classe, "raça", gênero e **sexualidade** influenciam a identidade e as oportunidades de vida das pessoas. Estudos feministas negros foram determinantes no desenvolvimento de teorias intersseccionais e a teoria da intersseccionalidade adveio de, e até agora é dominada por, estudiosos norte-americanos, embora isso esteja mudando gradativamente (Crenshaw, 1991).

Significado e interpretação

O distanciamento gradual da preocupação exclusiva com classe social levou os sociólogos a sugerir que para compreender a vida das pessoas, hoje, é preciso encontrar maneiras de associar classe a outras desigualdades (Andersen; Collins, 2009 [1990]; Rothman, 2005). Pode-se afirmar que, até agora, a teoria da intersseccionalidade é a perspectiva mais influente que tenta fazer isso, partindo do princípio da diversidade social e cultural. Não se trata de um reconhecimento banal. Ele sugere que todos os estudos e teorias da Sociologia que debatem categorias genéricas como "negros", "classe trabalhadora", "mulheres", "pessoas com deficiência", "homens gays", e assim por diante, são supergeneralizações. Quando os sociólogos discutem e debatem sobre a experiência da "classe trabalhadora" ou das "mulheres", o que isso significa? A posição de classe talvez não seja a principal identificação de uma maioria de pessoas da classe trabalhadora. A vida dos homens heterossexuais brancos da classe trabalhadora pode ser muito diferente da vida dos homens homossexuais negros da classe trabalhadora, e somente a pesquisa empírica pode nos revelar qual dessas formas de identidade é mais importante.

A pesquisa interseccional estuda as maneiras pelas quais as variadas formas de diferenças se inter-relacionam em casos específicos, e pode resultar em análises bastante complexas de vidas reais do modo como são vividas. Essa estrutura de trabalho não é meramente descritiva, porém, pois tenta entender como as relações de **poder** funcionam na sociedade, produzindo desigualdade e discriminação (Berger; Guidroz, 2009).

A pesquisa interseccional é mais do que apenas, por exemplo, classe + raça + gênero. Em vez disso, o trabalho interseccional insiste que cada categoria influencia a outra e, somadas, produzem formas de vivenciar o mundo "por vezes oprimido e marginalizado e, outras vezes, privilegiado e beneficiado, dependendo do contexto" (Smooth, 2010, p.34). Em suma, as categorias interseccionadas produzem posições sociais que não podem ser divididas em elementos aparentemente distintos; são mais do que simplesmente a soma das partes.

A pesquisa interseccional tem preferência por **métodos qualitativos** que conseguem acessar as experiências reais de vida e os métodos biográficos das pessoas que reconstroem o impacto da desigualdade ao longo do **curso de vida**. Isso marca uma diferença significativa da tradicional pesquisa de classe, que foi convencionalmente dominada pelo método com pesquisas e análises quantitativas. A interseccionalidade, portanto, é uma *descrição* da diversidade na vida social e uma *teoria* sobre essa diversidade, mas também pode ser entendida como uma *metodologia* – uma maneira de trazê-la para um foco aguçado na interação entre posições sociais – criada para oferecer considerações mais abrangentes e válidas sobre experiências divergentes.

Aspectos controversos

Existem alguns problemas com a teoria e a pesquisa interseccional. Quantas categorias de desigualdade e identidade existem para serem incluídas na análise? Esse é o tal problema do *"et cetera"*. Ou seja, alguns estudos acrescentam "etc." em classe, gênero e "raça" para indicar que existem muitas outras fontes (Lykke, 2011). Contudo, se esse for o caso, então como os pesquisadores sabem que deram conta de todas as categorias para validar suas descobertas? Um segundo problema é o peso relativo concedido às diferentes categorias em questão. Deveríamos considerar na teoria que todas são similares de modo geral, ou há motivos para supor que uma é, de certa forma, mais importante do que outra na formação da vida das pessoas? A teoria marxista, por exemplo, afirma que, nas sociedades que se mantiveram capitalistas, não seria insensato sugerir que a posição de classe continua sendo uma força propulsora na influência das circunstâncias e oportunidades de vida. Analisar as formas em que diversos elementos de identidades individuais entram em intersecção ficou mais comum, porém é importante lembrar que, no Reino Unido e em outros lugares, existe um grande conjunto de trabalhos sociológicos confiáveis que continua a encontrar padrões estruturados de desvantagem, envolvendo grandes grupos sociais – como frações de classe e grupos étnicos minoritários – que influenciam as oportunidades de vida de indivíduos em posições semelhantes.

Relevância contínua

O conceito de interseccionalidade se tornou mais importante nas tentativas de compreender a experiência diferenciada não só da pobreza, mas também da vida social como um todo. E, à medida que mais estudos são realizados, o caráter da vida social fica mais complexo, com distinções cada vez mais sutis. Barnard e Turner (2011, p.4) defendem que "a experiência de uma mulher indiana e hindu, de classe média, da terceira geração de imigrantes, com título acadêmico, vivendo em Milton Keynes, pode ter pouco em comum com uma mulher indiana e muçulmana, da segunda geração de imigrantes, com nível educacional inferior, morando em Bradford com um marido com deficiência e dois filhos".

Sugeriu-se nos últimos anos que a política social deve se concentrar na interseccionalidade para que uma legislação igualitária se efetive (Hancock, 2007). Alonso (2012) explora a ideia em relação a Portugal, país com histórico de envolvimento de grupos da sociedade civil para o desenvolvimento de políticas igualitárias. A solução de Portugal é incentivar o desenvolvimento de um modelo coordenado usando grupos igualitários que já existem em vez de passar diretamente para um novo grupo integrado. Embora isso possa parecer limitador, o autor afirma que essa abordagem intermediária pode permitir que o expertise que existe dentro dos acordos presentes possa ser aproveitado. Isso também oferece o potencial para trabalhar em desigualdades interseccionadas entre grupos, bem como em problemas em apenas um grupo. Apesar de não possuir um regime interseccional totalmente integrado, ele prepara o caminho para que isso seja feito no futuro.

Referências e leitura complementar

ALONSO, A. Intersectionality by other means? New equality policies in Portugal, *Social Politics*, 19(4), 2012, p.596-621.

ANDERSEN, M. L.; HILL-COLLINS, P. (eds.). *Race, Class, and Gender*: An Anthology. 7.ed. Belmont, CA: Wadsworth, 2009.

BARNARD, H.; TURNER, C. *Poverty and Ethnicity*. York: Joseph Rowntree Foundation, 2011.

BERGER, M. T.; GUIDROZ, K. (eds.). *The Intersectional Approach*: Transforming the Academy through Race, Class, and Gender. Chapel Hill: University of North Carolina Press, 2009.

CRENSHAW, K. W. Mapping the margins: intersectionality, identity politics and violence against women of color, *Stanford Law Review*, 43(6), 1991, p.1241-99.

HANCOCK, A.-M. Intersectionality as a normative and empirical paradigm, *Politics and Gender*, 3(2), 2007, p.248-54.

LYKKE, N. Intersectional invisibility: inquiries into a concept of intersectionality studies. In: LUTZ, H.; VIVAR, M. T.; SUPIK, L. (eds.). *Framing Intersectionality*: Debates on a Multi-Faceted Concept in Gender Studies. Farnham: Ashgate, 2011, p.207-20.

ROTHMAN, R. A. *Inequality and Stratification*: Class, Race and Gender. 5.ed. Upper Saddle River, NJ: Prentice Hall, 2005.

SMOOTH, W. G. Intersectionalities of race and gender and leadership. In: O'CONNOR, K. (ed.). *Gender and Women's Leadership*: A Reference Handbook, v.1. London: Sage, 2010, p.31-40.

TAYLOR, Y.; HINES, S.; CASEY, M. E. (eds.). *Theorizing Intersectionality and Sexuality*. Basingstoke: Palgrave Macmillan, 2010.

MOBILIDADE SOCIAL

Definição prática

Movimento de indivíduos ou grupos entre posições socioeconômicas, ascendente ou descendente, em uma hierarquia formada por sistemas de estratificação, particularmente sistemas de classe social.

Origens do conceito

Os estudos sobre mobilidade social remontam ao período pós-1945, quando sociólogos tentavam compreender se a desigualdade social, normalmente **classe**, estava diminuindo conforme as sociedades enriqueciam. Alguns economistas afirmavam que, a partir dos baixos níveis de desigualdade antes da **industrialização**, a guinada no contínuo crescimento econômico resultou em um aumento da desigualdade, porém, com o tempo, com o aumento da mobilidade social, a desigualdade se equalizaria e a situação se inverteria. Ao final dos anos 1960, estudos nos EUA revelaram um grande volume de mobilidade vertical, ainda que o movimento real fosse bastante pequeno ou de escopo restrito. A mobilidade de amplo escopo, digamos, da classe trabalhadora para a classe média alta ainda era muito rara. A mobilidade descendente era muito menos comum, pois os empregos especializados e administrativos cresceram mais rapidamente do que os empregos no operariado, permitindo que os filhos do operariado passassem da linha de montagem para a mesa de escritório.

Lipset e Bendix (1959) realizaram um importante estudo analisando dados de nove países – Grã-Bretanha, França, Alemanha Ocidental, Suécia, Suíça, Japão, Dinamarca, Itália e Estados Unidos. Com o foco na mobilidade de homens do trabalho operário para o trabalho administrativo, eles fizeram algumas descobertas surpreendentes. Não havia indícios de que a sociedade norte-americana fosse mais aberta do que as sociedades europeias, pois a mobilidade vertical total era de 30% nos EUA e variava entre 27% e 31% na Europa. Os autores concluíram que todas as sociedades industrializadas passavam por uma expansão

MOBILIDADE SOCIAL

semelhante de trabalhos administrativos, os quais promoviam a mobilidade ascendente. Atualmente os estudos sobre mobilidade incluem cada vez mais as dimensões de **gênero** e **etnia** em tentativas de avaliar se a mobilidade social total está aumentando ou diminuindo.

Significado e interpretação

Mobilidade social se refere ao movimento de indivíduos e grupos entre diferentes posições socioeconômicas. Mobilidade vertical significa subir ou descer na escala socioeconômica. Portanto, costuma-se dizer que as pessoas cuja renda, capital ou *status* aumenta movem-se ascendentemente, enquanto aquelas cuja posição econômica ou *status* piora, movem-se descendentemente. Nas sociedades modernas também existe bastante movimentação geográfica, já que as pessoas se mudam para outras regiões em busca de trabalho, e a isso se denomina mobilidade lateral. Ambas podem ocorrem em paralelo, uma vez que os indivíduos podem receber uma promoção que implique a mudança para uma nova filial da mesma empresa em outro endereço, talvez até outro país.

Os sociólogos estudam dois aspectos principais da mobilidade social. Pesquisas sobre mobilidade *intra*geracional analisam o quanto as pessoas sobem ou descem na escala social ao longo da vida. Os estudos sobre mobilidade *inter*geracional se aprofundam na questão referente a se e como os filhos sobem ou descem na escala social em comparação com seus pais ou avós. O enfoque dos debates costuma ser na relativa rigidez ou fluidez do sistema de classes e se a mobilidade social está ficando mais fácil com o amadurecimento das sociedades capitalistas industriais. Se os níveis de mobilidade social ascendente se mantêm baixos, então podemos supor que classe continua exercendo uma forte influência nas oportunidades de vida das pessoas, porém se há mais mobilidade social hoje do que anteriormente, poderíamos levantar a hipótese de que classe esteja perdendo lugar e as sociedades estejam ficando mais meritocráticas e menos desiguais.

Os níveis de mobilidade na Grã-Bretanha foram exaustivamente estudados no período pós-guerra e há uma infinidade de constatações e pesquisas empíricas. David Glass (1954) analisou a mobilidade intergeracional durante um longo período até a década de 1950 e concluiu que a Grã-Bretanha não era uma sociedade particularmente aberta, ainda que houvesse uma considerável mobilidade em escopo restrito. A mobilidade ascendente era mais comum do que a descendente, porém quem estava embaixo tendia a ficar onde estava. A obra *Social Mobility and Class Structure in Modern Britain* [Mobilidade social e estrutura de classe na Grã-Bretanha moderna] ([1980] 1987), de John Goldthorpe e colegas, tentou identificar até que ponto os padrões de mobilidade haviam mudado desde o estudo de Glass. Descobriu-se que os níveis totais de mobilidade masculina eram maiores do que no período anterior, com mais movimentos de amplo escopo pelo sistema de classes. Contudo, o sistema ocupacional não ficou mais igualitário: nos anos 1980, as chances de um homem com histórico de trabalho operário obter um emprego administrativo ou gerencial aumentaram por causa de mudanças na estrutura ocupacional, não porque houvesse mais oportunidades ou reduções nos níveis de desigualdade. Goldthorpe e Jackson (2007) usaram conjuntos de dados mais recentes e concluíram que não havia provas de queda na mobilidade intergeracional em um sentido absoluto, porém havia indícios de declínio na mobilidade de amplo escopo. Eles também identificaram um equilíbrio menos favorável entre mobilidade descendente e ascendente para os homens, o que sugeria que a volta aos índices elevados de mobilidade ascendente era bastante improvável.

Aspectos controversos

Uma crítica importante da pesquisa sobre mobilidade social é o fato de que ela foi, por convenção, baseada quase exclusivamente no histórico profissional masculino. Isso talvez fosse compreensível nos anos 1950 e 1960, quando vigorava a ideologia do homem como provedor da casa e da mulher como dona de casa, todavia se tornou insustentável à medida que mais mulheres ingressaram na esfera do emprego formal remunerado. Na verdade, números cada vez maiores de mulheres são hoje efetivamente chefes de família tendo por base seus salários. Alguns

MOBILIDADE SOCIAL　　**161**

estudos recentes sugerem que as mulheres têm hoje muito mais oportunidades do que em gerações anteriores, cenário esse em que as que mais se beneficiam são as de classe média. Os estudos sobre mobilidade precisarão levar em consideração a experiência das mulheres para que possam oferecer um panorama realístico das mudanças na abertura, ou das permanências, na sociedade.

Algumas críticas antigas de toda a tradição de pesquisas na área de mobilidade social afirmam que a Grã-Bretanha e outras sociedades desenvolvidas *são* meritocráticas, pois as recompensas vão para quem melhor conseguir "desempenhar" e "realizar". Assim sendo, capacidade e esforço são fatores-chave para o sucesso ocupacional, e não histórico de classe (Saunders, 1996). Usando dados empíricos do National Child Development Study, Saunders demonstrou que crianças britânicas inteligentes e superesforçadas tinham sucesso não importando qual fosse seu contexto de vantagens ou desvantagens sociais. A sociedade britânica é desigual, porém é também essencialmente justa, distribuindo as recompensas aos que trabalharam por elas e, portanto, merecem recebê-las. Há ainda quem ache que o mérito individual seja um fator determinante nas posições de classe das pessoas, mas aquela "classe de origem" continua sendo uma influência muito poderosa, o que significa que as crianças que nasceram em posição de desvantagem precisam comprovar mais qualidades do que as outras para que possam alcançar posições de classe similares.

Relevância contínua

O conceito de mobilidade social é importante para os sociólogos que buscam estabelecer tendências de ocupações e movimentos entre as fronteiras de classes. É comum escutarmos hoje que a **globalização** e a desregulamentação dos mercados econômicos estão alargando ainda mais a distância entre ricos e pobres e "solidificando" as desigualdades de classe, o que resulta em menos oportunidades de mobilidade. Entretanto, vale lembrar que as nossas atividades nunca são completamente determinadas por divisões de classe e que muita gente de fato vivencia a mobilidade social.

Os estudos foram dominados por pesquisas em larga escala destinadas a avaliar a medida da mobilidade social. No entanto, alguns estudos tentaram retificar o equilíbrio usando métodos qualitativos a fim de obter um conhecimento mais detalhado da experiência das pessoas ligada às oportunidades de mobilidade ao longo do **curso de vida**. Em *Pathways to Social Class* [Caminhos para classe social], Bertaux e Thompson (2007) utilizam histórias de vida e estudos de caso de famílias e comunidades para aprofundar alguns aspectos qualitativos da mobilidade social, como dinâmica familiar, "sonhos com carreiras que nunca se concretizaram" e todas essas interações não captadas em pesquisas. Dessa forma, a pesquisa qualitativa oferece a possibilidade de cobrir as dimensões subjetivas da mobilidade social (ou da ausência dela) e, em consequência, ajuda a aproximar os níveis micro e macro.

Como a transição ou revolução societal afeta a mobilidade social? Essa é a questão levantada por Hertz, Meurs e Selcuk (2009) no contexto de um país pós-socialista, a Bulgária. Esse estudo registra o declínio acentuado na mobilidade social intergeracional entre 1995 e 2001, período de mudanças radicais, depressão econômica e significativos cortes nos gastos públicos, sobretudo em educação. Em particular, filhos de pais com nível educacional inferior sofreram um declínio absoluto na retenção educacional média durante o período e uma concomitante redução na mobilidade social intergeracional. Hertz, Meurs e Selcuk afirmam que os principais motivos desse declínio são os enormes cortes em investimentos com educação e uma queda no número de escolas, aumento de desemprego e o distanciamento da antiga política que defendia posições igualitárias. Não é de surpreender que a transição das antigas sociedades socialistas causasse tantos problemas, porém é possível que a crise financeira mundial de 2008 torne ainda mais difícil reverter a tendência identificada nesse artigo.

Referências e leitura complementar

BERTAUX, D.; THOMPSON, P. *Pathways to Social Class*: A Qualitative Approach to Social Mobility. New York: Transaction, 2007.

GLASS, D. *Social Mobility in Britain*. London: Routledge & Kegan Paul, 1954.

GOLDTHORPE, J. H. Progress in sociology: the case of social mobility research. In: SVALLFORS, S. (ed.). *Analyzing Inequality*: Life Chances and Social Mobility in Comparative Perspective. Stanford, CA: Stanford University Press, 2005, p.56-82.

GOLDTHORPE, J. H.; JACKSON, M. Intergenerational class mobility in contemporary Britain: political concerns and empirical findings, *British Journal of Sociology*, 58(4): 2007, p.525-46.

GOLDTHORPE, J. H.; LLEWELLYN, C.; PAYNE, C. *Social Mobility and Class Structure in Modern Britain*. 2.ed. Oxford: Clarendon Press, 1987 [1980].

HERTZ, T.; MEURS, M.; SELCUK, S. The decline in intergenerational mobility in Post-socialism: evidence from the Bulgarian case, *World Development*, 37(3), 2009, p.739-52.

LIPSET, S. M.; BENDIX, R. *Social Mobility in Industrial Society*. Berkeley: University of California Press, 1959.

PLATT, L. *Migration and Social Mobility*: The Life Chances of Britain's Minority Ethnic Communities. Bristol: Policy Press, 2005.

SAUNDERS, P. *Unequal But Fair?* A Study of Class Barriers in Britain. London: IEA Health and Welfare Unit, 1996.

PATRIARCADO

Definição prática

Dominação sistemática feita pelos homens sobre as mulheres em algumas ou todas as esferas e instituições da sociedade.

Origens do conceito

As ideias de dominação masculina são muito antigas. Muitas religiões a trataram como natural e necessária. Na Sociologia, a primeira descrição teórica do patriarcado é encontrada na discussão de Engels sobre a subserviência das mulheres em relação aos homens sob o regime do **capitalismo**. Engels afirmava que o capitalismo concentra o poder nas mãos de uma pequena quantidade de homens e, como o sistema passou a produzir mais riqueza do que nunca, ele intensifica a desigualdade de **gênero** e de **classe**, pois os homens transferem a riqueza para os herdeiros do sexo masculino. Contudo, a principal fonte da teoria patriarcal hoje é oriunda do feminismo, sobretudo a partir dos anos 1960, quando o conceito foi desenvolvido e utilizado para ajudar a explicar a perpetuação do domínio masculino nas sociedades modernas. As teorias feministas discordam da utilidade do conceito, porém, e diversas perspectivas surgiram, incluindo elucidações feministas de cunho liberal, socialista e radical. Ao afirmar que "o que é pessoal é político", feministas radicais chamaram a atenção para muitas dimensões conectadas da opressão da mulher. A ênfase na violência masculina e na objetificação da mulher levou essas questões ao cerne dos debates tradicionais sobre a dominação masculina. Ao final do século XX, pesquisas empíricas serviram para fundamentar o conceito e localizar as diferentes formas de patriarcado dentro das diversas esferas da **sociedade**.

Significado e interpretação

A análise do patriarcado está no centro das preocupações de feministas radicais, que o consideram um fenômeno universal que atravessou o tempo e as culturas. Feministas radicais quase sempre se concentraram na família como uma das principais fontes de opressão feminina. Para elas, os homens exploram as mulheres por meio do trabalho doméstico que elas realizam em casa gratuitamente. Como grupo, os homens também negam às mulheres o acesso a posições de poder e influência na sociedade. As feministas radicais não são unânimes em suas interpretações da base do patriarcado, porém a maioria concorda que ela envolve a apropriação do corpo e da sexualidade das mulheres. Segundo Firestone (1970), os homens controlam o papel das mulheres na reprodução e criação dos filhos. Como as mulheres são biologicamente capazes de dar à luz, elas se tornam dependentes dos homens para proteção e sustento. Tal "desigualdade biológica" é organizada socialmente dentro da família nuclear. Portanto, as mulheres só conseguem obter emancipação abolindo a família e, junto com ela, suas relações de poder patriarcais.

Outras feministas radicais afirmam que a violência masculina contra as mulheres é crucial para a supremacia do homem, já que violência doméstica, estupro e assédio sexual são todos parte da sistemática opressão das mulheres. Até mesmo interações cotidianas, como comunicação não verbal, padrões de escuta e interrupção e a percepção de bem-estar das mulheres em público, contribuem para a desigualdade de gênero. Da mesma forma, as concepções populares de beleza e sexualidade são impostas pelos homens sobre as mulheres. As normas sociais e culturais que dão ênfase a corpos magros e a uma atitude de cuidado e atenção ajudam a perpetuar a subordinação das mulheres. A "objetificação" através da mídia, moda e publicidade transforma a mulher em objeto sexual cuja principal função é agradar e divertir os homens. Como o patriarcado é um fenômeno sistemático, a igualdade de gêneros só pode ser atingida derrubando-se a ordem patriarcal.

A reconceitualização do patriarcado realizada por Sylvia Walby (1990) abriu o conceito para a tão necessária investigação empírica. Para ela, o patriarcado não conseguiu dar conta da crescente *igualdade* de gêneros. No cerne da análise de Walby, há uma distinção entre formas públicas e privadas de patriarcado. As formas privadas incluem relações domésticas e íntimas, enquanto as formas públicas se referem a emprego remunerado, estado e política. No século XX, houve uma grande mudança das formas privadas para as formas públicas, pois as mulheres passaram a ocupar áreas da sociedade que até então estavam fora de alcance. Apenas o fato de as mulheres agora estarem mais visíveis em empregos formais, por exemplo, não significa que a igualdade de gêneros tenha sido alcançada. Isso porque, para prosseguir com o exemplo, as mulheres recebem salários mais baixos do que os homens, enfrentam a violência masculina em áreas públicas, continuam a sofrer o duplo padrão sexual e agora se veem confrontadas com representações sexualizadas das mulheres na mídia de massa e na internet.

Aspectos controversos

O conceito de patriarcado foi criticado tanto por sociólogos tradicionais como pela própria teoria feminista. Embora muitos aceitem o patriarcado como uma *descrição*, ele também foi usado como uma *explicação* inadequada e muito abstrata para todo tipo de opressão contra as mulheres, porém sem a identificação de um mecanismo convincente. Algumas feministas radicais também afirmam que o patriarcado existiu por toda a história atravessando épocas e culturas e é, portanto, um fenômeno universal. Mas um conceito amplo como esse não deixa espaço para a variação histórica e cultural e ignora as importantes influências de **raça**, classe e **etnia** na situação da mulher. Em suma, o argumento de que o patriarcado é um fenômeno universal corre o risco de cair no reducionismo biológico.

Muitas feministas negras, bem como as de países em desenvolvimento, defendem que as divisões étnicas entre mulheres foram quase totalmente ignoradas pelo feminismo tradicional, pois este tendia a se basear na experiência de mulheres brancas, sobretudo de classe média, do mundo desenvolvido (hooks, 1981). Não é válido fazer generalizações a partir disso, pois a experiência das mulheres varia de acordo com classe e etnia. O trabalho de feministas negras norte-americanas enfatiza o poderoso legado da escravidão, segregação e movimento pelos direito civis sobre as desigualdades de gênero na comunidade negra, ressaltando que as mulheres negras sofreram discriminação por causa de etnia e gênero. De maneira análoga, o tipo de estrutura explicativa preferido pelas feministas brancas, focado na família como crucial para as formas privadas de patriarcado, talvez não se aplique às comunidades negras, nas quais a família seria um cenário fundamental de exercício de solidariedade contra o racismo. A teoria feminista negra se desenvolveu com mais consciência das intersecções nas desigualdades e nas diversas desvantagens enfrentadas por mulheres negras da classe trabalhadora.

A recente teoria pós-moderna e construtivista social rebate a própria ideia de que exista uma base unitária de identidade e experiência compartilhada por todas as mulheres e refuta a alegação de que possa haver

PATRIARCADO   167

uma grande teoria capaz de explicar a posição da mulher na sociedade. De fato, alguns teóricos pós-modernos vão mais além, recusando a própria ideia de que haja uma essência ou categoria única e universal de "mulher" propriamente dita. Como consequência, rejeitam as proposições oferecidas por outros para explicar a desigualdade de gênero – como patriarcado, raça ou classe – como "essencialista".

Relevância contínua

Segundo as teorias feministas, a dominação patriarcal é obtida por meio de uma diversidade de formas sociais e uma delas é a linguagem e o discurso. Em um trabalho muito equilibrado, Case e Lippard (2009) analisam como as piadas podem perpetuar relações patriarcais, mas também como as feministas as desconstruíram e produziram suas próprias versões subversivas destinadas a expor e minar o sexismo. Foram analisadas mais de 1.900 piadas feministas nesse estudo. O tema mais comum era "os homens são inúteis" (25,7%) e os estereótipos masculinos representavam a maioria (62%) dos conceitos e categorias usados no estudo. No entanto, descobriu-se que pouquíssimas piadas (3,8%) tentavam desabonar os homens ou usar suas suposições estereotipadas para criticar o gênero em si. Mas aceitou-se que o humor é uma potente arma ideológica dentro de uma sociedade ainda bastante desigual.

Apesar de tentativas legislativas de solucionar a violência masculina contra as mulheres, alguns grupos continuam em oposição a essa mudança. Dragiewicz (2008) se aprofundou nos argumentos antifeministas no discurso dos direitos dos pais nos Estados unidos, que se opõe à Lei da Violência contra as Mulheres (1994). Muitas das objeções a essa lei se baseiam em um argumento de que ela pouco faz para progredir na "igualdade formal" de tratamento e de que a legislação nessa área deveria, na verdade, focar em garantir um pressuposto legal de custódia conjunta e guarda compartilhada. Entretanto, Dragiewicz afirma que esses argumentos se destinam a limitar ou isolar as considerações sobre violência doméstica e abuso em casos individuais. A reação contra uma legislação voltada à questão de gênero parece indicar que a mudança social não é um processo linear, mas sim uma luta constante, que avança e retrocede, sobre o poder, o conhecimento e a autoridade.

Referências e leitura complementar

CASE, C. E.; LIPPARD, C. D. Humorous assaults on patriarchal ideology, *Sociological Inquiry*, 79(2), 2009, p.240-55.

DRAGIEWICZ, M. Patriarchy reasserted: fathers' rights and anti-vawa activism, *Feminist Criminology*, 3(2), 2008, p.121-44.

FIRESTONE, S. *The Dialectic of Sex*: The Case for Feminist Revolution. London: Jonathan Cape, 1970.

[Ed. Bras.: *Dialética do sexo*: o caso da revolução feminista. Rio de Janeiro: Labor, 1976.]

hooks, b. *Ain't I a Woman?* Black Women and Feminism. Boston: South End Press, 1981.

[Ed. Bras.: *Não sou eu uma mulher?* Mulheres negras e feminismo. Plataforma Gueto, 2014.]

WALBY, S. *Theorizing Patriarchy*. Oxford: Blackwell, 1990, esp. cap. 8.

POBREZA

Definição prática

Condição de falta de acesso ao que é considerado "básico" ou "normal" dentro de uma **sociedade**.

Origens do conceito

Embora seja possível afirmar que as condições de pobreza existiram na maioria das sociedades humanas, o uso do conceito remonta apenas ao final do século XIX e começo do XX. O estudo da pobreza realizado por Seebohm Rowntree ([1901] 2000) em York definiu o tom de trabalhos muito posteriores que pretendiam estabelecer a extensão da pobreza na sociedade. Essa linha de pesquisa é importante, pois é crucial para saber quantas pessoas vivem em condições de pobreza a fim de criar medidas para reduzi-la. Desde o trabalho de Peter Townsend iniciado ao final da década de 1950, passou-se a empregar amplamente um método alternativo de medir a pobreza. Townsend (1979) desenvolveu um conceito relacional de pobreza baseado em estilos de vida e, a partir disso, extraiu doze itens recorrentes, como "casa não possui geladeira", aplicando-os em um índice de pobreza ou escassez. Isso permitiu que ele produzisse uma estimativa dos níveis de pobreza que acabaram sendo muito mais altos do que se pensava até então. Trata-se de um conceito relativo, não absoluto, de pobreza. Estudos posteriores usaram questionários e entrevistas para checar com as próprias pessoas o que *elas* consideram como necessidades da vida. Muitos governos nacionais (e a União Europeia) também adotaram uma "linha de pobreza" que se baseia no nível de renda da família em relação à renda média nacional, normalmente 50% ou 60%, para identificar aqueles que vivem na pobreza.

Significado e interpretação

Os sociólogos reconhecem dois conceitos básicos de pobreza: pobreza absoluta e pobreza relativa. A *pobreza absoluta* se baseia na ideia de subsistência material – as condições básicas que precisam ser cumpridas a fim de sustentar uma existência razoavelmente saudável. Pessoas sem comida suficiente, sem abrigos e sem vestimenta vivem em pobreza absoluta. Segundo essa definição, muitos países em desenvolvimento ainda possuem enormes porções de população vivendo em pobreza absoluta. Pode-se afirmar que mais de um terço das pessoas de Bangladesh, Moçambique e Namíbia, cerca de dois terços em Ruanda e 70% na Nigéria vivem hoje em condições de pobreza absoluta. Contudo, a existência de um padrão universal de pobreza absoluta é contestada, pois o que se define como necessidade varia de cultura para cultura.

A maioria dos sociólogos hoje emprega o conceito alternativo de *pobreza relativa*, que relaciona a pobreza ao padrão geral de vida em uma sociedade. O principal motivo da escolha por esse conceito é que compreendemos pobreza como algo definido culturalmente e que não pode ser mensurado de acordo com um padrão universal. As coisas consideradas essenciais em uma sociedade podem ser tratadas como luxos em outra. Nos países desenvolvidos, água encanada, descargas automáticas e o consumo regular de frutas e vegetais são considerados como necessidades básicas, porém, em muitos países em desenvolvimento, essas coisas não fazem parte do cotidiano e usar essa carência para medir pobreza não seria válido. Até mesmo as definições de pobreza "absoluta" mudaram com o tempo à medida que nosso conhecimento foi aprimorado, de modo que até a pobreza absoluta é "relativa".

O conceito de pobreza relativa não é uma panaceia. Com o desenvolvimento das sociedades, também se desenvolve nossa compreensão de pobreza, uma vez que passa a haver um nivelamento por cima. Houve um tempo em que geladeiras, aquecimento central e telefone eram considerados artigos de luxos, contudo hoje a maioria os considera necessidades. Outros ainda acham que o conceito de pobreza relativa desvia a atenção do fato de que os membros mais pobres da sociedade estão em condição muito melhor do que no passado, colocando em questão se a pobreza "real" sequer existe nas sociedades ricas. Os grupos sociais mais propensos a viver na pobreza incluem crianças, idosos, mulheres e algumas minorias étnicas. Em particular, pessoas desfavorecidas ou discriminadas em outros aspectos da vida têm mais propensão a serem pobres.

As explicações sobre pobreza se concentram no indivíduo ou na organização da sociedade. Em geral são conhecidas, respectivamente, como teorias do tipo "culpem a vítima" e "culpem o sistema". Atribuir ao pobre a responsabilidade por sua própria situação é algo muito antigo. Abrigos para pobres no século XIX ilustravam a disseminada ideia da época de que aqueles que mereciam ter sucesso o conquistavam, enquanto os menos capazes estavam condenados ao fracasso. Ainda que essas ideias mais tarde tenham perdido força, elas foram reavivadas nos anos 1980, quando ideias políticas neoliberais explicavam a pobreza pelo viés dos estilos de vida e pelas atitudes dos próprios pobres. Para o sociólogo norte-americano Charles Murray (1984), surgia então uma nova "classe inferior" com uma cultura de dependência amparada na obtenção de benefícios de seguro social e na fuga do trabalho.

A segunda explicação identifica os processos sociais que criam as condições de pobreza. De acordo com essa visão, as forças estruturais como pressões de **classe social**, **gênero**, **etnia**, posição ocupacional, aproveitamento educacional, e assim por diante, influenciam a forma de distribuição dos recursos. Partindo disso, qualquer aparente falta de ambição pode ser uma *consequência* da posição social das pessoas, não a *causa* dela. Isso nos leva de volta aos anos 1930, quando R. H. Tawney teorizava que a pobreza é, na realidade, um aspecto da desigualdade social, que leva a extremos de riqueza e pobreza. A chave para enfrentar a pobreza seria, portanto, reduzir a desigualdade social, não culpar as pessoas. A redução da pobreza não é simplesmente uma questão de mudar perspectivas individuais, mas requer políticas de distribuição de renda e recursos de maneira mais igualitária. Pagamentos de creches, a estipulação de um salário mínimo em escopo nacional e um nível de renda familiar garantido são exemplos de medidas de redução da pobreza. A reestruturação econômica também pode resultar no aumento dos níveis de pobreza e, na década de 1980, o declínio das indústrias de manufatura, a "suburbanização" do emprego e um setor de serviços cada vez maior e pagando salários baixos reduziram as oportunidades de trabalho. Em suma, os níveis de pobreza deveriam ser explicados tendo como referência as mudanças estruturais na sociedade.

Aspectos controversos

Diversas críticas abordaram a continuidade do uso do conceito de pobreza. Uma vez que aceitamos a crítica cultural da pobreza absoluta, resta-nos a pobreza relativa. No entanto, os críticos consideram isso quase como uma descrição alternativa de desigualdade social que nada acrescenta à nossa compreensão. Se os padrões de pobreza mudam sobremaneira no desenvolvimento social, perde-se o objetivo original do conceito: identificar e aumentar a conscientização sobre níveis alarmantes de carência. Será que as famílias que possuem a maioria das parafernálias tecnológicas da vida moderna e acesso aos benefícios da previdência social podem realmente ser consideradas como vivendo na pobreza? Alguns sociólogos se distanciaram do conceito dando preferência ao termo *exclusão social*, que possibilita a identificação de processos que recusam às pessoas mais pobres alguns direitos de cidadania.

172 OPORTUNIDADES DE VIDA DESIGUAIS

Também cabem as críticas às tentativas de medir a pobreza. A ideia de um índice de escassez baseado na identificação de um conjunto de itens é carregada de seletividade arbitrária. Com base em quais critérios escolhemos quais itens são necessários ou necessidades reais e quais são apenas desejos? Algumas categorias, como café da manhã completo ou viagem de férias, podem ter mais a ver com escolha e priorização do que com pobreza. Essa seletividade pode desviar a atenção da pobreza absoluta real verificada nos países em desenvolvimento.

Relevância contínua

Apesar das críticas, o conceito de pobreza se manteve popular na pesquisa social, sobretudo aquela que busca aconselhar os idealizadores de políticas nessa área. O conceito de *pobreza relativa* foi muito significativo para levar o debate sobre desigualdade para âmbitos mais sociológicos, atraindo a atenção para o modo como os processos socioeconômicos subjacentes podem resultar em níveis cada vez maiores de privações que recusam a plena cidadania a muitos grupos sociais.

A antiga ideia de que "os pobres sempre estarão entre nós" também foi contestada por pesquisas mais recentes que mostram que uma porção considerável de pessoas que vivem na pobreza em determinada época viveram em condições de vida melhores anteriormente ou podem sair da pobreza em algum momento do futuro (Jenkins, 2011). Um volume significativo de mobilidade significa que algumas pessoas conseguem sair da pobreza, mas também significa que há um número maior de pessoas que vive na pobreza em alguma etapa da vida, o que antes não ficava tão evidente. Assim sendo, a pobreza foi "humanizada" e os que vivem nessas condições não parecem tão separados da sociedade como um todo.

Referências e leitura complementar

ALCOCK, P. *Understanding Poverty*. 3.ed. Basingstoke: Palgrave Macmillan, 2006.

HULME, D. (ed.). *Global Poverty*: How Global Governance is Failing the Poor. London: Routledge, 2010.

JENKINS, S. P. *Changing Fortunes*: Income Mobility and Poverty Dynamics in Britain. Oxford: Oxford University Press, 2011.

LISTER, P. *Poverty*. Cambridge: Polity, 2004.

MURRAY, C. A. *Losing Ground*: American Social Policy 1950-1980. New York: Basic Books, 1984.

ROWNTREE, B. S. *Poverty*: A Study of Town Life. Bristol: Policy Press, 2000 [1901].

TOWNSEND, P. *Poverty in the United Kingdom*. Harmondsworth: Penguin, 1979.

"RAÇA" E ETNIA

Definição prática

"Raça" se refere a diversos atributos ou competências atribuídos com base em características fundamentadas biologicamente, como cor de pele. Etnia se refere a um grupo social cujos membros compartilham uma consciência de identidade cultural comum distinta dos demais, diferenciando-se como um grupo social.

Origens do conceito

As distinções entre grupos sociais com base na cor da pele eram comuns em civilizações antigas, ainda que fosse mais comum a distinção com base em linhas tribais ou de parentesco. As bases dessas distinções eram relativamente desconectadas da ideia moderna de "raça". Desde o início do século XIX, "raça" recebeu conotações nitidamente biológicas e, mais tarde, genéticas, as quais associam o conceito a teorias científicas e esquemas de classificação. As teorias científicas de "raça" foram desenvolvidas ao final do século XVIII e início do XIX, e foram usadas para justificar as ambições imperialistas da Grã-Bretanha e de outras nações europeias que dominavam territórios em países em desenvolvimento. Elas passaram a ser descritas como exemplos de "racismo científico", aplicando um verniz "científico" às ideologias racistas dos nacionais-socialistas alemães, do sistema de *apartheid* na África do Sul e de outros grupos supremacistas brancos, como a Ku Klux Klan nos Estados Unidos.

174 OPORTUNIDADES DE VIDA DESIGUAIS

O conceito de etnia no sentido moderno, referindo-se a diferentes grupos culturais, remonta aos anos 1930, e a associação com grupos minoritários étnicos só veio a surgir depois de 1945. Como a utilidade do conceito de "raça" ficou enfraquecida para as ciências sociais, o conceito de etnia, focado na cultura dos grupos, tomou o seu lugar. Estudos sobre padrões de desvantagem e discriminação de acordo com etnia ampliaram essa ideia para "minorias étnicas" ou "grupos minoritários étnicos", embora "minoria" aqui não tenha a ver com quantidade numérica. Alguns sociólogos afirmam que o conceito de "raça" não deve ser totalmente descartado, já que o termo é muito utilizado na **sociedade** como um todo e, assim sendo, os sociólogos precisam considerar como ele é usado e quais significados são atrelados a ele.

Significado e interpretação

"Raça" e etnia foram reunidos em um verbete só neste livro porque formam uma frase que se tornou lugar-comum e implica uma associação entre ambos. No entanto, é muito fácil separá-los. "Raça" é um conceito difícil hoje porque, ainda que sua utilização como um conceito científico não tenha credibilidade, ele continua muito empregado na sociedade como um todo e, de fato, parece ser o conceito predominante. O problema é que, até mesmo em termos biológicos, não existem "raças" explicitamente identificáveis, a despeito de uma grande diversidade física encontrada nas populações humanas. Os grupos humanos vivem em um ciclo contínuo, e a diversidade genética *dentro* das populações é tão significativa quanto a diversidade *entre* elas. A maioria dos sociólogos afirma que "raça" nada mais é do que uma construção ideológica. Por esses motivos, muitos sociólogos – sobretudo fora da América do Norte – costumam escrever "raça" entre aspas para indicar que o seu significado é extremamente problemático.

O processo pelo qual as compreensões sobre "raça" são usadas para classificar indivíduos ou grupos de pessoas é denominado racialização. *Racialização* significa que alguns grupos *sociais* são rotulados como grupos *biológicos* distintos tomando como base características físicas naturais.

Dentro de um sistema racializado, os aspectos do cotidiano dos indivíduos – emprego, relações pessoais, moradia, saúde, **educação** e representação legal – são influenciados e restringidos por suas próprias posições dentro daquele sistema. "Raça" pode ser um conceito completamente desacreditado em termos científicos, porém suas consequências concretas ao longo da história ilustram de forma contundente o famoso ditado de W. I. Thomas: "se os homens [*sic*] definem situações como reais, são reais em suas consequências".

Por outro lado, etnia se refere às práticas e perspectivas culturais de uma determinada comunidade de pessoas que as distingue de outras. As características usuais que diferenciam os grupos étnicos são idioma, história ou ancestralidade (real ou imaginada), **religião** e estilo de vestir e se enfeitar. Mas não há nada inato em relação à etnia. Trata-se essencialmente de um fenômeno social reproduzido continuamente à medida que os jovens assimilam os estilos de vida, as normas e as crenças das comunidades étnicas. O que caracteriza alguns grupos étnicos é o uso de dispositivos excludentes, como a proibição da miscigenação, que servem para manter fronteiras culturalmente estabelecidas. O conceito de etnia é mais útil para os sociólogos porque não carrega a bagagem biológica de "raça". Contudo, o emprego do termo "étnico" também pode ser problemático. Por exemplo, na Europa, "étnico" é muitas vezes usado para se referir a culturas que diferem de uma população supostamente "nativa" (ou seja, não étnica). No entanto, etnia é um atributo de todos os membros de uma população, não apenas de alguns segmentos dela.

A ideia de grupos minoritários étnicos é bastante usada em Sociologia, mas não se trata apenas de números. Em Sociologia, os membros de um grupo "minoritário" ficam em desvantagem em relação a um grupo dominante – um grupo com mais riqueza, poder e prestígio – e possuem certo senso de *solidariedade de grupo*, de pertença. A experiência de ser alvo de preconceito e discriminação tende a exacerbar os sentimentos de lealdade e interesses em comum. Os sociólogos, por conseguinte, usam o termo "minoria" de uma forma não literal para se referir à posição de subordinação de um grupo dentro da sociedade, não tratando da representatividade numérica. Existem muitos casos em que a "minoria" é, na verdade, a maioria, como no regime do *apartheid* na África do Sul ou em algumas regiões geográficas de cidades de interior. Muitas minorias se distinguem tanto étnica quanto fisicamente do restante da população. É esse o caso dos asiáticos e indianos ocidentais na Grã-Bretanha ou de afrodescendentes nos Estados Unidos, mas britânicos e norte-americanos de ascendência italiana ou polonesa têm menos propensão a serem considerados minorias étnicas. É bem frequente que diferenças físicas como cor de pele sejam o fator determinante na designação de uma "minoria étnica", o que prova que as distinções étnicas raramente são neutras.

Aspectos controversos

É sabido que atitudes de caráter racista existem há centenas de anos. Mas a ideia de "raça" como um conjunto de determinados traços surgiu com a ascensão da "ciência da raça". A crença na superioridade da "raça" branca, ainda que completamente sem valor factual, continua sendo um elemento-chave flagrante do racismo branco. Entretanto, assim como as ideias de "raças" biológicas perderam o crédito e a preferência, surgiu um racismo mais sutil "novo" ou "cultural". O "novo racismo" utiliza argumentos culturais, em vez de biológicos, para justificar a contínua separação de grupos étnicos. Em particular, os argumentos tendem a se concentrar no direito da cultura majoritária de esperar que as minorias étnicas a assimilem, portanto o novo racismo é antagônico ao multiculturalismo pluralista. Os grupos minoritários que tentam manter suas culturas são então propensos a se tornarem marginalizados ou vilipendiados por causa de sua resistência à assimilação. O fato de o racismo ser cada vez mais exercido sobre fundamentos culturais em vez de biológicos implica que há múltiplos racismos em que a discriminação é vivenciada de maneiras diferentes pelos diversos segmentos da população. O surgimento do novo racismo encobriu a distinção prévia entre "raça" e "etnia", pois esta versão de "raça" agora inclui aspectos culturais. O efeito disso pode ser tornar o conceito de etnia menos útil na Sociologia.

Relevância contínua

Como a mudança do racismo biológico para o cultural demonstra, ideias raciais na **ciência** e na sociedade, ao que tudo indica, persistem. Avanços recentes em pesquisa genética, estereotipia racial no policiamento e preocupações sobre os níveis de imigração mantiveram a questão da etnia e das relações étnicas no centro da política. O conceito de racismo institucional, que foi parte das lutas pelos direitos civis no final dos anos 1960 nos Estados Unidos, e que foi aceito em um relatório oficial comissionado pelo governo britânico, também ampliou as questões de racismo e prática racista de um nível individual para um nível institucional ou organizacional.

Os tipos de racismo e, de fato, os níveis observados de racismo diferem de um país para o outro. Contudo, Wieviorka (2010) encontra unidade e diversidade nos padrões de racismo na Europa. Por um lado, segundo ele, o racismo em seus formatos modernos é claramente um produto da modernidade. A industrialização, a migração em massa, o colonialismo e suas consequências, e as relações comerciais prolongadas, levaram a muitas tensões e conflitos dentro dos países e entre os países, e uma das expressões disso foi o racismo. Nesse sentido, seria de esperar que a maioria dos países europeus apresentasse semelhanças. No entanto, Wieviorka afirma que nem todo racismo é igual. O autor descreve quatro grandes tipos que caracterizam respostas diferentes à modernidade, ressaltando que um tipo "universalista" associado à noção de raças inferiores e superiores durante o período colonial foi, durante muito tempo, a forma preponderante na Europa. Todavia, hoje, as atitudes racistas se diversificaram e estão relacionadas a preocupações com a mobilidade descendente e a perda de identidade nacional.

A ideia de "choque de civilizações" – sobretudo entre o Islã e "o Ocidente" – foi popularizada por Samuel Huntington (1996) como um resultado possível, uma vez que as pessoas se identificam cada vez mais com culturas de grande escala em uma era de globalização. Mas o levantamento empírico dessa tese é fraco. Chiozza (2002) aborda a tese do ponto de vista dos conflitos internacionais observados entre 1946 e

178 OPORTUNIDADES DE VIDA DESIGUAIS

1997, fazendo a seguinte pergunta-chave: quantos destes representariam um choque de civilizações de grande escala? Esse estudo traz algumas provas empíricas bem-vindas a serem consideradas e revela que não há evidência clara de aumento de conflitos ou interação entre fronteiras civilizacionais, algo previsto pela tese. Os países do mesmo "grupo civilizacional" tinham a mesma probabilidade de entrar em conflito quanto os que envolviam diferentes civilizações.

Referências e leitura complementar

ANSELL, A.; SOLOMOS, J. *Race and Ethnicity*: The Key Concepts. London: Routledge, 2008.

CHIOZZA, G. Is there a clash of civilizations? evidence from patterns of international conflict involvement, 1946-97, *Journal of Peace Research*, 39(6), 2002, p.711-34.

HUNTINGTON, S. P. *The Clash of Civilizations and the Remaking of World Order*. New York: Simon & Schuster, 1996.

[Ed. Bras.: *O choque de civilizações e a mudança na ordem mundial*. Rio de Janeiro: Objetiva, 1997.]

SPENCER, S. *Race and Ethnicity*: Identity, Culture and Society. London: Routledge, 2006.

WIEVIORKA, M. Racism in Europe: Unity and Diversity. In: GUIBERNAU, M.; REX, J. (eds.). *The Ethnicity Reader*: Nationalism, Multiculturalism and Migration. 2.ed. Cambridge: Polity, 2010, p.345-54.

STATUS

Definição prática

Honra ou prestígio atribuído a uma pessoa ou grupo social por outros membros da **sociedade**.

Origens do conceito

Status social é um conceito básico em Sociologia, associado particularmente à tradição interacionista simbólica. Para Weber, *status* se refere às diferenças entre grupos sociais de acordo com a honra ou o prestígio social que recebem de outros. Nas sociedades tradicionais, muitas vezes determinava-se o *status* com base no conhecimento direto de uma pessoa obtido por meio de interações realizadas pessoalmente em diferentes contextos no decorrer de alguns anos. Contudo, com o aumento nos níveis populacionais, foi ficando cada vez menos possível atribuir um *status* dessa maneira pessoal. Weber dizia que o *status* passou gradativamente a ser expresso através dos modos de vida ou do que chamamos hoje de estilos de vida. Os símbolos de *status* de estilos de vida, como moradia e decoração interior, regras de vestuário, maneiras de falar e emprego, ajudam a influenciar a posição social de um indivíduo aos olhos de outras pessoas, e aqueles que compartilham o mesmo *status* formam então uma comunidade com senso de identidade em comum.

Significado e interpretação

Para Max Weber, as sociedades são despedaçadas pela competição e por conflitos por poder e recursos materiais. No entanto, ao contrário de Marx, que achava que os conflitos de **classe** são a principal fonte de divisão na sociedade, Weber via a classe apenas como uma das bases dos conflitos, e talvez nem sequer a principal. As sociedades modernas estratificadas são multidimensionais. A compreensão delas não pode se reduzir a uma mera questão de classe, mas deve considerar também o *status* social e as afiliações "partidárias" (grupos e associações que buscam influenciar a sociedade). Como classe, *status* e partido se combinam e se sobrepõem, isso gera um panorama complexo da estrutura social, com diversas posições possíveis disponíveis dentro da sociedade. Enquanto Marx afirmava que as distinções de *status* são geradas por divisões de classe, e convivem em paralelo com elas, Weber argumentava que as posições de *status* quase sempre variam seja qual for a classe. A posse de riqueza normalmente confere um *status* elevado, mas nem sempre. Por exemplo, pode acontecer de indivíduos de famílias aristocráticas continuarem a usufruir de um elevado apreço social mesmo que percam o patrimônio e a fortuna familiar (*status* elevado, baixo capital econômico).

180 OPORTUNIDADES DE VIDA DESIGUAIS

Por outro lado, as celebridades modernas, conhecidas como os "famosos por serem famosos", podem ser muito ricos, mas ao mesmo tempo vistos com desdém (*status* baixo, alto capital econômico). Os papéis sociais que adotamos dependem de nosso *status* social, e o *status* social de uma pessoa pode ser diferente dependendo do contexto social. Como estudante, por exemplo, uma pessoa tem um determinado *status* e deve agir de certas maneiras em um ambiente de sala de aula, porém como filho ou filha, outro *status* passa a vigorar, e outras pessoas terão expectativas diferentes. Da mesma forma, como um amigo, um indivíduo tem uma posição totalmente diferente na ordem social, e os papéis que ele adota mudam de acordo. Todos nós temos muitos *status* em ação ao mesmo tempo, e esse grupo de *status* é conhecido como "conjunto de *status*". Os sociólogos também fazem uma distinção entre *status* atribuído e *status* adquirido. Um *status* atribuído é dado, muitas vezes com base em fatores biológicos, como sexo ou idade, como nos casos de "masculino" e "adolescente". Um *status* adquirido é aquele obtido pelo próprio esforço de um indivíduo, por exemplo, um médico, atleta ou gerente.

Ainda que gostemos de acreditar que os nossos *status* adquiridos são os mais importantes, há quem discorde. Em qualquer sociedade, alguns *status* têm prioridade sobre todos os outros, e esse "*status* principal", em geral, determina a posição social geral de uma pessoa. É comum considerarem **gênero** e **"raça"** como *status* principais, embora não raro alguns achem que "desviante", "ambientalista" ou "cristão" seriam os *status* principais de algumas pessoas. O prestígio atrelado a alguns *status* também muda com o tempo e isso ocorre muitas vezes por causa de ações diretas de grupos sociais. Houve um tempo em que o *status* de "negro" era negativo na Europa e na América do Norte segundo a designação feita pela cultura branca majoritária. Ser negro significava enfrentar preconceito, discriminação e estigma social. Durante um longo período, porém, os movimentos de direitos civis dos negros e as campanhas por direitos iguais recuperaram o conceito de "negro", transformando-o em um *status* positivo e associando-o a uma história de orgulho e tradição cultural. O exemplo mostra que até mesmo os *status* atribuídos estão sujeitos à mudança de definição e avaliação social.

Aspectos controversos

Apesar da forte argumentação feita por Weber e por weberianos modernos de que *status* é tão significativo quanto classe social nos sistemas de **estratificação**, os críticos afirmam que isso não dá o peso suficiente para o modo como a posição de classe continua a influenciar as oportunidades de vida. Estudos sobre **mobilidade social** mostram que, embora haja mais mobilidade hoje do que no passado, na ponta mais baixa da estrutura de classe existe pouca constatação de mobilidade intergeracional ocorrendo com frequência. Em suma, classe é um determinante muito mais eficaz de posição e *status* social do que o contrário. De maneira análoga, é impossível ignorar o papel fundamental exercido por fatores econômicos na perpetuação das desigualdades sociais. De modo geral, os indivíduos que vivem em condições extremas de privação social e material não o fazem como uma escolha de estilo de vida. Na verdade, as circunstâncias em que vivem são limitadas por fatores relacionados à estrutura econômica e ocupacional (Crompton, 2008).

Relevância contínua

As sociedades modernas se tornaram sociedades de consumo, movidas à ininterrupta aquisição de bens materiais. Em alguns aspectos, as diferenças de classe são anuladas, por exemplo, pessoas de diferentes classes podem assistir aos mesmos programas de televisão ou comprar roupas no mesmo centro comercial. Contudo, as diferenças de classe também podem ser intensificadas por causa de variações em estilo de vida e "gosto" (Bourdieu, 1986). Como as sociedades modernas ficaram mais voltadas para o consumo, pode-se dizer que o *status* social se tornou *mais*, e não menos, significativo. Em uma sociedade de consumo, as pessoas estabelecem cada vez mais distinções de *status* por meio da compra e consumo de mercadorias como opções de estilo de vida. Isso resulta em maior individualização, bem como em uma desidentificação com classe social e outras identidades tradicionais. Isso não significa que classe social não seja um fator significativo, mas quer dizer, na realidade, que as pessoas têm menos propensão a entendê-la como uma característica central de suas identidades pessoais. A inclinação para o **consumismo** permite que haja diferenças de *status* muito mais diversificadas, complexas e sutis a serem feitas, resultando em uma competição mais abrangente por *status* na sociedade como um todo.

Em um interessante artigo, Mari Rege (2008) questiona por que as pessoas se importam com o *status* social. Ela discute como as pessoas são induzidas a se preocupar com as posições de *status* delas e de outras pessoas durante "interações complementares". São interações – como nos negócios – em que uma pessoa pode melhorar sua posição interagindo com outros de capacidades similares. Mas como "capacidade" não é algo necessariamente visível, os identificadores de *status* podem ser sinais significativos que conectam pessoas de talentos parecidos. Essa tese das interações complementares pode ajudar a explicar por que alguns "acessórios" ou "produtos" costumam ser comuns em certos contextos. Nos negócios, por exemplo, a disseminação de relógios Rolex e ternos Armani pode se explicar pelo fato de esses itens serem reconhecidos por todos como nítidos sinais de capacidade nos negócios. Investindo em objetos como esses, os executivos podem aumentar suas chances de estabelecer contatos úteis. O argumento de Rege implica que a velha ideia de "manter as aparências" pode não ser assim tão superficial como se pensava.

No estudo experimental de Ridgeway et al. (2009) sobre a criação de diferenças de *status*, descobriu-se que gênero é um fator significativo. Esse artigo se aprofunda na formação de fortes crenças em *status* depois de apenas dois encontros sociais com pessoas com diferenças sociais. Mas o experimento de Ridgeway revelou uma forte divisão entre os gêneros. Embora tanto homens como mulheres tenham formado crenças sólidas sobre o *status* de uma pessoa, foram os homens que as carregaram para a próxima interação, não as mulheres. Nesse sentido, os homens parecem "tomar a dianteira" em se tratando de agir coerentemente com suas crenças. No entanto, uma vez que as distinções de *status* estivessem estabelecidas, as mulheres tinham tanta propensão quanto os homens a tratar as pessoas desigualmente. Ainda que seja um estudo pequeno, ele sugere que as distinções de *status* social são estabelecidas de imediato e, além disso, são poderosas influências na perpetuação das desigualdades.

Referências e leitura complementar

BOURDIEU, P. *Distinction*: A Social Critique of the Judgement of Taste. London: Routledge & Kegan Paul, 1986.
[Ed. Bras.: *A distinção*: crítica social do julgamento. São Paulo: Zouk, 2006.]

CHAN, T. W. (ed.). *Social Status and Cultural Consumption*. Cambridge: Cambridge University Press, 2010.

CROMPTON, R. *Class and Stratification*: An Introduction to Current Debates. 3.ed. Cambridge: Polity, 2008.

REGE, M. Why do people care about social status?, *Journal of Economic Behavior and Organization*, 66(2), 2008, p.233-42.

RIDGEWAY, C. L.; BACKOR, K.; LI, Y. E.; TINKLER, J. E.; ERICKSON, K. G. How easily does a social difference become a status distinction? Gender matters, *American Sociological Review*, 74(1), 2009, p.44-62.

TEMA 6
RELACIONAMENTOS E O CURSO DE VIDA

COMUNIDADE

Definição prática

Conceito controverso, porém simples: um grupo de pessoas que vivem em uma determinada localidade, ou que possuem algum interesse em comum, e que se engajam em **interações** sistemáticas entre si.

Origens do conceito

O termo "comunidade" é usado desde o século XIV, quando denotava "as pessoas comuns", diferenciando-as das pessoas da alta sociedade. A partir do século XVIII, a palavra passou a ser usada para descrever as pessoas de um determinado bairro ou com interesses comuns, como no caso de "uma comunidade de interesse" (Williams, 1987). No século XIX, tornou-se cada vez mais habitual ver o termo comunidade ser usado em contraste à sociedade, e se atribuía à "comunidade" a definição de algo em menor escala em relação à "sociedade", mais impessoal e em larga escala. O sociólogo alemão Ferdinand Tönnies (2001 [1887]) descreveu que o declínio da *Gemeinschaft* (vínculos comunitários) como *Gesellschaft* (vínculos "associativos") ocorria rapidamente. Esse tipo de contraste se repetiu muitas vezes nos estudos sociológicos e análises sociais. O termo comunidade absorveu um elemento normativo que se tornou problemático quando os sociólogos tentaram usar o conceito para análise.

Nos primeiros estudos sobre comunidade, os pesquisadores se integravam a determinadas localidades a fim de entendê-las melhor. Contudo, muitas vezes esses estudos foram considerados como mera descrição e deficientes em rigor teórico. Nos anos 1970, as investigações sobre comunidade pareciam um tanto excêntricas e não tardaram a perder espaço em meio a uma nova geração de sociólogos. Nas décadas de 1980 e 1990, porém, o ressurgimento do interesse em ideias da vida cotidiana e estilos de vida levou à retomada dos "estudos das comunidades", o que permitiu que os pesquisadores explorassem novos interesses em **gênero**, **etnia** e outras desigualdades sociais em nível local. Ao longo das duas últimas décadas, a pesquisa teve outra guinada, direcionando-se para o estudo das relações entre **globalização** e seus efeitos locais, a criação de comunidades "virtuais" on-line e o impacto da crescente mobilidade geográfica nas relações em comunidade.

Significado e interpretação

É difícil definir claramente o conceito de comunidade, pois se atribui a ele diversos significados, além de portar algumas implicações normativas nocivas. Mesmo assim, dois significados básicos se destacam. Tornou-se um lugar-comum falar em comunidade acadêmica, comunidade gay, comunidade muçulmana e muitas outras. Essa definição se baseia na ideia de "comunidades de interesse", em que as pessoas e os grupos citados podem estar dispersos geograficamente e nunca se encontrarem de fato, mas ainda assim ter interesses em comum. O que forma o aspecto "comunal" de tantos grupos não está totalmente claro, embora se presuma que seja uma percepção de **identidade** compartilhada e interesses conjuntos. Por outro lado, alguns pesquisadores continuam a ver as comunidades como grupos sociais baseados territorialmente formados por **redes** de parentesco, vizinhos, negócios e amigos, sobretudo onde essas comunidades são pequenas em escala. Essa definição espacial retoma a tradição dos primeiros estudos sobre comunidade das décadas de 1950 e

COMUNIDADE 187

1960. É possível, claro, que as duas definições se sobreponham em alguns casos, como a ideia de uma "comunidade de mineradores", que pode ser localizada e também envolver interesses em comum e um senso de identidade compartilhado criado no local de trabalho.

A pesquisa de Lee e Newby (1983) dos estudos sobre comunidade distinguiu três definições alternativas que ocorriam entre eles. A primeira era de comunidade como localidade ou território delimitado, no qual as pessoas vivem. O problema dessa definição é que ela puxa mais para a Geografia do que para a Sociologia. Muitas pessoas podem viver em uma determinada região, mas não ter nada a ver umas com as outras. Essa definição não leva em consideração as relações sociais e se as pessoas interagem ou não entre si. Em segundo lugar, alguns estudos definem comunidade como "um sistema social local", envolvendo relações sociais que ocorrem dentro de uma localidade. O problema aqui é que as relações sociais que formam o sistema social podem estar alicerçadas em antagonismos e ódio, que mantêm os grupos sociais separados. É válido considerar essa situação como uma "comunidade" única? Finalmente, define-se comunidade como um tipo de relacionamento que envolve um senso compartilhado de identidade comunal. A isso Lee e Newby denominam "comunhão", pois é possível que essa identidade compartilhada continue a existir mesmo depois que as pessoas se mudem daquela localidade.

Aspectos controversos

Um dos principais problemas com o conceito de comunidade é o perigo constante de que a análise social se consolide em um viés normativo. A comunidade quase sempre foi compreendida como moral e socialmente superior a outras formas mais abrangentes de fixação humana. O contraste feito por Tönnies entre *Gemeinschaft* e *Gesellschaft* é um nítido exemplo desse problema. Ainda que seu estudo tenha sido, em muitos aspectos, um retrato preciso de algumas importantes mudanças sociais trazidas pela rápida urbanização e pelo desenvolvimento industrial, fica uma sensação de que algo de maior valor e importância está sendo perdido no processo como um todo.

Os estudos sobre comunidade também tinham uma tendência, logicamente, de analisar a questão internamente, focando nas relações dentro de um determinado local, a fim de produzir análises completas sobre a vida em comunidade. No entanto, o ponto fraco era a incapacidade de conectar a vida das pessoas dentro da comunidade com o mundo externo. Como consequência, muitos sociólogos abandonaram totalmente o conceito, deixando de considerá-lo como uma ferramenta útil de análise, dando preferência à análise de redes sociais, que oferece um enfoque mais objetivo para estudar as relações sociais. Uma das vantagens dessa abordagem é a capacidade de romper as fronteiras das comunidades para conectar as redes sociais locais às externas. Esse é um fator particularmente importante no mundo globalizado e móvel em que vivemos agora. Por exemplo, nos padrões de **migração** global, as redes se estabelecem através das fronteiras nacionais, situações em que os trabalhadores migrantes mantêm fortes laços tanto com a comunidade de origem quanto com a comunidade de destino.

Relevância contínua

Há motivos que levam a crer que o conceito de comunidade sobreviverá na Sociologia. Apesar das inúmeras críticas, o conceito de fato nos chama a atenção para algo fundamental, a saber, a *qualidade* de vida das pessoas no modo como elas vivem. Embora os antigos estudos sobre comunidade ficassem, provavelmente, voltados demais para o que acontecia internamente, eles conseguiram produzir algumas descobertas valiosas e informativas difíceis de reproduzir pelos métodos mais objetivos que os sucederam. Os estudos sobre comunidade são capazes de oferecer uma compreensão melhor dos relacionamentos significativos nos quais as pessoas passam a maior parte da vida. Desde que esses estudos sejam inclusivos o suficiente para levarem em consideração os **conflitos**, as desigualdades sociais e as redes sociais mais abrangentes que hoje se tornaram mais comuns, o conceito ainda tem muito a contribuir para o nosso entendimento sobre as conexões global-local.

COMUNIDADE **189**

Obviamente a globalização traz muitas mudanças em quase todos os aspectos da vida social e ao longo do curso de vida, e os efeitos da globalização nos anos mais avançados da vida são discutidos na pesquisa de Phillipson (2007) sobre velhice e residência. Estudos recentes das percepções das pessoas mais velhas sobre a vida em comunidade sugerem uma forte e disseminada nostalgia das "comunidades idealizadas" que existiam anteriormente. Nem tudo isso é resultante de processos globais, porém, já que essas atitudes antecedem o atual período de rápida globalização. Mas esse estudo defende que os aspectos econômicos, sociais e culturais da globalização *estão* transformando muitos ambientes residenciais e que estão surgindo novas cisões entre as populações mais velhas. Isso vale sobretudo para aqueles que conseguem se mudar para comunidades de aposentados ou casas de veraneio e outros que acham que mudar de bairro é problemático para o sentido de si próprio [*self*] e de pertencimento. O estudo detalhado da comunidade das "vidas no local" tem muito a oferecer à nova pauta de pesquisas à medida que sociólogos tentam compreender as relações global-local.

Referências e leitura complementar

BLACKSHAW, T. *Key Concepts in Community Studies*. London: Sage, 2010.

CROW, G.; ALLAN, G. *Community Life*: An Introduction to Local Social Relations. Hemel Hempstead: Harvester Wheatsheaf, 1994.

LEE, D.; NEWBY, H. *The Problem of Sociology*. London: Routledge, 1983.

PHILLIPSON, C. The "elected" and the "excluded": sociological perspectives on the experience of place and community in old age, *Ageing and Society*, 27(3), 2007, p.321-42.

TÖNNIES, F. *Community and Society [Gemeinschaft und Gesellschaft]*. Cambridge; New York: Cambridge University Press, 2001 [1887].

[Ed. Bras.: *Comunidade e sociedade*: textos selecionados. In: MIRANDA, O. de. (Org.). *Para ler Ferdinand Tönnies*. São Paulo: Edusp, 1995, p.231-352.]

WILLIAMS, R. *Keywords*: A Vocabulary of Culture and Society. London: Fontana, 1987.

[Ed. Bras.: *Palavras-chave*: um vocabulário de cultura e sociedade. São Paulo: Boitempo, 2007.]

CURSO DE VIDA

Definição prática

Movimento do indivíduo pelas diversas transições criadas socialmente durante o curso de sua vida.

Origens do conceito

Uma antiga visão acerca da vida humana é de que existe um ciclo de vida universal, pelo qual todos nós passamos, balizado por diversas etapas fixas e biológicas. Todos somos bebê, criança, jovem, adulto e idoso, e claro, no final todos morremos. No entanto, a partir dos anos 1970, com infância, subculturas jovens e envelhecimento se tornando parte da Sociologia tradicional, ficou mais claro que esses estágios aparentemente naturais ou biológicos são, na realidade, parte do curso de vida humana que deve ser compreendido como algo construído socialmente. Os sociólogos históricos descobriram que a experiência da infância era muito diferente nas sociedades feudais, sem nenhuma etapa que a diferenciasse da fase adulta. As crianças eram vistas e tratadas como "adultos em miniatura", sendo colocadas para trabalhar assim que possível. A criação da **cultura** jovem com suas características próprias só surgiu após 1945 e, com o gradual aumento da expectativa de vida, muito mais pessoas podem agora vivenciar o que é ser "realmente velho" (mais de 80 anos) do que antes. Para os sociólogos, o conceito de curso de vida é preferível ao de ciclo de vida porque permite a considerável variação nos estágios de vida que foram identificados em diferentes sociedades e ao longo do tempo.

Significado e interpretação

Os estágios do curso de vida são influenciados por diferenças culturais e circunstâncias materiais da vida em qualquer **sociedade**. Por exemplo, nas modernas sociedades ocidentais, o mais indubitável estágio da vida, a morte, em geral é associado à idade avançada, pois a maioria das pessoas vive mais de 70 anos. Contudo, antigamente, um número muito maior de pessoas morria mais jovem, e a morte tinha outro significado. Outros fatores sociais como **classe social**, **gênero** e **etnia** também influenciam a maneira como os estágios do curso de vida são vivenciados. No século XIX, as crianças da classe alta frequentavam colégios internos e davam sequência à **educação** durante um período maior. Porém, para as crianças de famílias da classe trabalhadora não era raro ver meninos de 13 anos trabalhando em minas de carvão e fábricas e meninas também nessa idade realizando serviços domésticos. A infância não era uma etapa *universal* e associada à idade no curso de vida.

De modo similar, coortes de nascimento (grupos de pessoas nascidas no mesmo ano) tendem a ser influenciados pelos mesmos grandes eventos, o que não ocorre com outros coortes. Assim sendo, gerações inteiras também possuem experiências de curso de vida distintas. Os coortes de nascimento possuem em comum pontos de referência culturais e políticos, determinados governos, **conflitos**, tendências musicais e assim por diante. Recentemente, os ataques de Onze de Setembro e as invasões do Iraque e do Afeganistão deixaram sua marca ao gerar experiências de curso de vida em comum, apesar das divergências no modo de interpretar esses eventos. Os *baby boomers*, por exemplo, tiveram contato com as primeiras televisões, novas formas de uma cultura jovem espetacular, níveis de renda mais altos e atitudes mais liberais em relação ao sexo e à moralidade. O curso de vida dessas pessoas foi, em diversos aspectos, muito diferente daquele de seus pais e avós.

Os sociólogos passaram um considerável tempo estudando a infância, que parece ser um estágio de vida óbvio e universal. No entanto, a ideia de que se trata de uma etapa diferenciada da vida só existe há 300 anos. Em sociedades mais antigas, os jovens passavam diretamente de uma prolongada infância para funções profissionais dentro da **comunidade** sem vivenciar uma "infância" propriamente dita. Ariès (1965) afirmava que na Idade Média simplesmente não havia "infância" – fato retratado em pinturas medievais que mostram crianças como pequenos adultos com rostos maduros e vestimentas iguais às dos mais velhos. Até mesmo hoje as experiências de infância divergem muito. Em alguns países, os jovens trabalham em tempo integral, muitas vezes em circunstâncias fisicamente extenuantes como em minas de carvão e na agricultura. A tentativa das Nações Unidas de estabelecer uma definição universal de infância e um conjunto universal de direitos da criança é um reconhecimento tácito de que a infância não é atualmente um estágio de vida universal. E, obviamente, poderíamos aplicar essa ideia **construcionista social** para todas as etapas da vida que conhecemos, incluindo adolescência, juventude e meia-idade.

Os sociólogos começaram a teorizar sobre uma fase relativamente nova do curso de vida nas sociedades desenvolvidas, formada pelo que podemos denominar jovens adultos. Os jovens adultos se caracterizam por pessoas na casa dos 20 anos, talvez início dos 30, que levam vidas relativamente independentes, mas que ainda não se casaram nem tiveram filhos; como consequência, ainda estão experimentando relacionamentos e estilos de vida. No entanto, entende-se que essa etapa não seja vivenciada por todas as classes sociais e grupos étnicos. É sobretudo em grupos mais ricos que as pessoas com 20 e poucos anos reservam tempo para viajar e explorar afiliações sexuais, políticas e religiosas. Esse estágio da vida também tem mais propensão a envolver mais mulheres jovens que ingressam na universidade e progridem na carreira profissional em vez de se estabilizarem em uma **família** tradicional com tão pouca idade.

Aspectos controversos

Sem dúvida, o enfoque do construcionismo social em relação ao curso de vida humano foi produtivo, proporcionando uma nova dimensão aos estudos de vidas individuais. Alguns pensadores pós-modernos defendem que ele não foi longe o suficiente. Isso porque permanece atrelado à ideia de estágios transicionais que marcam mudanças específicas. Isso pode sugerir uma estrutura ao curso de vida que já não existe mais e retoma o antigo modelo biológico. A crítica aqui é de que não se rompeu decisivamente com os antigos estudos. Para os pós-modernos, a vida humana é um continuum e não um conjunto de etapas distintas, e as tentativas de identificar determinados estágios trazem o risco de impor uma

CURSO DE VIDA 193

sequência organizada que não é legítima. Entretanto, talvez essa crítica não consiga apreender o impacto total dos marcadores sociais associados aos estágios do curso de vida como educação compulsória, direito de receber benefícios de previdência social e idade de aposentadoria compulsória e recebimento de pensão. Esses são marcadores simbólicos ligados às mudanças nas percepções que as pessoas têm de si mesmas.

Relevância contínua

O conceito de curso de vida é relativamente incipiente na Sociologia. Contudo, sua introdução nos estudos sobre infância, vida familiar, culturas jovens, processo de envelhecimento e relações pessoais já demonstrou que uma nova pauta de pesquisas é possível, a qual rompe com o enfoque mais antigo de ciclo de vida, baseado em elementos biológicos. O conceito também estimulou o interesse em novos métodos de pesquisa como pesquisas biológicas e história oral, o que permite aos sociólogos o acesso aos modos pelos quais indivíduos em situações diferentes vivenciam os estágios do curso de vida. Os estudos nessa tendência podem muito bem oferecer novas informações sobre o problema estrutura-ação do ponto de vista dos atores sociais em diferentes etapas do curso de vida.

Será que os eventos em diferentes estágios do curso de vida são mais significativos do que outros para a nossa percepção de idade ao final da vida? Schafer (2008) sugere que sim. Seu artigo fascinante analisa o fenômeno do "envelhecimento subjetivo" – a percepção que as pessoas têm da idade. As análises estatísticas de Schafer revelaram que a morte da mãe durante a infância está associada a uma idade subjetiva mais velha na fase adulta, ao passo que a morte do pai no mesmo estágio da vida não exerce o mesmo impacto. Segundo ele, existem importantes conexões entre a época das transições-chave do curso de vida e o desenvolvimento do eu [self] social de uma pessoa, com implicações nas percepções subjetivas futuras e na saúde na vida adulta.

Referências e leitura complementar

ARIÈS, P. *Centuries of Childhood*. New York: Random House, 1965.

HUNT, S. *The Life Course*: A Sociological Introduction. Basingstoke: Palgrave Macmillan, 2005.

PRIESTLEY, M. *Disability*: A Life Course Approach. Cambridge: Polity, 2003.

SCHAFER, M. H. Parental death and subjective age: indelible imprints from early in the life course?, *Sociological Inquiry*, 79(1), 2008, p.75-97.

FAMÍLIA

Definição prática

Grupo de indivíduos ligados por laços consanguíneos, casamento ou adoção, que formam uma unidade socioeconômica, sendo os membros adultos os responsáveis pela criação dos filhos.

Origens do conceito

O conceito de família é tão antigo quanto as sociedades, e os sociólogos, desde os fundadores clássicos até hoje, sempre abordaram essa questão. Muitos sociólogos hoje acreditam que não podemos falar sobre "a família" como se houvesse um modelo universal. Existem diversas formas diferentes de família, como famílias com filhos de outro casamento, famílias de um pai só, e assim por diante, o que levou os sociólogos a se referirem a "famílias" no plural a fim de refletir essa diversidade.

Todas as ideias de uma antiga "era dourada" da vida familiar em que os filhos eram criados em famílias estáveis e harmoniosas se mostraram falsas. Por exemplo, muitos políticos e analistas comparam as famílias atuais com a estabilidade de fachada dos vitorianos. Contudo, na Inglaterra do século XIX, as taxas de mortalidade eram altas, a duração média dos casamentos era de menos de doze anos e mais de 50% das crianças abaixo de 21 anos já havia perdido o pai ou a mãe. Da mesma forma, a disciplina da família vitoriana se baseava em regras extremamente rígidas e punições

FAMÍLIA 195

físicas que hoje seriam inaceitáveis para a maioria das pessoas. As esposas da classe média ficavam mais ou menos confinadas em casa, enquanto muitos homens "respeitáveis" procuravam prostitutas e frequentavam bordéis. O trabalho infantil também era bastante comum. A Sociologia Histórica forneceu alguns oportunos lembretes de que as nossas memórias históricas do senso comum são, em geral, nostálgicas e não realistas.

Significado e interpretação

Família é um grupo de pessoas diretamente ligadas por laços de parentesco, em que os membros adultos assumem a responsabilidade pelo cuidado das crianças. Hoje existe uma diversidade de formatos familiares em diferentes **sociedades** no mundo. Em algumas áreas, como regiões mais remotas na Ásia, África e o litoral do Pacífico, os sistemas familiares tradicionais pouco se alteraram em relação a épocas anteriores, porém há mudanças generalizadas ocorrendo na maioria dos países em desenvolvimento.

Os ideais culturais ocidentais de amor romântico, por exemplo, foram difundidos por sociedades em que antes eram desconhecidos. Outro fator é a criação de governos centralizados em regiões anteriormente compostas por sociedades autônomas menores. A vida das pessoas se torna influenciada por seu envolvimento em um sistema político nacional e os governos tentam alterar os modos tradicionais de comportamento a fim de incentivar a modernização econômica. Outra influência é a **migração** em larga escala das zonas rurais para as urbanas. É comum homens saírem para trabalhar nas cidades e deixar os membros da família no vilarejo onde moram. Como alternativa, o grupo familiar nuclear se muda como grupo para a cidade. Em ambos os casos, é possível que as formas familiares e os sistemas de parentesco tradicionais se enfraqueçam. As oportunidades de emprego longe da terra e das minas, oferecidas em grandes fazendas e na indústria, geram consequências disruptivas para os sistemas familiares.

Nos países desenvolvidos, a presença de grupos étnicos minoritários, como famílias com origem no sul da Ásia ou oeste da Índia, e a influência de movimentos como o feminismo geraram uma considerável diversidade cultural nos formatos de família. As persistentes divisões de **classe** entre os pobres, as classes trabalhadoras qualificadas e os diversos grupos que integram as classes média e alta são responsáveis pelas principais variações na estrutura familiar. As variações na experiência familiar durante o **curso de vida** também se diversificaram. Por exemplo, um indivíduo pode estar em uma família em que ambos os pais tenham vivido juntos, casaram-se e então se divorciaram. Outra pessoa pode ser criada em uma família de um pai só, que teve diversos casamentos e filhos de cada um desses casamentos. As conexões entre pais e avós provavelmente agora estão mais fracas do que antes. Por outro lado, hoje é mais comum as pessoas viverem até idades mais avançadas e, com isso, chega a haver até três famílias com laços muito próximos entre si "existindo" ao mesmo tempo: netos casados, seus pais e seus avós. Há também maior diversidade sexual em organizações familiares do que antes. À medida que a homossexualidade é cada vez mais aceita em muitas sociedades ocidentais, parcerias e famílias são formadas com base tanto em casais homossexuais quanto heterossexuais.

Aspectos controversos

Muitos sociólogos questionaram a ideia de que família é primordialmente uma unidade cooperativa baseada em apoio mútuo. Diversas pesquisas mostraram que as famílias possuem relações de **poder** extremamente desiguais que beneficiam alguns membros da família e colocam outros em desvantagem (Pahl, 1989). A produção capitalista colocou em evidência uma distinção muito mais acentuada entre os domínios doméstico e profissional, o que resultou nas esferas masculinas e femininas ou na divisão entre público e privado. Em sociedades contemporâneas desenvolvidas, as tarefas domésticas como criação dos filhos e trabalho de casa continuam sendo essencialmente das mulheres, mesmo as que trabalham na economia formal. As mulheres não só costumam se encarregar de tarefas concretas como limpeza e cuidado dos filhos, mas também dispendem enormes esforços emocionais na manutenção das relações pessoais e no cuidado de parentes mais velhos.

FAMÍLIA 197

As feministas chamaram a atenção para o "lado obscuro" da vida familiar, como violência doméstica, estupro conjugal e abuso sexual dos filhos. Durante muito tempo esse lado abusivo da vida familiar foi negligenciado, fazendo que a família na Sociologia fosse indevidamente retratada como algo positivo e otimista – o refúgio de um mundo cruel. Pesquisas feministas mostram que o cenário íntimo privado da família foi um lugar-chave para a opressão de **gênero** e abusos físicos ou emocionais. Todo esse trabalho serviu ainda para desmistificar a família.

Relevância contínua

Embora a diversidade tenha surgido como uma característica central dos estudos familiares, pode haver também alguns padrões gerais surgindo, uma vez que a **globalização** aproxima as culturas. Por exemplo, Therborn (2004) afirma que os clãs e outros grupos estabelecidos por parentesco estão perdendo influência e que existe uma ampla tendência pela escolha livre de um cônjuge. Os direitos das mulheres começam a ser reconhecidos mais amplamente, tanto em relação ao início do casamento como na tomada de decisões na família, enquanto níveis mais elevados de liberdade sexual, para homens e mulheres, estão se desenvolvendo nas sociedades que até então eram extremamente restritivas. Existe ainda uma tendência geral em prol da ampliação dos direitos das crianças e uma maior aceitação de uniões de parceiros do mesmo sexo.

Em uma análise das estatísticas oficiais do governo entre 1981 e 2001, Ware et al. (2007) avaliaram a alegação de que a família nuclear atravessa um declínio de longo prazo. Cerca de um terço dos residentes vivia em famílias ostensivamente "nucleares" em 2001, porém os formatos de famílias se diversificaram significativamente, passando a incluir famílias com pai ou mãe solteiro, uma pessoa, diversas pessoas, casal apenas, casal com mais um adulto e outros tipos de núcleos. Contudo, os autores afirmam que a família nuclear continua sendo importante e, em particular, aqueles que continuam vivendo em formatos de família nucleares na meia-idade têm mais tendência de se manter dessa forma. No entanto, as rotas para dentro e para fora da família nuclear também mudaram significativamente, considerando os índices relativamente altos de rompimentos e divórcios que resultam em um maior número de famílias com um pai só e com uma pessoa só. Conforme se formam mais famílias com filhos de outros casamentos, surge uma questão de como esses núcleos serão percebidos. Seriam vistos com um viés negativo ou será que se tornaram mais aceitos como tipos normais de família? Em um estudo australiano, Planitz e Feeney (2009) encontraram constantes estereótipos negativos desse tipo de família que, na verdade, eram demonstrados por muitos membros das próprias famílias com filhos de outros casamentos. Algumas dessas características negativas eram "falta de apoio", "rompimento de laços" e "falta de carinho". Apesar da aparente normalização dos formatos diversificados de família e lar, esse estudo ilustra o poder contínuo dos estereótipos influenciados pelos ideais da "família biológica".

Referências e leitura complementar

CHAMBERS, D. *A Sociology of Family Life*. Cambridge: Polity, 2012.

PAHL, J. *Money and Marriage*. Basingstoke: Macmillan, 1989.

PLANITZ, J. M.; FEENEY, J. A. Are stepsiblings bad, stepmothers wicked and stepfathers evil? an assessment of australian stepfamily stereotypes, *Journal of Family Studies*, 15(1), 2009, p.82-97.

THERBORN, G. *Between Sex and Power*: Family in the World, 1900-2000. London: Routledge, 2004.

[Ed. Bras.: *Sexo e poder*: a família no mundo. São Paulo: Contexto, 2006.]

WARE, L.; MACONACHIE, M.; WILLIAMS, M.; CHANDLER, J.; DODGEON, B. Gender life course transitions from the nuclear family in England and Wales 1981-2001, *Sociological Research Online*, 12(4), 2007 (disponível em: <www.socresonline.org.uk/12/4/6.html>).

REDE

Definição prática

Conjunto de vínculos informais e/ou formais que conectam as pessoas entre si, seja em formas de organização mais livres ou na vida social.

Origens do conceito

As redes de amizade e de parentescos familiares foram estudadas por cientistas sociais durante muitos anos, além das redes sociais formadas entre grupos de conhecidos no trabalho e nos negócios. Podemos dizer que as ideias teóricas de Georg Simmel do início do século XX sobre mudanças na dinâmica das formas sociais básicas como díades (duas unidades sociais) e tríades (três unidades sociais) foram precursoras do estudo sobre redes sociais muito mais abrangentes. Embora as redes sejam formas de associação humana muito antigas, para alguns sociólogos, conforme a tecnologia da informação cria muitas novas oportunidades de formar redes de contatos, as redes estão se tornando a estrutura organizacional que define as sociedades contemporâneas. A flexibilidade e a adaptabilidade inerentes às redes proporcionam vantagens imensas em relação aos antigos tipos de **organização**. Hoje se observam empresas começando a adotar estruturas em rede para maximizar a eficiência em um ambiente econômico global.

Significado e interpretação

Os sociólogos se referem às conexões entre as pessoas e os grupos sociais como redes. Talvez a melhor maneira de pensar sobre uma rede seja enxergá-la como uma estrutura em formato de teia, ou quem sabe uma matriz, na qual os pontos onde as linhas verticais e horizontais se cruzam são "nós" – ou, no caso da Sociologia, indivíduos, grupos ou até mesmo organizações. O acesso à teia potencialmente abre toda uma série de conexões com outros nós (indivíduos, grupos ou organizações) que podem então ser usadas para conseguir vantagens. As redes, portanto, consistem em conexões diretas e indiretas ligando uma pessoa ou um grupo a outras pessoas ou grupos. Isso inclui redes pessoais como grupos de amigos e outros que podem ser relações indiretas, como amigos de amigos.

Contudo, as organizações também podem se compor em redes, e pertencer a organizações em rede pode ampliar o escopo social e a influência das pessoas de forma mais ampla. Os grupos sociais são uma maneira importante de adquirir redes, porém nem todas as redes são grupos sociais. As redes proporcionam mais do que apenas uma potencial vantagem econômica. As pessoas contam com as suas redes para uma série de contatos, desde a obtenção de acesso a um vereador local até a descoberta de um bom vendedor. Da mesma forma, as escolas e as organizações religiosas podem conseguir oferecer acesso às suas conexões internacionais, que por sua vez podem ajudar as pessoas a se adaptar em um ambiente desconhecido.

As redes possuem diversas funções úteis, ainda que seus vínculos sejam relativamente fracos. No entanto, nem todo mundo tem acesso igualitário a redes particularmente poderosas. Por motivos predominantemente históricos, as redes dos negócios e da política para as mulheres costumam ser mais fracas do que as dos homens, o que diminui seu **poder** nessas esferas. Algumas escolas particulares na Inglaterra, como a Eton e a Harrow, só aceitam meninos, negando assim o acesso das mulheres a essas poderosas conexões. Os sociólogos descobriram que, quando as mulheres procuram emprego, suas redes no mercado de trabalho são compostas por menos laços do que as dos homens, o que significa que as mulheres conhecem menos pessoas em um número menor de ocupações. Entretanto, isso pode estar gradualmente mudando à medida que mais mulheres chegam à **educação** superior e são promovidas a cargos superiores em seus empregos.

Segundo Castells (2000), os enormes avanços em computação e tecnologia tornaram as redes mais eficientes do que as burocracias. Dados podem ser processados instantaneamente em quase qualquer lugar do mundo sem a proximidade física dos envolvidos. Isso permitiu que muitas empresas realizassem uma "reengenharia" da estrutura

REDE 201

organizacional, tornando-se mais descentralizadas e reiterando a tendência à existência de empresas menores e mais flexíveis, incluindo *homeworking*. Pela tradição as organizações se localizavam em espaços físicos definidos, como um prédio de escritórios ou um câmpus universitário, onde o modelo burocrático fazia sentido. Hoje, porém, as fronteiras físicas das organizações estão sendo erodidas conforme novas tecnologias permitem transcender países e fusos horários, enquanto as organizações têm suas operações funcionando com mais eficácia quando conectadas em uma teia de relacionamentos complexos com outras organizações e empresas. **Globalização**, tecnologia da informação e novas tendências em padrões ocupacionais significam que as fronteiras organizacionais estão mais abertas e fluidas do que jamais foram. Testemunhamos hoje, segundo Castells, a lenta desintegração da dominação da **burocracia** como a forma organizacional mais eficiente e eficaz.

Aspectos controversos

Será que a combinação entre tecnologia da informação e redes está nos distanciando completamente da visão pessimista de Weber sobre o futuro da burocracia? É aconselhável tomarmos cuidado com essa visão. Os sistemas burocráticos estão sendo cada vez mais confrontados por outras formas de organização menos hierárquicas. No entanto, as burocracias provavelmente não desaparecerão por completo. Parece pouco provável que a **sociedade** em rede chegará a um ponto em que nenhuma organização ocupará um espaço físico, e as que o fizerem poderão continuar adotando uma estrutura mais burocrática. Em um futuro próximo, a probabilidade é que haja uma contínua oscilação entre, de um lado, tendências a organizações de grande porte, impessoais e hierárquicas e, de outro lado, influências contrárias a esse modelo.

Relevância contínua

Não há dúvida de que as redes estão mais disseminadas e é bem provável que a adoção de novas tecnologias digitais reforce essa tendência.

Embora a análise das redes sociais não seja exatamente inovadora, já que sempre houve estudos de redes de parentescos na Antropologia e na Sociologia clássica, tudo indica que o método será usado para o aprofundamento em uma diversidade de redes sociais muito mais ampla do que os sociólogos consideraram no passado.

Um bom exemplo da utilidade da análise das redes sociais é o estudo empírico de Nick Crossley (2008) sobre as redes nos primórdios do movimento punk rock em Londres. Crossley afirma que as propriedades estruturais da rede ajudam a explicar o próprio surgimento do movimento. Por exemplo, ele sugere que o movimento punk teve origem em Londres e não em outras cidades do Reino Unido, em parte porque os principais participantes do que viria a ser o "cerne" do movimento já estavam conectados, o que viabilizou com mais facilidade a ação coletiva em Londres. Analogamente, os integrantes das primeiras bandas punk estavam conectados entre si e migravam de banda em banda compartilhando informações. Em suma, já havia uma sólida rede comum e esta legitimava o surgimento da cultura e do estilo de vestir punk contra os ataques daqueles que os viam como degenerados. Claro que os elementos políticos e ideológicos do punk também eram importantes, mas talvez eles não tivessem encontrado expressividade em um movimento cultural sem as estruturas de redes favoráveis que já existiam.

Outra pesquisa inovadora é o estudo de dados realizado por Mayer e Puller (2007) sobre redes de amizades reunidas do site de rede social Facebook. Os pesquisadores analisaram um considerável conjunto de dados de dez universidades particulares e públicas a fim de compreender os elementos responsáveis pela formação de amizades entre os alunos. Eles descobriram que as redes no câmpus tinham características similares às redes sociais "clássicas": elas eram "exclusivas" e os indivíduos com muitas conexões estavam ligados a outros com conexões tão numerosas quanto. No entanto, dois alunos tinham mais propensão a serem amigos se compartilhassem a mesma orientação política e, entre os grupos étnicos minoritários, "raça" era o mais forte elemento de predisposição ao estabelecimento da amizade. Esse padrão se manteve qualquer que fosse o tamanho e o tipo da universidade, e parecia estar baseado nas preferências dos alunos, o que sugere que as políticas de incentivo à diversidade nas interações podem ter um impacto limitado na formação das redes de estudantes.

Referências e leitura complementar

CASTELLS, M. *The Rise of the Network Society*. 2.ed. Oxford: Blackwell, 2000. [Ed. Bras.: *A sociedade em rede*. 3v. São Paulo: Paz e Terra, 2007.]

CROSSLEY, N. Pretty connected, *Theory, Culture and Society*, 25(6), 2008, p.89-116.

MAYER, A.; PULLER, S. L. The old boy (and girl) network: social network formation on university campuses, *Journal of Public Economics*, 92(1/2), 2007, p.329-47.

SEXUALIDADE

Definição prática

Características e comportamentos sexuais de seres humanos que envolvem aspectos sociais, biológicos, físicos e emocionais.

Origens do conceito

Até bem pouco tempo atrás, grande parte do nosso conhecimento sobre sexualidade advinha dos biólogos, pesquisadores da área médica e sexólogos, cujos estudos remontam ao século XIX. Contudo, essas pesquisas costumavam focar na psicologia individual em vez de analisar os tipos de padrões gerais de sexualidade e do comportamento sexual que são de interesse dos sociólogos. Muitos acadêmicos antigamente também observavam o comportamento animal a fim de obter algumas pistas sobre a sexualidade humana, e alguns ainda o fazem. Embora haja um componente biológico claro da sexualidade, como o imperativo da reprodução, os sociólogos consideram a sexualidade humana como o complexo entrelaçamento de fatores biológicos e sociais. Os primeiros grandes estudos sociológicos sobre a sexualidade surgiram nas décadas de 1940 e 1950, quando Alfred Kinsey e seus colegas nos EUA realizaram pesquisas fundamentais no campo do comportamento sexual. Suas descobertas chocaram o público, revelando uma enorme disparidade entre as normas e expectativas públicas e a real conduta sexual. Os estudos da sexualidade realizados por Michel Foucault ao final da década de 1970 também criaram um novo interesse na história da sexualidade e nos modos como as sexualidades são criadas, rejeitadas e suprimidas. Esse foi um ponto de virada crucial que transferiu os estudos sobre sexualidade da Biologia para os campos da História, Política e Sociologia.

Significado e interpretação

A orientação sexual se refere ao direcionamento da atração sexual ou romântica de uma pessoa, e isso é o resultado de uma complexa conjunção de fatores biológicos e sociais. A maioria das pessoas, em todas as sociedades, é heterossexual, e a heterossexualidade é, historicamente, a base do casamento e da família, a despeito de inúmeras outras preferências e inclinações sexuais. Por exemplo, Judith Lorber (1994) identificou dez identidades sexuais diferentes: mulher heterossexual, homem heterossexual, lésbica, homem homossexual, mulher bissexual, homem bissexual, mulher travesti (mulher que se veste como homem), homem travesti (homem que se veste como mulher), mulher transexual (homem que se torna mulher) e homem transexual (mulher que se torna homem). As práticas sexuais são ainda mais diversificadas e, em todas as sociedades, existem regras que regem todas elas, incentivando algumas e condenando outras.

Michel Foucault (1978) mostrou que, na Europa antes do século XVIII, o conceito de pessoa homossexual aparentemente sequer existia. O termo "homossexualidade" surgiu nos anos 1860, e a partir de então os homossexuais passaram a ser cada vez mais considerados como um tipo separado de pessoas com uma certa aberração sexual. A homossexualidade passou a fazer parte do **discurso** médico, e não do discurso religioso, mencionado em termos clínicos como uma perversão ou doença psiquiátrica em vez de um "pecado" religioso. Considerava-se que os homossexuais, assim como outros "pervertidos" como pedófilos e travestis, sofressem de alguma patologia biológica que ameaçava a integridade da **sociedade** tradicional. Até algumas décadas atrás a homossexualidade continuava sendo uma atividade criminosa em praticamente todos os países ocidentais. Sua transferência da margem da sociedade para o lado convencional ainda não está concluída, porém observa-se um rápido progresso nesse sentido nos últimos anos.

As atitudes sexuais, sem dúvida, tornaram-se mais permissivas nos últimos quarenta anos na maioria dos países ocidentais. Aspectos importantes da vida sexual das pessoas foram alterados de uma maneira fundamental. Nas sociedades mais antigas, a sexualidade estava intimamente associada ao processo de reprodução, mas nos dias atuais se fez uma separação entre ambos. A sexualidade se tornou uma dimensão da vida para cada indivíduo explorar e moldar. Se no passado a sexualidade era "definida" em termos de heterossexualidade e monogamia no contexto de relações conjugais, hoje existe uma aceitação crescente de diversas formas de comportamento e orientação sexual em uma imensidão de contextos.

Os sociólogos evitaram as pesquisas sobre sexualidade durante a maior parte da história da disciplina até os anos 1940, quando a equipe de pesquisas de Kinsey nos EUA realizou uma pesquisa revolucionária que ajudou a banir a ideia de que a homossexualidade seria uma doença que necessitasse de cura. As pesquisas sobre comportamento sexual estão repletas de dificuldades. Muita gente acha que o comportamento sexual, mais do que outras áreas da vida, é uma questão essencialmente pessoal e não está preparada para conversar sobre aspectos íntimos com estranhos. Isso poderia significar que aqueles que *estão* preparados para participar e ser entrevistados são basicamente uma amostra de pessoas que se voluntaria, o que, portanto, não representa a população em geral.

Aspectos controversos

A pesquisa de Kinsey sofreu ataques de organizações conservadoras e religiosas, em parte porque incluiu crianças abaixo dos 16 anos de idade. Os críticos acadêmicos combateram o enfoque amplamente positivista de Kinsey, que englobava a coleta de enormes quantidades de dados brutos, mas foi incapaz de compreender a complexidade do desejo sexual que sustentava o comportamento diversificado que ele revelava. A pesquisa também não conseguiu se aprofundar nos significados que as pessoas associam aos seus relacionamentos sexuais, e investigações posteriores, na verdade, descobriram níveis mais baixos de experiências homossexuais do que a equipe de Kinsey; logo, a amostra deles pode ter sido menos representativa do que eles pensaram. No entanto, seria crueldade demais esperar que um único estudo tratasse de todas essas questões, sobretudo em uma área de prática de pesquisa tão difícil, e Kinsey merece crédito por de fato ter encaminhado a sexualidade para a pesquisa sociológica.

A validade e a credibilidade das pesquisas sobre comportamento sexual foram alvos de muita discussão. Muitos críticos sugerem que essas pesquisas simplesmente não produzem informações confiáveis sobre as práticas sexuais. Atitudes declaradas publicamente podem apenas refletir a compreensão das pessoas sobre as regras sociais predominantes em vez de oferecerem informações exatas sobre suas atitudes privadas e seu comportamento sexual. Entretanto, essas críticas também poderiam ser direcionadas a muitas outras pesquisas sobre diferentes aspectos da vida das pessoas, como casamento, divórcio, crime e **desvio**, mas ainda assim os sociólogos conseguem pesar os prós e contras de seus dados trazendo-nos descobertas que foram úteis para os formuladores de políticas, e não existe nenhum motivo conclusivo que explique por que os estudos da sexualidade não deveriam seguir essa mesma linha.

Relevância contínua

Um dos motivos pelos quais a sexualidade se tornou parte da teoria e da pesquisa sociológica é o fato de que os movimentos dos anos 1960 pela reforma ajudaram a mudar a sociedade, abrindo uma série de novos temas para os sociólogos. Como esses movimentos se integraram à sociedade tradicional, houve um tipo de restabelecimento de velhas regras ligadas ao comportamento sexual. Pesquisas recentes mostram enormes proporções de respondentes a favor de desestimular a atividade sexual entre os jovens e números menores de pessoas contra o sexo homossexual. Nesse contexto, a pesquisa sociológica precisa estar sensível às mudanças de atitudes e normas públicas e talvez seja necessário criar novos métodos mais capazes de chegar à verdade sobre a vida das pessoas.

Um tema pouco pesquisado, a sexualidade de pessoas com deficiência, é discutido em um artigo de Kelly, Crowley e Hamilton (2009). Esse material apresenta as descobertas de estudos que obtiveram as opiniões de um grupo de pessoas com deficiências intelectuais na Irlanda referentes às suas experiências de sexualidade, relacionamentos e quais estruturas de apoio consideravam úteis. Na Irlanda, a legislação proíbe ter atividade sexual com alguém que seja incapaz de viver sem ajuda ou de se proteger de abusos, a menos que os envolvidos sejam casados (uma deliberação para alteração dessa lei foi registrada em 2011). Os participantes desse estudo afirmaram que não haviam recebido orientações e informações suficientes sobre sexo e que não eram permitidos relacionamentos no trabalho, o que os levava a estabelecer relacionamentos "secretos". Os autores afirmam que é necessária uma mudança nessa lei, já que muitas pessoas com deficiências intelectuais são capazes de manter relações sexuais *e* de se proteger de abusos.

Muitos países avançaram na legislação permitindo que casais homossexuais formalizassem suas parcerias legalmente, fosse como uniões estáveis ou alguma forma de casamento. Embora esses avanços pareçam alinhados com uma maior aceitação de relacionamentos homossexuais, suscitam a questão de por que o casamento, uma instituição heterossexual convencional, atrairia os homossexuais. Kelly (2006) sugere diversas razões possíveis, incluindo a obtenção do *status* legal oficialmente igualitário, direitos trabalhistas e beneficiários, direitos de saúde (como direito a acompanhante em caso de doença) e benefícios fiscais. No entanto, não cessaram as discussões dentro do movimento LGBT sobre se o aspecto aparentemente "progressista" do casamento gay é real ou ilusório.

Referências e leitura complementar

FOUCAULT, M. *History of Sexuality*. London: Penguin, 1978.

[Ed. Bras.: *História da sexualidade*. 3v. São Paulo: Paz e Terra, 1997.]

KELLY, G.; CROWLEY, H.; HAMILTON, C. Rights, sexuality and relationships in Ireland: "it'd be nice to be kind of trusted", *British Journal of Learning Disabilities*, 37(4), 2009, p.308-15.

KELLY, R. Gay marriage. Why now? Why at all. In: SEIDMAN, S.; FISCHER, N.; MEEKS, C. (eds.). *Handbook of the New Sexuality Studies*. London: Routledge, 2006, p.433-40.

LORBER, J. *Paradoxes of Gender*. New Haven, CT: Yale University Press, 1994.

WEEKS, J. *Sexuality*. 3.ed. London: Routledge, 2009.

SOCIALIZAÇÃO

Definição prática

Processos sociais pelos quais novos membros da sociedade tomam ciência das normas e valores sociais, contribuindo para que adquiram um senso distinto de si próprio [*self*]. Os processos de socialização são contínuos pela vida toda.

Origens do conceito

Socialização é um conceito comum a muitas perspectivas sociológicas, porém foi desenvolvido e totalmente explorado dentro da tradição funcionalista. Talcott Parsons especificamente utilizou o conceito para solucionar o "problema da ordem social". Interacionistas, como Mead e Cooley, também usaram a socialização para estudar a criação do eu social [*social self*] durante a infância. Socialização se refere ao processo que transforma uma criança desamparada em uma pessoa bem informada e consciente de si, capacitada nos moldes da **cultura** de sua sociedade. A socialização é essencial para a reprodução social, mantendo a continuidade da **sociedade** ao longo do tempo. Não só as crianças aprendem com

SOCIALIZAÇÃO 209

os adultos durante a socialização, mas os adultos também aprendem como lidar com bebês e crianças. A criação dos filhos conecta as atividades dos adultos às crianças, normalmente pelo resto da vida, e o mesmo se repete com os avôs. Em geral, a socialização é debatida em termos de socialização primária, que é particularmente intensa e ocorre nos primeiros anos de vida, e a socialização secundária, que continua por todo o **curso de vida**.

Significado e interpretação

A socialização acontece por meio de vários agentes, como **família**, grupos de colegas, escola e mídia. A família é o principal agente durante a socialização primária, mesmo que seja crescente o número de crianças que frequentam escola ou berçário nessa fase também. Nas sociedades modernas, a posição social não é herdada no nascimento, mas a **etnia**, o **gênero** e a **classe social** das famílias, bem como o local de nascimento, influenciam de fato os padrões de socialização. As crianças assimilam os modos de comportamento e as características de linguagem dos pais ou de outras pessoas na vizinhança ou na **comunidade**. O aprendizado do gênero por parte das crianças é, sobretudo, um processo inconsciente. Antes de uma criança se enxergar como menino ou menina, ela recebe uma série de indicações pré-verbais dos adultos. Homens e mulheres costumam lidar com as crianças de um jeito diferente, os cosméticos usados pelas mulheres contêm aromas diferentes daqueles que os bebês aprendem a associar aos homens, e outras diferenças sistemáticas em roupa, corte de cabelo, e assim por diante, oferecem dicas visuais durante o processo de aprendizagem. Aos 2 anos de idade, as crianças compreendem se são meninos ou meninas e, normalmente, conseguem classificar os outros com precisão. Somente por volta dos 5 ou 6 anos uma criança se dá conta de que o gênero de uma pessoa não muda constantemente. Brinquedos, livros e programas de TV tendem a enfatizar as diferenças de gênero, e até mesmo brinquedos aparentemente neutros são usados de formas específicas para cada gênero. A socialização de gêneros é muito poderosa e as objeções a isso podem incomodar. Uma vez que um gênero é "atribuído", a sociedade espera que os indivíduos se comportem de modo apropriado àquele gênero, e há represálias a quem não o fizer. É nessas práticas cotidianas que os papéis de gênero são preenchidos e reproduzidos.

A socialização secundária ocorre mais tarde na infância e adentra a maturidade, quando outros agentes de socialização assumem. As **interações** sociais nesses contextos diferentes ajudam as pessoas a aprender os valores, as normas e as crenças que constituem os padrões de sua cultura. Um dos importantes agentes de socialização é a escola. A frequência na escola é um processo compulsório e formal em que os estudantes têm acesso apenas a alguns temas. Contudo as escolas são agentes de socialização em aspectos mais sutis por meio de um "currículo oculto". Os alunos devem ficar em silêncio em sala de aula, entregar os deveres sem atraso e cumprir as regras de disciplina da escola. Devem aceitar e responder à **autoridade** do corpo docente. As reações dos professores também afetam as expectativas que as crianças têm de si mesmas. Tais expectativas, por sua vez, tornam-se associadas à experiência profissional quando deixam a escola. Grupos de colegas também são formados nas escolas, e o sistema de manter as crianças nas classes de acordo com a idade reforça seu impacto. Como hoje em dia pais e mães de muitas famílias trabalham fora, as relações de amizade tendem a se tornar mais importantes do que eram anteriormente.

Na fase adulta, a socialização continua à medida que as pessoas aprendem como se comportar nas novas áreas da vida social, como ambientes de trabalho e política. A **mídia de massa**, como o rádio, a televisão, os CDs, DVDs e a internet, também é vista como algo que exerce um papel cada vez maior na socialização, ajudando a formar opiniões, atitudes e comportamento. Isso vale sobretudo no caso do advento da nova mídia, que possibilita interações virtuais através de salas de bate-papo, blogs, e assim por diante. Somados, os agentes de socialização formam uma complexa série de influências sociais opostas e oportunidades de interação, o que ilustra por que a socialização jamais poderá ser um processo determinante ou totalmente direcionado, principalmente considerando-se que os seres humanos são criaturas com consciência de

SOCIALIZAÇÃO 211

si mesmos, capazes de formar suas próprias interpretações das mensagens com as quais são confrontados.

Aspectos controversos

A principal crítica às teorias da socialização é a tentação de superestimar a sua influência. Foi o que aconteceu com o funcionalismo estrutural de Parsons, considerado por alguns críticos como uma teoria que trata as pessoas como "idiotas culturais", à mercê dos agentes de socialização. Sem dúvida é verdade que algumas teorias sociológicas colocaram uma ênfase pesada na socialização para explicar como ocorre a reprodução social e cultural. Dennis Wrong (1961) combateu aquilo que considerava a "concepção supersocializada do homem [*sic*]" na Sociologia, afirmando que ela trata as pessoas como meros reprodutores de papéis que seguem *scripts* sociais de acordo com as regras sociais convencionais. Se, por outro lado, analisarmos a teoria de Sigmund Freud sobre o eu e a formação de **identidade**, é possível construir uma teoria alternativa que considera os indivíduos, até as crianças, como agentes ativos do processo em vez de instrumentos passivos. A socialização é quase sempre uma questão permeada por **conflitos** e enorme carga emocional, ao contrário do processo harmonioso narrado em alguns livros de Sociologia. Atualmente, as teorias de reprodução social e cultural são muito mais sensíveis às contradições inerentes aos processos de socialização, o que se reflete na obra de Bourdieu, Willis ou Mac an Ghaill.

Relevância contínua

Socialização é um conceito fundamental na Sociologia, ajudando a explicar como as sociedades transmitem conhecimento, regras sociais e valores de uma geração para outra. E embora se reconheça isso, a socialização *é* um processo social poderoso, principalmente na fase primária quando as crianças aprendem a controlar os impulsos e desenvolvem o conceito de eu. Ele também nos permite avaliar a importância relativa dos agentes de socialização como mídia de massa, grupos de amigos e escola no decorrer do curso de vida. Além disso, permite um trabalho comparativo que abrange os processos de socialização em diferentes sociedades e na mesma sociedade ao longo do tempo. Em suma, socialização é um conceito necessário, talvez suficiente, na explicação da mudança social bem como da reprodução social.

Um estudo fascinante dos efeitos de uma forma incomum de socialização na fase adulta pode ser encontrado no estudo de Mennesson (2009) sobre a participação dos homens em atividades – como balé – consideradas por muita gente como atividades femininas. Mennesson entrevistou catorze bailarinos de jazz e balé para tentar compreender como os homens desenvolvem o desejo por atividades femininas durante a socialização e como a identidade de gênero dos bailarinos homens pode então ser influenciada pelo ser homem em um universo "feminino". Ela detectou algumas constatações de semelhanças com mulheres que praticam esportes "masculinos" como futebol ou rúgbi. Uma "socialização de gênero às avessas" dentro de algumas configurações familiares parece produzir esses tipos de preferências, enquanto a socialização dos bailarinos homens leva a resultados específicos, com alguns bailarinos tendendo a "continuar sendo homens" e outros mais felizes descrevendo-se como masculinos e femininos.

Referências e leitura complementar

DENZIN, N. K. *Childhood Socialization*. New York: Transaction, 2009.

MACCOBY, E. E. Historical overview of socialization research and theory. In: GRUSEC, J. E.; HASTINGS, Paul D. (eds.). *Handbook of Socialization: Theory and Research*. New York: Guildford Press, 2008, p.13-41.

MENNESSON, C. Being a man in dance: socialization modes and gender identities, *Sport in Society*, 12(2), 2009, p.174-95.

WRONG, D. The over-socialized conception of man in modern sociology, *American Sociological Review*, 26, 1961, p.183-93.

TEMA 7
INTERAÇÃO E COMUNICAÇÃO

CULTURA

Definição prática

Modo de vida, incluindo conhecimento, hábitos, regras, leis e crenças, que caracteriza determinada sociedade ou determinado grupo social.

Origens do conceito

Devido à sua intrincada história, "cultura", assim como seu suposto antônimo "natureza", é uma das palavras mais complexas do vernáculo, e uma das mais difíceis de compreender. No século XV surgiu um importante significado do termo como cultura de lavouras e animais. A partir do momento que seu significado se expandiu para pessoas, cultura passou a significar o "aculturamento" da mente das pessoas. Na Alemanha do século XVIII, cultura ficou sendo o oposto de "civilização", sendo a primeira superior à segunda. No século XIX, desenvolveu-se um reconhecimento de "culturas" ou conjuntos culturais, que marca o início do uso científico social moderno. Nesse sentido, cultura se refere a todos os elementos do modo de vida de uma sociedade que podem ser aprendidos, como idioma, valores, regras sociais, crenças, hábitos e leis.

214 INTERAÇÃO E COMUNICAÇÃO

Contudo, tradicionalmente cultura não incluía artefatos materiais como prédios ou mobília, porém isso mudou com o crescente interesse dos sociólogos na "cultura material". O estudo comparativo das culturas, consequentemente, é um esforço muito abrangente.

Significado e interpretação

Durante a maior parte de sua história, a Sociologia estudou a cultura como algo intimamente associado às relações sociais e à estrutura da sociedade. Os estudos marxistas, por exemplo, costumavam interpretar todo o edifício da cultura e da produção cultural como uma superestrutura fincada nos alicerces do modo capitalista de produção. Portanto, as crenças religiosas, as ideias dominantes, os valores centrais e as regras sociais eram todos vistos como sustentáculos e legitimadores de um sistema econômico exploratório das relações sociais. Até mesmo antes da era da televisão, a Escola de Frankfurt de teoria crítica defendia que a nova cultura de massa era uma forma de **controle social** que mantinha as massas inativas e acríticas, formando-as como consumidores passivos de um entretenimento condescendente. A ironia dessa crítica marxista é que ela diferenciava a alta cultura da cultura de massa, atribuindo mais valor à primeira, ainda que fosse território das classes altas eruditas.

A reprodução cultural envolve não só a continuação e o desenvolvimento da linguagem, de valores e normas gerais, mas também a reprodução de desigualdades sociais. Por exemplo, em uma análise mais superficial, a educação deveria ser um "grande nivelador", permitindo que pessoas capacitadas de qualquer **gênero**, classe e linhagem étnica conquistassem suas ambições. No entanto, um enorme volume de trabalhos realizados durante cerca de quarenta anos demonstrou que os sistemas educacionais trabalham para reproduzir divisões culturais e sociais.

A teoria geral mais sistemática de reprodução cultural desenvolvida até hoje é a de Pierre Bourdieu (1986). Ela associa posição econômica, *status* social e capital simbólico ao conhecimento e às habilidades culturais. O conceito central da teoria de Bourdieu é o *capital*, cujas diversas formas são usadas para obter recursos e oferecer vantagens às pessoas.

CULTURA 215

Bourdieu identifica o capital social, o capital cultural, o capital simbólico e o capital econômico como formas-chave. Capital social se refere à associação e ao envolvimento nas **redes** sociais da elite; o capital cultural é adquirido dentro do ambiente da **família** e por meio da educação, normalmente resultando em certificados como títulos acadêmicos e outras credenciais; o capital simbólico se refere ao prestígio, *status* e outras formas de honrarias que permitem que aqueles com *status* elevado dominem os com *status* inferiores; e capital econômico se refere à riqueza, renda e outros recursos econômicos. Segundo Bourdieu, essas formas de capital são intercambiáveis.

As pessoas com elevado *capital cultural* conseguem trocá-lo por *capital econômico*; durante entrevistas para empregos bem remunerados, seu conhecimento e credenciais superiores lhes proporcionam vantagem em relação a outros candidatos. Pessoas com elevado *capital social* podem "conhecer as pessoas certas" ou "ingressar nos círculos sociais corretos" e conseguem trocar isso por *capital simbólico* como o respeito dos outros e maior *status* social, o que aumenta suas oportunidades de ter **poder**. Essas trocas sempre ocorrem em campos ou arenas sociais que organizam a vida social e cada campo possui suas próprias "regras do jogo" intransferíveis.

O capital cultural pode existir em um *estado incorporado*, já que o carregamos para toda parte conosco nos nossos modos de pensar, falar e nos movimentar. Pode existir em um *estado objetificado* na posse de obras de arte, livros e roupas. E pode ainda ser encontrado em *formas institucionalizadas* como qualificações educacionais, que são facilmente traduzidas em capital econômico no mercado de trabalho. Como muitos outros sociólogos constataram, a educação *não* é um campo neutro separado da **sociedade** como um todo. A cultura e os padrões dentro do sistema educacional já refletem essa sociedade, e as escolas sistematicamente beneficiam aqueles que já adquiriram capital cultural na família e por meio das redes sociais nas quais está inserido. Assim sendo, o sistema educacional exerce um papel crucial na reprodução cultural da sociedade existente com suas introjetadas desigualdades sociais.

A partir dos anos 1980, um interesse maior nos contornos da "sociedade de consumo" aproximou o estudo da cultura da Sociologia tradicional. A investigação das práticas de compra e consumo de produtos e serviços significou revisitar a crítica da cultura de massa, porém desta vez os sociólogos abordaram a questão do ponto de vista do consumidor e do público. Como a cultura de massa anteriormente uniforme se diversificou para mercados-alvo menores e de nicho, surgiu o tema do gosto e a existência de "culturas de gosto". Será que os gostos culturais das pessoas são diretamente relacionados à posição de classe, ao gênero e à **etnia** ou variam sejam quais forem as posições estruturais?

Aspectos controversos

Em muitos estudos críticos da cultura, houve o pressuposto de que a cultura popular é, de alguma forma, inferior à alta cultura. A cultura popular exige pouco esforço, educação ou conhecimento para ser apreciada, ao passo que a alta cultura demanda muito conhecimento e sensibilidade para que seja devidamente apreciada. Contudo, a legitimidade da alta cultura se sustenta na ideia implícita de que fazer o esforço vale a pena uma vez que cultiva "pessoas melhores" e uma sociedade mais civilizada. Steiner (1983) afirmava que essa alegação era definitivamente falsa. Durante a Segunda Guerra Mundial, enquanto as forças armadas alemãs realizavam o assassinato em massa nos campos de concentração europeus, aconteciam apresentações de música clássica ininterruptamente. A afirmação de que a alta cultura "civiliza", segundo Steiner, é uma total inverdade.

Os teóricos pós-modernos também concordam que a distinção entre alta cultura *versus* cultura popular não se sustenta e afirmavam que essas eram apenas preferências diferentes e opções de gosto não relacionadas a ideias de formas superiores e inferiores. A neutralização das diferenças culturais é vista por alguns como libertadora, viabilizando, pela primeira vez, o estudo sério de formas culturais populares na Sociologia. Trabalhos recentes se aprofundaram no significado cultural de Lady Gaga, David Beckham e representações de pessoas com deficiências nas novelas da TV. Outros afirmam que o verdadeiro teste do gosto cultural é como ele impacta as oportunidades de vida, como reconheceu Bourdieu.

CULTURA

Relevância contínua

A "virada cultural" dos anos 1980 nas **ciências** sociais levou o estudo da cultura para a Sociologia tradicional, e grande parte desse trabalho é revelador, explorando os papéis da produção e do consumo cultural na formação dos estilos de vida e das oportunidades de vida. O estudo da cultura também nos mostra que o mundo das representações simbólicas, do entretenimento e da mídia nos diz muito sobre as relações sociais. Contudo, críticas recentes dos estudos culturais consideram que uma grande parte desse trabalho seja "Sociologia decorativa", a qual privilegia o estudo dos textos, do **discurso** e da interpretação em detrimento das verdadeiras relações sociais e da vida real das pessoas (Rojek; Turner, 2000). Trata-se de uma preocupação legítima e os estudos da cultura precisarão garantir que as relações de poder estruturadas e o desenvolvimento histórico das instituições culturais não sejam ignorados.

Teorias recentes sobre a mescla global de culturas sofreram uma interessante guinada na análise de Giulianotti e Robertson (2006) sobre as experiências migratórias dos torcedores de Glasgow do Celtic e do Rangers nos Estados Unidos. Em vez de assimilarem a cultura esportiva mais forte dos EUA, os imigrantes escoceses neste estudo transportaram suas antigas identidades, devoções e antagonismos para o novo contexto e pouco se esforçaram para desenvolver algum interesse na cultura esportiva local. Além disso, a maioria dos membros do North American Supporters' Clubs (NASCs) se considera autenticamente "escocesa" mesmo que muitos tenham obtido cidadania canadense ou norte-americana; os clubes mantêm os tradicionais jantares em homenagem ao escocês Burns e os membros, de modo geral, mantiveram seus dialetos e sotaques. Entretanto, uma questão fundamental para os NASCs, considerando a experiência diferente de seus filhos no contexto cultural norte-americano, é "a transmissão de identidades culturais de uma geração para a outra".

Referências e leitura complementar

BOURDIEU, P. *Distinction: A Social Critique of the Judgement of Taste*. London: Routledge; Kegan Paul, 1986.
[Ed. Bras.: *A distinção: crítica social do julgamento*. São Paulo; Porto Alegre: Edusp; Zouk, 2007.]

FEATHERSTONE, M. *Consumer Culture and Postmodernism*. 2.ed. London: Sage, 2007.
[Ed. Bras.: *Cultura de consumo e pós-modernismo*. São Paulo: Studio Nobel, 1995.]

GIULIANOTTI, R.; ROBERTSON, R. Glocalization, globalization and migration: the case of scottish football supporters in North America, *International Sociology*, 21(2), 2006, p.171-98.

JENKS, C. Introduction: the analytic bases of cultural reproduction theory. In: JENKS, C. (ed.). *Cultural Reproduction*. London: Routledge, 1993, p.1-16.

ROJEK, C.; TURNER, B. S. Decorative Sociology: towards a critique of the cultural turn, *Sociological Review*, 48(4), 2000, p.629-48.

STEINER, G. *In Bluebeard's Castle*: Some Notes on the Redefinition of Culture. New Haven, CT: Yale University Press, 1983.

ESFERA PÚBLICA

Definição prática

Arena da discussão e do debate público nas sociedades modernas, podendo ser espaços formais e informais.

Origens do conceito

As democracias modernas se desenvolveram junto com a mídia de massa, sobretudo jornais, panfletos e outras publicações. Em um sentido bastante real, a **mídia de massa** possibilitou e estimulou a **cultura** democrática. A esfera pública surgiu nos salões e cafés dos séculos XVII e XVIII em Londres e Paris, bem como em outras cidades europeias, onde as pessoas se encontravam para discutir os assuntos do dia. Embora apenas

ESFERA PÚBLICA 219

uma pequena parcela da população estivesse envolvida nessa cultura, essas pessoas foram vitais para o desenvolvimento inicial da **democracia** porque os salões introduziram a ideia de solução de problemas políticos por meio do debate público. Hoje em dia, a mídia de massa é vista negativamente como algo que trivializou o processo democrático e criou um clima de hostilidade geral em relação à política. Como aconteceu uma mudança tão radical e será que ela pode ser revertida? A figura-chave nos debates sobre a esfera pública é o filósofo e sociólogo alemão Jürgen Habermas, que se aprofundou em temas da Escola de Frankfurt em diversas direções, com base em seus estudos da linguagem e do processo de democratização. Ele analisou o surgimento e o desenvolvimento da mídia de massa a partir do início do século XVIII até os dias de hoje, traçando a criação e a posterior decadência da "esfera pública".

Significado e interpretação

Para Habermas (1989 [1962]), a esfera pública é uma arena de debate público em que os assuntos de interesse geral podem ser discutidos e as opiniões podem ser formadas, o que é necessário para a efetiva participação democrática e para o processo democrático. A esfera pública – pelo menos, em princípio – envolve a reunião de indivíduos igualitariamente em um fórum para o debate público. Contudo, a promessa do desenvolvimento inicial da esfera pública não se concretizou por completo. O debate democrático nas sociedades modernas agora é sufocado pelo desenvolvimento da indústria da cultura. A disseminação da mídia de massa e do entretenimento de massa faz que a esfera pública definhe. A política é manipulada no parlamento e na mídia de massa, enquanto os interesses comerciais dominam. A "opinião pública" não é formada por discussões abertas e racionais, mas por meio da manipulação e do controle – por exemplo, na publicidade. Por outro lado, a difusão da mídia global é capaz de pressionar governos autoritários a soltarem as rédeas das grandes emissoras estatais e muitas sociedades "fechadas" como a China estão descobrindo que a mídia pode se tornar uma força poderosa no apoio da democracia.

INTERAÇÃO E COMUNICAÇÃO

Entretanto, conforme se torna cada vez mais comercializada, a mídia global invade a esfera pública da forma descrita por Habermas. A mídia comercializada fica refém do **poder** da renda de publicidade e forçada a favorecer conteúdos que assegurem elevados índices e vendas. Como resultado, o entretenimento necessariamente triunfará sobre a polêmica e o debate, enfraquecendo a participação do cidadão nas questões públicas e atrofiando a esfera pública. A mídia, que tanto prometia, agora é parte do problema. Mas Habermas continua otimista, afirmando que ainda é possível vislumbrar uma **comunidade** política para além dos **Estados-nação** individuais em que os problemas podem ser discutidos abertamente e onde a opinião pública influenciará os governos.

Richard Sennett (2003 [1977]) afirmava também que as esferas privada e pública se separaram, tanto fisicamente – com a construção de propriedades residenciais individuais, ambientes de trabalho e locais de lazer (inclusive os *shopping centers*) –, como filosoficamente – no modo como pensamos sobre a nossa vida privada individual, por exemplo. No entanto, para ele a esfera privada tende a canalizar – ou dominar – a esfera pública de modo que, por exemplo, os políticos sejam agora mais julgados por suas características pessoais, como honestidade e sinceridade, em vez de sua capacidade de desempenhar uma função pública. O advento da moderna mídia visual, sobretudo a televisão, resultou em uma apresentação altamente desenvolvida do eu [*self*] por figuras políticas cujo objetivo é atender essas expectativas de suas personalidades. Para Sennett, isso destrói a efetiva vida política e representa a decadência do cargo público marcado pelo comprometimento.

Aspectos controversos

As ideias de Habermas sofreram críticas significativas. A cultura do salão que ele defende como uma arena do debate racional e civilizado era absolutamente restrita às **classes sociais** mais elevadas e estava fora do alcance da classe trabalhadora. Tratava-se de um passatempo elitista que tinha muito pouco a ver com as necessidades da participação democrática massiva.

ESFERA PÚBLICA 221

A esfera pública também se formava excluindo alguns grupos sociais como as mulheres, as minorias étnicas e as pessoas sem posses. Ainda que limitada em sua essência, a ideia de uma esfera pública permitiu que os homens da classe média se dessem conta de si mesmos e de sua função e a apresentassem aos outros como universal. Intelectuais feministas afirmam que Habermas não dá atenção suficiente à natureza de *gênero* da esfera pública. Ao separar a esfera pública da esfera doméstica e privada, muitas questões que eram importantes para as mulheres foram simplesmente excluídas. Segundo Nancy Fraser (1992), a esfera "pública" jamais foi de fato "pública", se por "público" compreendermos aberto a todos. Alguns "públicos" – como as mulheres – tinham a participação deliberadamente vetada, o que demonstra que as relações sociais **conflituosas** corroboravam a concepção idealizada de uma esfera pública comum. O conceito de esfera pública era uma **ideologia** que ajudou a legitimar as desigualdades sociais. A visão de Habermas de que a mídia de massa contemporânea destrói a esfera pública também foi considerada como equivocada, pois a mídia hoje pode, na verdade, permitir *mais* debates públicos divulgando uma série de questões públicas e incentivando uma discussão mais ampla na **sociedade**. A internet, com seus incontáveis fóruns, blogs e salas de bate-papo, é apenas o exemplo mais recente disso, e mostra que a esfera pública pode, na verdade, estar se expandindo e não se contraindo.

Relevância contínua

As ideias de Habermas provocaram muita discussão e polêmica. Hoje, a impressão é de que perderam terreno diante de críticas daqueles que defendem a mídia de massa como, ao fim e ao cabo, uma força positiva na sociedade, mas também de pensadores pós-modernos que veem o medo e a desconfiança do público de "massa" em sua análise. As críticas são de certa forma pertinentes. Mas, mesmo assim, Habermas nos lembra com propriedade que o projeto racional e modernista ainda tem muito a oferecer à teoria social.

A mídia de massa quase sempre foi destacada como exercendo um papel fundamental na banalização da política e da vida cultural. Essa ideia é aprofundada no trabalho de Graham Murdock (2010), que analisa o crescimento da cultura das celebridades, tema bastante recente de interesse dos sociólogos. Murdock analisa mudanças na "cultura visual" a partir do advento do fotojornalismo, no início dos anos 1960, através de um estudo de dois tabloides britânicos (*The Sun* e o *Daily Mirror*). Dada a crescente volatilidade do comportamento eleitoral, os políticos foram forçados a prestar mais atenção à identidade própria e à identidade da sigla de seus partidos, o que se traduz em uma maior preocupação com a aparência e a imagem, como se vê no mundo das fotos da imprensa do mercado de massa.

É comum ver a China como um país totalmente desprovido de esfera pública, onde questões polêmicas são divulgadas e as decisões tomadas. Como alternativa, uma perspectiva corporativista estatal vê as autoridades chinesas como dispostas a permitir a criação de grupos e organizações sociais desde que obtenham autorização e aceitem a regulamentação do Estado. Contudo, uma polêmica pública na mídia acerca da construção de uma hidrelétrica no Rio Nu resultou na interrupção do projeto pelo governo chinês. Yang e Calhoun (2007) discutem esse acontecimento nos termos da emergência de uma esfera pública especificamente "verde" na China. Essa esfera pública em desenvolvimento consiste de três elementos: "a fala verde" ou o discurso ambiental, grupos que produzem e consomem a fala verde (sobretudo ONGs ambientalistas) e as formas de mídia que a divulgam. Rejeitando a posição corporativista estatal ortodoxa, os autores afirmam que ela não dá peso suficiente no atual contexto chinês a ações criativas de organizações dentro da sociedade civil.

Referências e leitura complementar

FRASER, N. Rethinking the public sphere: a contribution to the critique of actually existing democracy. In: CALHOUN, C. (ed.). *Habermas and the Public Sphere*. Cambridge, MA: MIT Press, 1992, p.109-42.

HABERMAS, J. *The Structural Transformation of the Public Sphere*. Cambridge, MA: MIT Press, 1989 [1962].

[Ed. Bras.: *A transformação estrutural da esfera pública*. São Paulo: Editora Unesp, 2013.]

IDENTIDADE 223

MCKEE, A. *The Public Sphere*: An Introduction. Cambridge: Cambridge University Press, 2005.

MURDOCK, G. F. Celebrity culture and the public sphere: the tabloidization of power. In: GRIPSRUD, J.; WEIBULL, L. (eds.). *Media, Markets and Public Spheres*: European Media at the Crossroads. Bristol: Intellect Books, 2010, p.267-86.

SENNETT, R. *The Fall of Public Man*. Cambridge: Cambridge University Press, 2003 [1977].

[Ed. Bras.: *O declínio do homem público*. São Paulo: Cia. das Letras, 1999.]

YANG, G.; CALHOUN, C. Media, civil society, and the rise of a green public sphere in China, *China Information*, 21(2), 2007, p.211-36.

IDENTIDADE

Definição prática

Aspectos característicos da personalidade de um indivíduo ou da personalidade de um grupo, relacionados ao seu sentido de si próprio [*self*].

Origens do conceito

Identidades são construídas e não inatas. Os trabalhos de Cooley (1902) e Mead (1934) no início do século XX foram importantes para o desenvolvimento de teorias sobre o eu e a identidade. A teoria do *"looking glass"*, ou autoespelho, de Cooley, afirmava que a avaliação que o outro faz de uma pessoa afeta e, potencialmente, modifica a visão que essa pessoa tem de si mesma. Contudo, a teoria de Mead foi a primeira teoria sociológica sistemática da formação e do desenvolvimento do eu que insistia que o eu não é uma parte congênita de nossa biologia, nem surge simplesmente com o desenvolvimento do cérebro humano, mas é formado na **interação** social com outros. Mead demonstrou que o estudo do eu do indivíduo não pode ser separado do estudo da **sociedade** – e isso requer uma perspectiva sociológica. O surgimento de um sentido de eu é um prelúdio necessário para a formação de uma identidade pessoal.

INTERAÇÃO E COMUNICAÇÃO

Os estudos sobre identidade se proliferaram nos últimos trinta anos, conforme fontes coletivas anteriormente mais sólidas enfraqueceram diante do **consumismo** e de uma individualização exacerbada, o que possibilita mais flexibilidade na formação das identidades.

Significado e interpretação

A identidade de uma pessoa é, basicamente, sua própria compreensão de quem ela é como indivíduo. No entanto, as identidades possuem nítidos aspectos sociais, porque a nossa identidade está relacionada às identidades de outras pessoas e as identidades dessas pessoas estão relacionadas à nossa. Em outras palavras, as identidades humanas são tanto pessoais como sociais porque são formadas nos contínuos processos de interação. Jenkins (2008) identifica três partes centrais de uma identidade: um elemento individual ou pessoal, um elemento coletivo ou social e a personificação de uma identidade. É importante incluir esta última, pois a identidade está sempre integrada ao corpo físico de uma pessoa. As identidades são formadas por diversas fontes e possuem muitas camadas.

Existe uma distinção básica entre identidades primárias e secundárias, associada aos processos de **socialização** primários e secundários. As identidades primárias são aquelas formadas no início da vida, como identidade de gênero ou etnia, enquanto as identidades secundárias se formam a partir dessas e ainda incluem papéis sociais, ocupações e posições de *status*. A tomada de consciência disso deixa claro que as identidades são complexas e fluidas, modificando-se conforme as pessoas adquirem novos papéis ou abandonam papéis antigos. Também significa que a identidade raramente é fixa, mas está em constante processo de mudança. Uma importante consequência desse processo é que as identidades acentuam semelhanças e diferenças. A nossa identidade individual quase sempre parece exclusiva e diferente da dos outros. Nomes, por exemplo, são uma ilustração das diferenças individuais. Atualmente, muitos pais se empenham para encontrar um nome diferente para os filhos, um nome que os destaque como alguém especial, em vez de

IDENTIDADE 225

escolher nomes da **"família"** ou nomes muitos comuns. Por outro lado, as identidades coletivas deixam à mostra as semelhanças com os outros. Para se identificar e ser identificado pelos outros como, por exemplo, classe trabalhadora, um ambientalista ou sociólogo profissional pode ser fonte de orgulho e solidariedade de grupo ou até mesmo vergonha.

Qualquer que seja a percepção que temos de nossa própria identidade, as identidades individuais e sociais são intimamente ligadas dentro do eu corporificado. Um bom exemplo desse vínculo próximo entre identidade social e corporificação pode ser encontrado no estudo do **"estigma"** de Goffman (1990 [1963]). Ele mostra como as pessoas com deficiência, por exemplo, podem ser estigmatizadas mais prontamente com base em limitações físicas imediatamente visíveis (estigma desacredita*do*), o que torna as identidades individuais mais difíceis de "administrar" do que as limitações não físicas, que são mais facilmente ocultadas (estigma desacreditá*vel*). Para Goffman, a vida social é como uma peça interpretada por atores sobre o palco – ou diversos palcos – porque o modo como agimos depende dos papéis que estamos executando em um determinado momento. As pessoas são sensíveis a como os outros as veem e se valem de muitas formas de manipulação das impressões para induzir os outros a reagirem a elas das formas que elas desejam.

As influências sociais sobre a identidade de gênero passam por diversos canais distintos. Estudos sobre as interações pais-filhos, por exemplo, demostraram nítidas diferenças no tratamento de meninos e meninas mesmo quando os pais acreditavam que as suas reações fossem iguais para ambos. Os brinquedos, livros ilustrados e programas de televisão expostos às crianças pequenas tendem a enfatizar as diferenças entre atributos masculinos e femininos; embora a situação esteja mudando, personagens masculinos costumam fazer papéis mais ativos e aventureiros, enquanto as femininas são retratadas como passivas, cuidadosas e focadas no lar. Pesquisas feministas demonstraram como os produtos culturais e de mídia comercializados para públicos infantis carregam em si atitudes tradicionais ligadas a gênero e aos tipos de objetivos e ambições que se esperam de meninas e de meninos.

Aspectos controversos

Algumas teorias recentes confrontam a própria noção de "identidade" como algo relativamente fixo ou atribuído às pessoas por agentes socializadores. Na mesma linha de Foucault, elas argumentam que gênero e **sexualidade**, junto com todos os outros termos que acompanham esses conceitos, constituem-se em um **discurso** específico da sexualidade e não se referem a algo objetivamente real. Por exemplo, Foucault afirmava que a identidade homossexual masculina que hoje é associada a homens gays não fazia parte do discurso dominante sobre sexualidade no século XIX e antes dele. Portanto, essa forma de identificação simplesmente não existia para as pessoas até ela passar a fazer parte dos discursos de medicina e psiquiatria, ou ser criada dentro desses discursos. As identidades podem, então, ser vistas como pluralistas, bastante instáveis e sujeitas a mudanças radicais ao longo da vida.

Relevância contínua

Identidade é um conceito que cresceu em importância e em diversos campos de especialidades. Os estudos dos movimentos sociais hoje em dia se aprofundam em como a identidade coletiva é construída, os estudos de classe analisam a mudança de identificação com grupos de classes sociais e os sociólogos da saúde mostram como a identidade pessoal pode ser desorganizada quando do acometimento e avanço de doenças crônicas. O conceito de identidade agora está muito bem estabelecido na Sociologia e é usado para estudar muitos temas novos.

Para a maioria das pessoas existe uma divisão clara entre a identidade que elas executam no trabalho e aquela presente no ambiente privado e familiar. No entanto, em alguns locais de trabalho houve uma tentativa de "humanizar" o ambiente de trabalho (sobretudo escritórios, centrais de atendimento e outros locais de trabalho voltados para a área de serviços), criando oportunidades e construindo ambientes para a prática de inúmeras atividades "divertidas". Em uma análise da literatura sobre esse assunto, Baldry e Hallier (2010) afirmam que, apesar de seus aspectos

IDENTIDADE 227

atraentes, esse tipo de iniciativa pode sair pela culatra. Os funcionários podem se ofender por entenderem isso como uma invasão da gerência em suas identidades privadas e como tentativas de modificar seus valores. Em vez de "lubrificar as rodas" da produtividade, a diversão no ambiente de trabalho pode resultar na exacerbação dos níveis de **alienação**.

Desde a década de 1980 há um interesse restaurado nos movimentos sociais como fontes de identidade, e Saunders (2008) explora as identidades coletivas criadas dentro de organizações de movimentos ambientais. Os movimentos são coletividades de base ampla focadas em algumas ideias centrais ou preferências ideológicas. No entanto, a solidariedade dentro dos movimentos tende a ser criada em algumas das organizações de movimentos sociais (como Greenpeace ou Earth First!) que se constituem nesse movimento mais amplo. Como os ativistas tendem a criar identidades dentro das organizações, sua lealdade é forte e, paradoxalmente, pode ser uma das causas de cisões internas muito comuns em redes de movimentos sociais.

Referências e leitura complementar

BALDRY, C.; HALLIER, J. Welcome to the house of fun: work space and social identity, *Economic and Industrial Democracy*, 31(1), 2010, p.150-72.

COOLEY, C. H. *Human Nature and the Social Order*. New York: Scribner's, 1902.

GOFFMAN, E. *Stigma: Notes on the Management of Spoiled Identity*. London: Penguin, 1990 [1963].

ELIAS, N. *Homo clausus* and the civilizing process. In: DU GAY, P.; EVANS, J.; REDMAN, P. (eds.). *Identity*: A Reader. London: Sage, 2000, p.284-96.

JENKINS, R. *Social Identity*. London: Routledge, 2008.

MEAD, G. H. *Mind, Self and Society*. Ed. C. W. Morris. Chicago: University of Chicago Press, 1934.

[Ed. Bras.: *Mente, Self e sociedade*. São Paulo: Ideias e Letras, 2010.]

SAUNDERS, C. Double-edged swords? Collective identity and solidarity in the environmental movement', *British Journal of Sociology*, 59(2), 2008, p.227-53.

IDEOLOGIA

Definição prática

Ideias do "senso comum" e crenças disseminadas em uma **sociedade** que servem, quase sempre indiretamente, aos interesses de grupos dominantes, legitimando a posição desses grupos.

Origens do conceito

O conceito de ideologia foi usado pela primeira vez na França ao final do século XVIII para descrever uma suposta **ciência** das ideias e do conhecimento – uma ideia-logia. Nesse sentido, a ideologia deveria ser uma disciplina próxima da Psicologia ou da Ecologia. Essa concepção de ideologia hoje é interpretada como "neutra", o que não implica que as ideias sejam tendenciosas ou equivocadas, mas simplesmente que existe uma diversidade de ideias na sociedade que podem ser estudadas e comparadas. Nas décadas de 1930 e 1940, Karl Mannheim tentou recuperar essa ideia em sua Sociologia do Conhecimento, que associava modos particulares de pensamento às suas bases sociais. Mannheim pensava que, por exemplo, o conhecimento produzido em contextos de diferentes **classes sociais** só poderia ser parcial e que uma Sociologia do conhecimento deveria ter por objetivo reunir as diversas interpretações a fim de produzir uma melhor compreensão da sociedade como um todo. O conceito neutro de ideologia não se comprovou exatamente popular.

Uma versão muito mais crítica da ideologia foi a concepção dominante na Sociologia. Para Karl Marx, a ideologia é um importante fator na perpetuação da dominação da classe capitalista. Segundo ele, grupos poderosos conseguem controlar as ideias dominantes em circulação na sociedade, legitimando sua própria posição privilegiada. Portanto, as ideias dominantes de cada era são as ideias que dão suporte à classe dominante. A ideologia é um obstáculo à igualdade. Os marxistas que vieram depois dedicaram bastante tempo teorizando sobre como as ideologias poderiam ser combatidas para aumentar a conscientização dos trabalhadores de sua exploração. Para eles, os analistas sociais deveriam expor as distorções da ideologia para permitir que os fracos obtivessem uma verdadeira perspectiva de suas vidas como primeiro passo para uma atitude para melhorar suas condições de vida. Atualmente, o conceito de ideologia também não é usado como nas décadas de 1970 e 1980, e é muito mais provável que o interesse sociológico no **poder** das ideias se inspire no conceito foucaultiano dos **discursos** e seus efeitos, que desvia o foco das ideias e crenças para o uso da linguagem, do discurso e das fontes documentais. No entanto, os dois conceitos não são necessariamente opostos.

Significado e interpretação

Descrever uma ideia ou declaração como "ideológica" é sugerir que em algum aspecto significativo ela é falsa, enganosa ou um relato parcial da realidade e, portanto, uma ideia que pode e deve ser corrigida. O conceito de ideologia, então, implica a possibilidade de se chegar aos fatos ou à verdade sobre a sociedade. Nos estudos da ideologia prevaleceu a tradição marxista, segundo a qual as ideologias são intimamente relacionadas à dominação de classe. As crenças religiosas de ordem natural, conforme sugerem frases como "O rico em seu castelo, o pobre ao seu portão, Deus os criou, nobres ou humildes, e determinou o seu quinhão", são uma notória fonte de ideologia. Para a teoria marxista, essas ideias transbordam o propósito ideológico, buscando convencer os despossuídos e explorados de que a desigualdade é algo natural e que sua posição inferior na sociedade foi uma ordem de Deus.

No século XX, os membros da Escola de Frankfurt neomarxista de teoria crítica estudaram o que denominaram como "indústria da **cultura**" do cinema, TV, música popular, rádio, jornais e revistas, alegando que, nas sociedades de massa, a produção cultural se tornou tão orientada para o lucro quanto qualquer outro setor, fabricando em enormes quantidades produtos padronizados com pouco valor real. As diferenças culturais foram niveladas e os produtos culturais são destinados ao maior público possível. Para a Escola de Frankfurt, esse nivelamento significa que a cultura de massa não é estimulante nem educativa, mas reconfortante e inerte, desencorajando a crítica e incentivando a passividade. Um dos aspectos úteis do conceito crítico da ideologia é o modo como ele associa as ideias e os produtos culturais ao poder e às relações de poder. Ideologia diz respeito ao exercício do poder simbólico – como as ideias são usadas para ocultar, justificar ou legitimar os interesses de grupos dominantes.

O Glasgow Media Group produziu um trabalho com enfoque nas reportagens de noticiários, destacando os aspectos ideológicos do processo ostensivamente neutro de coleta e reportagem das notícias. Em uma série de estudos empíricos usando técnicas de análise de conteúdo, o grupo mostrou como os noticiários de TV são sistematicamente tendenciosos. Por exemplo, nas coberturas sobre conflitos em fábricas, os noticiários tendem a favorecer os pontos de vista do governo e da gerência em detrimento dos trabalhadores em greve. Sobre a gerência, dizem que fazem "ofertas", ao passo que sobre os trabalhadores e sindicatos dizem que fazem "demandas" e as reportagens sobre as relações na indústria são apresentadas de uma maneira seletiva e tendenciosa. Os jornalistas, de modo geral, têm origem na classe média e sua visão está de acordo com a dos grupos dominantes da sociedade, que inevitavelmente veem os grevistas como perigosos e irresponsáveis. A principal conclusão desse trabalho é que o noticiário é seletivo e jamais neutro ou "objetivo". O noticiário é mais um produto cultural que reflete a sociedade desigual em que ele se insere e, como tal, é mais uma fonte de ideologia.

Aspectos controversos

Como as comunicações em **mídia de massa** se expandiram em uma enorme variedade de formas contemporâneas e na proporção da população global que fica exposta a ela, o escopo de produção de ideologia aumentou. As coisas podem estar mudando, porém, à medida que formas mais interativas como sites, salas de bate-papo e blogs ganham destaque, sendo que todos eles viabilizam uma relação e uma **interação** mais direta entre os produtores de conteúdo e os seus públicos. Escrever em blogs, enviar tweets, tudo isso está se tornando fonte de informação independente e exerceu o seu papel em alguns **conflitos** recentes, oferecendo às pessoas uma alternativa aos canais de televisão e reportagens convencionais no relato das zonas de conflitos.

Alguns produtores de notícias acusaram os pesquisadores do Glasgow Media Group de exercerem sua própria visão tendenciosa, que defende os grevistas e não o governo e a gerência. Eles ressaltaram que, enquanto o *Bad News*, por exemplo, continha um capítulo sobre "Os sindicatos e a mídia", não havia nenhum capítulo sobre "A gerência e a mídia", o que seria indicativo do viés "ideológico" da parte deles. Harrison (1985) obteve acesso às transcrições de transmissões de notícias da ITN no Reino Unido no período coberto pelo estudo original de 1976 e afirmou que os cinco meses analisados não foram típicos. Um número anormal de dias foi perdido por causa da ação industrial durante o período, e seria impossível para o noticiário dar conta de tudo isso. Segundo ele, o grupo estava errado em afirmar que os noticiários se concentravam demais nos efeitos das greves, já que um número muito maior de pessoas foi afetado pelas greves do que o número de pessoas que participaram delas. Em suma, diziam que os noticiários não eram ideologicamente tendenciosos.

Relevância contínua

O conceito de ideologia foi historicamente associado ao marxismo e seu destino foi inextricavelmente associado a ele. Com o colapso do comunismo soviético e o aparente triunfo do **capitalismo** neoliberal a partir da década de 1980, poderíamos supor que o conceito de ideologia perderia terreno. De fato, se analisarmos a quantidade de artigos que mencionam "discurso" comparados com os que usam "ideologia", é possível perceber que a influência de Foucault desviou o interesse dos sociólogos para os discursos sociais e as práticas discursivas. A partir da década de 1970 houve diversas tentativas de descartar o conceito de ideologia, porém até agora as diversas teses sobre o "fim da ideologia" parecem prematuras. Enquanto a Sociologia estudar as sociedades

232 INTERAÇÃO E COMUNICAÇÃO

divididas em classes haverá um lugar para os estudos da ideologia, que forma um importante aspecto da nossa compreensão sobre a reprodução cultural.

Referências e leitura complementar

FREEDEN, M. *Ideology: A Very Short Introduction*. Oxford: Oxford University Press, 2003.

HARRISON, M. *TV News: Whose Bias?* Hermitage, Berks: Policy Journals, 1985.

HEYWOOD, A. *Political Ideologies: An Introduction*. 5.ed. Basingstoke: Palgrave Macmillan, 2012.

ZEITLIN, I. M. *Ideology and the Development of Sociological Theory*. 4.ed. Englewood Cliffs, NJ: Prentice Hall, 1990.

INTERAÇÃO

Definição prática

Qualquer forma de encontro social, em situações formais ou informais, entre dois ou mais indivíduos.

Origens do conceito

O estudo de diversas formas aparentemente insignificantes de encontros sociais é de importância fundamental na Sociologia e se originou a partir da década de 1920 como o conceito central dentro da tradição interacionista simbólica. As rotinas cotidianas fornecem estrutura e formam a nossa vida, e podemos aprender muito sobre nós mesmos a partir do estudo delas. Em geral, as interações sociais envolvem as trocas focadas e não focadas. Erving Goffman denomina um evento de interação focada como "encontro" e grande parte da nossa vida cotidiana consiste em encontros com outras pessoas – **família**, amigos, colegas –, normalmente tendo como pano de fundo a interação não focada com outros presentes na cena. Outras perspectivas dentro da tradição da ação social,

INTERAÇÃO 233

incluindo a fenomenologia e a etnometodologia, também se concentraram nas interações sociais. Os fenomenologistas estudam como as pessoas adquirem as suas premissas óbvias sobre o mundo, enquanto a etnometodologia explora os métodos usados pelas pessoas na vida cotidiana para dar sentido e estruturar seus mundos.

Significado e interpretação

A interação social pressupõe inúmeras formas de comunicação não verbal – o intercâmbio de informações e significados através de expressões faciais, gestos e movimentos do corpo. Um dos principais aspectos da comunicação não verbal é a expressão facial da emoção. Quando comparamos a face humana com a de outras espécies, ela se mostra visivelmente flexível e capaz de manipulação. Segundo Norbert Elias (1987), o estudo da face mostra como os seres humanos, assim como todas as outras espécies, desenvolveram-se naturalmente durante um longo período, mas também que a base biológica foi sufocada pelas características culturais no processo de desenvolvimento social. A face humana é nua e muito flexível, capaz de se contorcer em diversos tipos de caretas. Portanto, para Elias, esse desenvolvimento está intimamente relacionado ao "valor de sobrevivência" evolucionário dos sistemas de comunicação eficazes, e os humanos transmitem inúmeras emoções apenas pelo "painel de sinalização" da face. Assim sendo, usamos as expressões faciais e os gestos corporais de outras pessoas para acrescentar ao que elas comunicam verbalmente e para verificar até que ponto são sinceras naquilo que dizem e se podemos ou não confiar nelas.

Embora utilizemos rotineiramente as dicas não verbais em nosso comportamento e entendimento do comportamento dos outros, grande parte da nossa interação ocorre pela fala – trocas verbais casuais – nas conversas com os outros. Os sociólogos sempre admitiram que a linguagem é fundamental para a vida social. Uma das abordagens especificamente preocupada em como as pessoas usam a linguagem em contextos comuns do cotidiano é a etnometodologia – o estudo dos "etnométodos" – os métodos populares ou laicos usados pelas pessoas para *compreender* o que os outros fazem e, sobretudo, o que dizem (Garfinkel, 1984). Todos nós empregamos esses métodos, em geral sem precisar dedicar qualquer atenção consciente a eles. Quase sempre nós só conseguimos compreender o que é dito em uma conversa se conhecemos o contexto social, que não aparece nas palavras propriamente ditas. As formas mais inconsequentes de conversas diárias pressupõem um conhecimento complicado e compartilhado trazido à tona por quem fala. As palavras usadas nas conversas cotidianas nem sempre têm significados precisos, e nós "consertamos" o que queremos dizer por meio das suposições não declaradas que as sustentam.

Como as interações se constroem por um contexto social mais amplo, a comunicação tanto verbal quando não verbal pode ser percebida e expressada de modo diferente por homens e mulheres. Nas sociedades em que os homens, de maneira geral, dominam as mulheres seja na vida pública ou privada, os homens podem se sentir mais livres do que as mulheres para estabelecer contato visual com desconhecidos. Um homem que encara uma mulher pode ser interpretado como se agisse de forma "natural" ou "inocente", e se a mulher se sentir desconfortável ela pode evitá-lo desviando o olhar. Contudo, uma mulher que encara um homem costuma ser interpretada como agindo de uma maneira sugestiva ou que insinue sexo. Nas comunicações não verbais, os homens tendem a ficar mais relaxados do que as mulheres, sentando-se espalhados com as pernas abertas, enquanto as mulheres mantêm uma posição corporal mais fechada, sentando-se retas com as mãos sobre as coxas e as pernas cruzadas. Algumas pesquisas também mostraram que as mulheres procuram e interrompem o contato visual com mais frequência do que os homens. Essas interações aparentemente pequenas em escala e em nível micro são indícios sutis que demonstram o **poder** dos homens sobre as mulheres na **sociedade** como um todo.

Aspectos controversos

Os sociólogos estudam algum tipo de interação em quase todo projeto de pesquisa, seja ela em trocas em níveis micro ou interações entre

INTERAÇÃO 235

Estados na arena internacional da política global. No entanto, muitos consideram que a perspectiva interacionista ignora questões de estrutura social, que formam o tipo e a qualidade das interações, concentrando-se em interações cara a cara. De fato, alguns teóricos do nível micro negam que sequer exista algo como estruturas sociais, afirmando que o foco dos sociólogos deve estar nas relações e interações sociais que continuamente recriam a ordem social, e é essa ordem social disciplinada em rotinas que alguns confundem com estruturas sociais palpáveis. Outros sociólogos que de fato discutem a estrutura social acreditam que, embora não consigamos ver as estruturas, seus efeitos são reais e observáveis. Afinal de contas, não enxergamos a gravidade, mas os cientistas parecem não ter problemas para inferir a existência dela medindo seus efeitos em outros fenômenos observáveis.

Relevância contínua

O conceito de interação é tão fundamental que sem ele seria difícil "fazer Sociologia". O conceito também se provou consideravelmente flexível e adaptativo e foi aplicado em muitas áreas diferentes da existência humana. Prova disso pode ser encontrada nos mais recentes círculos de estudos focados na compreensão das interações sociais no ciberespaço, um ambiente mediado tecnologicamente que é, em vários aspectos, muito diferente do mundo cotidiano do cara a cara. É provável que o estudo de tais interações muito diferentes exija novos conceitos para ampliar o nosso entendimento da interação social.

Compreender a interação social e de comunicação em ambientes virtuais é um campo de pesquisa que está crescendo. Thomas Ploug (2009) afirma que existem algumas diferenças cruciais entre as interações das pessoas e o comportamento ético dentro e fora do ciberespaço. Por exemplo, no ciberespaço, as pessoas costumam ter a percepção de que o ambiente *on-line* é de alguma forma "não real" ou não tão real como o mundo físico que habitam. Ploug sugere que isso influencia o modo como lidam com a moralidade no mundo *on-line*, cujos ambientes também tendem a apresentar certa falta de poder de persuasão comparado a constatações no "mundo real". Existem supostamente mais episódios de discussões e expressões de descontentamento nas interações *on-line* do que nas cara a cara, e as desavenças são expressas de formas muito mais incisivas e muitas vezes ofensivas ou abusivas. Tudo isso sugere que existe uma necessidade de entender exatamente como e por que os ambientes *on-line* parecem produzir padrões éticos diferentes e quais consequências isso pode gerar para as futuras interações *on-line*.

Referências e leitura complementar

ELIAS, N. On human beings and their emotions: a process-sociological essay, *Theory, Culture and Society*, 4(2-3), 1987, p.339-61.

GARFINKEL, H. *Studies in Ethnomethodology*. 2.ed. rev. Cambridge: Polity, 1984.

GOFFMAN, E. *Interaction Ritual*: Essays in Face-to-Face Behaviour. 2.ed. New Brunswick, NJ: Aldine Transaction, 2005 esp. Introdução de Joel Best.

PLOUG, T. *Ethics in Cyberspace*: How Cyberspace May Influence Social Interpersonal Interaction. New York: Springer, 2009.

TEN HAVE, P. *Understanding Qualitative Research and Ethnomethodology*. London: Sage, 2004, esp. caps. 2 e 3.

MÍDIA DE MASSA

Definição prática

Formas de comunicação como jornais, revistas, rádio, televisão e cinema, criadas para alcançar grandes públicos.

Origens do conceito

Durante a maior parte da história humana, o principal meio de comunicação foi a fala, nada além da comunicação direta realizada cara a cara. Nas **culturas** orais, as informações, as ideias e o conhecimento eram transmitidos de uma geração para a outra no boca a boca. Uma vez que o falado passou a ser escrito e armazenado, as primeiras culturas escritas começaram a surgir, primeiramente na China, por volta de 3 mil anos atrás. Um importante precursor da mídia de massa moderna em meados do século XV foi a prensa de tipo móvel de Gutenberg, que permitia a reprodução de textos. A transmissão mais imediata de mensagens se tornou possível com a invenção do rádio e da televisão, ambos com incontestável popularidade. A televisão, em particular, atraiu o interesse de sociólogos, tanto em termos de qualidade de conteúdo como pelo alcance de uma população global. Ao final do século XX, novas tecnologias digitais, como telefone celular, *videogame*, televisão digital e internet, mais uma vez revolucionaram a mídia de massa, lançando a possibilidade da mídia interativa cujo impacto ainda está para ser totalmente compreendido e avaliado pela Sociologia.

Significado e interpretação

Os primeiros trabalhos sociológicos sobre mídia de massa tinham uma tendência funcionalista, analisando as funções integrativas da mídia. Por exemplo, a mídia produz um fluxo contínuo de informações sobre a **sociedade** e o mundo como um todo, o que cria uma experiência compartilhada de modo que todos nós nos sentimos parte do mesmo mundo. A mídia de massa também explica os eventos mundiais e auxilia a nossa compreensão, exercendo um importante papel na **socialização** das crianças. Além disso, o conteúdo da mídia diverte, oferecendo uma bem-vinda libertação do universo mundano do trabalho. Contudo, o principal problema dessas análises é que parecem apenas descrever alguns aspectos positivos da mídia de massa e ignorar as interpretações ativas do próprio público. O grave é que as análises funcionalistas não levam em consideração os enormes **conflitos** de interesses e a produção de **ideologia** destinada a perpetuar as desigualdades existentes.

Por outro lado, os enfoques político-econômicos mostram como os principais meios de comunicação passaram a ser propriedade de interesses privados. Por exemplo, durante o século XX, alguns "barões da imprensa" eram donos da maioria da imprensa no período pré-guerra e conseguiram estabelecer a pauta das notícias e as interpretações dessas notícias. Na era global, a propriedade da mídia transpõe as fronteiras nacionais e os magnatas da mídia agora são donos de corporações de mídia transnacionais, dando a elas reconhecimento e influência internacional. Assim como em outros setores, os interesses econômicos na propriedade da mídia trabalham para excluir essas vozes destituídas de **poder** econômico, e aqueles que *de fato* sobrevivem são aqueles com menos propensão a criticar a distribuição prevalecente de riqueza e poder.

Os estudos com base interacionista simbólica se popularizaram nos últimos anos. Thompson (1995) analisou a relação entre a mídia e o desenvolvimento das sociedades industriais, fazendo a distinção entre a **interação** *cara a cara*, a *interação mediada*, em que há envolvimento da tecnologia da mídia, e a *semi-interação mediada*, em que a interação atravessa o tempo e o espaço, mas não conecta os indivíduos diretamente. Os dois primeiros tipos são "dialogais" – conversas ou telefonemas em que os indivíduos se comunicam de forma direta –, mas o terceiro é "monologal" – um programa de TV, por exemplo, é uma forma de comunicação unidirecional. A mídia de massa modifica o equilíbrio entre o público e o privado, levando mais informações para o domínio público do que anteriormente e criando diversas vias de debate.

Segundo Jean Baudrillard, a chegada da mídia de massa, sobretudo da mídia eletrônica como a televisão, transformou a própria natureza da nossa vida. A TV não é simplesmente uma "representação" do mundo, mas cada vez mais define o que realmente é o mundo em que vivemos. Portanto, a fronteira entre realidade e representação ruiu e não é mais possível separar realidade de representação da mídia. Para Baudrillard, ambas fazem *parte do* mundo hiper-real. Hiper-realidade é um mundo em que a máxima garantia de autenticidade e realidade deve ser vista na TV e na mídia – ser "mais real do que o real". Isso pode ser parte de uma explicação para o crescimento da nossa cultura de celebridades, em que o único sinal genuinamente aceitável de sucesso e importância é aparecer na TV ou em revistas da moda.

Aspectos controversos

Pesquisas demonstraram repetidas vezes que as representações de meninas e mulheres na mídia de massa lançam mão de estereótipos tradicionais dos papéis de **gênero**. As mulheres são convencionalmente exibidas em funções domésticas como esposas e donas de casa, como objetos de desejo sexual masculino ou em situações profissionais que são extensões da função doméstica – como enfermeiras, cuidadoras ou secretárias. Essas representações foram bastante consistentes nos noticiários, na ficção e nos programas de entretenimento. As representações da mídia de minorias étnicas e pessoas com deficiência também são consideradas como reforços de estereótipos, e não combates a eles. Até pouco tempo atrás, as pessoas negras e asiáticas eram notadamente mantidas de fora da televisão tradicional. Mesmo quando apareciam – por exemplo, em noticiários e documentários –, eram tratadas como grupos sociais problemáticos. Pessoas com deficiência são totalmente excluídas da ficção e do entretenimento da TV e, quando aparecem, é de forma caricata, entre criminosos e personagens mentalmente instáveis ou enquadrados entre os "maus, loucos e tristes". Os sociólogos afirmam que as representações da mídia não são a *causa* da discriminação, mas as representações estereotipadas podem *reforçar* ideias negativas preexistentes sobre alguns grupos sociais.

Um grande volume de teoria crítica da mídia trata a massa de pessoas como destinatários passivos das mensagens da mídia, em vez de sujeitos capazes de interagir ou até mesmo confrontá-las. Contudo, diversas organizações de **movimentos sociais**, como o Greenpeace, de fato tentam competir com a mídia de massa, criando versões alternativas da realidade que motivam o ativismo ambiental informal. Estudos recentes sobre públicos também trouxeram equilíbrio ao debate, revelando que as pessoas são consumidores ativos muito capazes de interpretar e criticar o conteúdo midiático.

Relevância contínua

As teorias sociológicas das diversas formas de mídia nos mostram que elas jamais podem ser consideradas politicamente neutras ou socialmente benéficas. Ao mesmo tempo, porém, as mazelas do mundo não podem ser depositadas na conta da mídia de massa, e devemos partir do princípio de que as pessoas não são "idiotas culturais" incapazes de detectar o caráter tendencioso. O próximo estágio para os sociólogos da mídia será estudar a nova mídia digital, que também pode significar criar novas teorias capazes de compreendê-la melhor. Parece improvável que as teorias desenvolvidas para analisar a televisão e o rádio servirão para entender a internet.

Os noticiários são muitas vezes culpados por criar alardes para a saúde, exagerando os **riscos** associados a determinados vírus ou doenças. No entanto, a análise do conteúdo de revistas realizada por Clarke e Everest (2006) no Canadá investigou uma questão mais comum, ou seja, a cobertura sobre câncer na mídia impressa que, segundo eles, geralmente vincula-se ao medo e à ansiedade no contexto de novas descobertas médicas como possíveis "curas". O câncer, em particular, era retratado como algo quase inevitável, apresentado por meio de conjuntos de características assustadoras, normalmente combinadas com medo e ambientadas no discurso médico. Além disso, as revistas se concentravam sobretudo no câncer de mama e não em outros tipos. Uma das consequências desse tipo de representação é o agravamento dos temores do público em relação ao câncer e o modelo médico como a moldura discursiva dominante para tratar o tema.

O noticiário sobre assuntos polêmicos foi alvo de muitas pesquisas e, nos Estados Unidos, assim como em todos os lugares, há um interesse na cobertura do terrorismo e das políticas governamentais. Altheide (2007) realizou uma análise qualitativa das fontes da mídia norte-americana após os ataques terroristas de Onze de Setembro de 2011. Segundo ele, mudanças anteriormente significativas na política externa norte-americana não eram noticiadas pelas grandes organizações jornalísticas e, portanto, enfrentavam pouca ou nenhuma resistência. Depois do Onze de Setembro, as mensagens da mídia sobre o governo receberam um novo delineamento capaz de fundir a nova pauta da "guerra ao terror" com o antigo discurso do "medo da criminalidade". O resultado é a apresentação da vida cotidiana como cada vez mais perigosa e arriscada.

Referências e leitura complementar

ALTHEIDE, D. The mass media and terrorism, *Discourse and Communication*, 1(3), 2007, p.287-308.

CLARKE, J. N.; EVEREST, M. M. Cancer in the mass print media: fear, uncertainty and the medical model, *Social Science and Medicine*, 62(10), 2006, p.2591-600.

FLEW, T. *New Media: An Introduction*. Melbourne: Oxford University Press, 2008, esp. cap. 4.

TAKAHASHI, T. *Audience Studies*: A Japanese Perspective. London: Routledge, 2010, esp. Introdução.

THOMPSON, J. B. *The Media and Modernity*: A Social Theory of the Media. Cambridge: Polity, 1995.

[Ed. Bras.: *Mídia e modernidade*: uma teoria social da mídia. Petrópolis: Vozes, 2011.)

TEMA 8
SAÚDE, DOENÇA E CORPO

BIOMEDICINA

Definição prática

Modelo ocidental de prática médica em que a doença é definida objetivamente de acordo com a presença de sintomas físicos reconhecidos. Nele, buscam-se tratamentos médicos de derivação científica para recuperar a saúde do corpo.

Origens do conceito

Nas **culturas** pré-modernas, a **família** era a principal instituição a lidar com doenças e enfermidades. Por exemplo, sempre houve pessoas especializadas na cura usando uma mistura de remédios físicos e mágicos. Muitos desses remédios tradicionais sobrevivem até hoje em culturas não ocidentais no mundo todo, e a maioria deles entra agora na categoria do que se definiu como "medicina alternativa". "Alternativa" porque, durante mais de duzentos anos, houve um domínio das ideias ocidentais sobre medicina, como comprova o modelo biomédico de saúde. A biomedicina passou a dominar, assim como os métodos científicos modernos em que ela se baseia. A aplicação da **ciência** ao diagnóstico médico e à cura é a principal característica do desenvolvimento dos sistemas de saúde modernos. A doença passou a ser definida objetivamente, em termos de "sinais" objetivos detectáveis localizados no corpo em contraponto aos sintomas vivenciados pelo paciente. O tratamento médico formal por "especialistas" treinados ficou sendo a maneira aceita de tratar doenças físicas e mentais. A medicina também se transformou em ferramenta de reabilitação de comportamentos ou condições considerados "fora do padrão" – do crime à homossexualidade e doenças mentais.

Significado e interpretação

O modelo biomédico de saúde possui diversos elementos centrais. A doença é considerada como uma falha no corpo humano que o retira de seu estado "normal" ou "saudável". Para recuperar a saúde do corpo, a causa da doença precisa ser isolada, tratada e eliminada. A biomedicina trata mente e corpo separadamente, portanto, quando os pacientes passam em consulta para obter um diagnóstico, os profissionais da medicina os enxergam como "corpos doentes", e não como indivíduos completos. O foco está na cura da doença, que pode ser investigada e tratada isoladamente de todos os fatores pessoais. Os especialistas médicos adotam um "olhar clínico", uma abordagem à parte voltada à observação e ao tratamento do doente. O tratamento deve ser realizado de uma maneira neutra e isenta de valor, com informações coletadas e compiladas, em termos clínicos, na ficha oficial do paciente. Especialistas médicos devidamente treinados são considerados os únicos especialistas no tratamento de doenças e a profissão médica segue um código de ética reconhecido. Não sobra espaço para curandeiros autodidatas ou práticas médicas "não científicas". O hospital figura como o ambiente mais apropriado para tratar doenças graves, já que esses tratamentos muitas vezes contam com alguma combinação entre tecnologia, medicação ou cirurgia.

Aspectos controversos

Nos últimos trinta anos, o modelo biomédico foi alvo crescente de críticas, e grande parte da literatura sociológica nessa área mantém um tom crítico. Alguns estudiosos afirmam que a eficácia da medicina científica é superestimada. Em particular, alguns historiadores da medicina alegam que, a despeito do prestígio conquistado pela medicina moderna, as melhorias na saúde geral das populações têm muito pouco a ver com a implementação do modelo biomédico de doença (McKeown, 1976). A maioria das admiráveis melhorias na saúde pública desde o início do século XIX poderia, na realidade, ser atribuída a mudanças sociais e ambientais. Saneamento básico mais eficaz, padrões de nutrição mais elevados e dieta variada, melhorias no sistema de esgoto e nas práticas de higiene em cidades densamente povoadas foram fatores muito mais influentes do que a medicina, sobretudo na redução das taxas de mortalidade infantil. Os remédios, os avanços em cirurgia e os antibióticos não reduziram significativamente as taxas de mortalidade até boa parte do século XX.

Ivan Illich (1975) chegou a sugerir que a medicina moderna mais prejudicou do que ajudou por causa da iatrogênese ou doença "causada por médicos". Segundo Illich, ela se divide em três tipos: a iatrogênese clínica, a social e a cultural. A iatrogênese clínica é aquela cujo tratamento médico faz o paciente piorar ou, então, cria outras doenças. A iatrogênese social é aquela em que a medicina se expande para mais e mais áreas, criando uma demanda artificial por seus serviços. A iatrogênese social, conforme Illich, leva à iatrogênese cultural, em que a capacidade de lidar com os desafios cotidianos é progressivamente minimizada por explicações e alternativas médicas. Para críticos como Illich, o escopo da medicina moderna deveria ser drasticamente reduzido.

Outra linha de crítica é a de que a biomedicina desconsidera as opiniões e experiências dos pacientes que ela trata. Como a medicina se baseia na compreensão objetiva e científica, não há necessidade de escutar as interpretações individuais oferecidas pelos pacientes. Para os críticos, um tratamento eficaz só pode se dar quando o paciente é tratado como um ser pensante e capaz com discernimento válido. A divisão entre médico e paciente pode muitas vezes resultar em mal-entendidos e falta de confiança, fatores sociais capazes de interferir no diagnóstico e tratamento.

Por fim, a medicina científica se apresenta como superior a qualquer outra forma. Contudo, as terapias alternativas, sejam elas antigas ou recentes, ganharam destaque nas últimas décadas. Muitas pessoas hoje se inclinam à acupuntura, homeopatia, reflexologia, quiropraxia e muitas outras. Os motivos que levam a isso são complexos, porém os sociólogos sugerem que as pessoas recorrem à medicina alternativa quando todos os tratamentos biomédicos falharam, quando perderam a crença na medicina científica ou quando a doença é crônica e não facilmente "curada". O último item é extremamente significativo.

Os sociólogos médicos identificaram uma mudança ao longo do século XX nos tipos de doenças enfrentadas pelas pessoas, menos agudas e mais crônicas, em geral doenças que duram a vida inteira como diabetes, pressão alta e artrite. Conforme doenças crônicas ficam mais comuns, a medicina se mostra menos potente e o modelo biomédico parece menos adequado. Como essas doenças precisam ser administradas em vez de curadas, os próprios pacientes se tornam os especialistas em como lidar melhor com a própria saúde, e isso tende a modificar a relação médico-paciente à medida que a opinião e a experiência do paciente se tornam cruciais para os regimes de tratamento. O paciente se transformou em um ser "completo" e ativo, cujo bem-estar geral – não só a saúde física – é importante.

Relevância contínua

Nas últimas décadas, a biomedicina enfrentou críticas furiosas que não parecem longe de amenizarem. Entretanto, é preciso lembrar que ela continua sendo o modelo dominante dos sistemas de saúde no mundo inteiro, e as vacinações preventivas contra doenças letais como pólio e tuberculose transformaram as taxas de mortalidade infantil e salvaram muitas vidas. Em tempos de crise na saúde, como o recente surto de

BIOMEDICINA 247

gripe suína ou o surgimento e a disseminação do HIV/aids na década de 1980, as pessoas ainda procuram a ciência médica para obter tratamentos eficazes, o que provavelmente indica uma crença implícita de que a biomedicina seja uma forma superior de medicina.

No entanto, hoje se aceita melhor que as doenças crônicas e degenerativas se tornaram muito mais evidentes e politicamente significativas e que a Sociologia da saúde e da doença precisa englobar os estudos das deficiências para que o campo se mantenha vigoroso. A coleção de Scambler e Scambler (2010) editada recentemente reúne parte de estudos inovadores nessa área, concentrando-se na alegação de que as deficiências e doenças crônicas equivalem a "ataques ao mundo da vida", o que exige que compreendamos a inter-relação entre psicológico, biológico e sociológico para que possamos compreendê-las devidamente.

A ascensão da medicina alternativa apresenta um constante desafio para os tratamentos de saúde convencionais – as terapias alternativas devem ser vetadas ou aceitas? A relação entre esses dois sistemas é explorada no estudo de Mizrachi, Shuval e Gross (2005), que analisa colaborações em um hospital israelense entre médicos da biomedicina e terapeutas alternativos, sobretudo acupunturistas. Os terapeutas alternativos conseguiram "invadir a fortaleza", mas evidentemente não conseguiram retirar as barreiras entre os dois sistemas. Os profissionais da biomedicina adotaram uma estratégia de política de "fronteira no trabalho" ou *"on the job"* em vez de uma política formal verticalizada, a fim de incluir o potencial concorrente e, ao mesmo tempo, evitar o acirramento de tensões. Valendo-se de diversos métodos sutis, os biomédicos conseguem controlar os profissionais alternativos, mas também precisam conceder certa legitimidade a eles.

Referências e leitura complementar

ILLICH, I. *Medical Nemesis*: The Expropriation of Health. London: Calder & Boyars, 1975.

MCKEOWN, T. *The Role of Medicine*: Dream, Mirage or Nemesis? Oxford: Blackwell, 1976.

MIZRACHI, N.; SHUVAL, J. T.; GROSS, S. Boundary at work: alternative medicine in biomedical settings, *Sociology of Health and Illness*, 27(1), 2005, p.20-43.

NETTLETON, S. *The Sociology of Health and Illness*. 3.ed. Cambridge: Polity, 2013, esp. cap. 1.

SCAMBLER, G.; SCAMBLER, S. (eds.). *New Directions in the Sociology of Chronic and Disabling Conditions*: Assaults on the Lifeworld. Basingstoke: Palgrave Macmillan, 2010.

ESTIGMA

Definição prática

Características físicas ou sociais identificadas como humilhantes ou que sejam socialmente reprovadas, resultando em ignomínia, distância social ou discriminação.

Origens do conceito

Os estudos sociológicos do estigma e dos processos de estigmatização foram, em maioria, realizados seguindo a tradição interacionista simbólica a partir da década de 1960. Alguns trabalhos precursores, como o de Goffman (1990 [1963]), teorizavam sobre como os processos de estigmatização funcionam para gerar discriminação e, além disso, investigaram como a pessoa estigmatizada reage. Para Goffman, existem algumas diferenças importantes dependendo do tipo de estigma, o que comanda até que ponto as pessoas conseguem administrar a sua **identidade** própria e proteger seu senso de si próprio. Outra fonte de ideias sobre estigma teve origem no movimento de pessoas com deficiência. Uma das primeiras contestações significativas ao modelo individual de deficiência foi a obra de Paul Hunt intitulada *Stigma: The Experience of Disability* [Estigma: a experiência da deficiência] (1966). Hunt afirmava que, em vez de entender os problemas das pessoas com deficiência como advindos de suas lesões, eram as **interações** entre as pessoas deficientes e as pessoas com capacidades corporais intactas que levavam à estigmatização da deficiência. Ultimamente, o conceito foi empregado com êxito para se aprofundar na situação das pessoas com HIV/aids e outras condições relacionadas à saúde.

Significado e interpretação

A análise mais bem-sucedida e sistemática sobre a produção de estigma é a realizada por Erving Goffman. O trabalho de Goffman é um exemplo excelente do vínculo estreito entre identidade social e personificação, pois ele mostra como alguns aspectos físicos do corpo de alguém podem apresentar problemas uma vez que sejam classificados por terceiros como fontes de estigma. Ele mostra, por exemplo, como as pessoas com deficiência podem ser estigmatizadas com base em lesões físicas facilmente observáveis. No entanto, nem todas as fontes de estigma são físicas, já que o estigma pode estar localizado em características biográficas, "falhas" de caráter ou relacionamentos pessoais.

O estigma pode assumir diversas formas. O estigma físico, como uma lesão visível, pode ser difícil ou impossível de ser ocultado dos outros, e Goffman defende que isso pode dificultar bastante a administração das identidades. Nesse caso, podemos nos referir a um estigma "desacreditado" – aquele que precisa ser reconhecido nas interações. O estigma biográfico, como antecedentes de condenações criminais, pode ser mais fácil de esconder dos outros, e nesse caso nos referimos a um estigma "desacreditável" – aquele que *pode* levar à estigmatização caso venha a ser de conhecimento público. Gerenciar esse tipo seria de certa forma mais fácil, mas ainda precisa ser controlado continuamente. Um estigma de caráter, como o associado aos usuários de drogas, também pode ser um estigma desacreditável, mas pode se tornar um estigma desacreditado se a pessoa for vista na companhia da turma errada. Observe que Goffman não está sugerindo que as pessoas *devam* esconder o estigma; ele está apenas tentando entender como o processo de estigmatização funciona no mundo real e como as pessoas usam estratégias para evitar que sejam estigmatizadas.

Segundo Goffman, o estigma é um relacionamento social de desvalorização em que o indivíduo é desqualificado da aceitação social plena por parte dos outros. A estigmatização muitas vezes surge em um contexto médico quando as pessoas adoecem e a sua identidade é modificada – às vezes temporariamente, mas outras, como nos casos de doenças crônicas, permanentemente. Para Goffman, o **controle social** é inerente ao processo de estigmatização. Estigmatizar grupos é uma das formas pelas quais a **sociedade** como um todo controla o seu comportamento. Em alguns casos, o estigma nunca mais é retirado e a pessoa jamais é aceita plenamente na sociedade. Era o que acontecia com muitos dos primeiros pacientes de aids e ainda acontece em alguns países.

A homossexualidade durante muito tempo foi estigmatizada em diversos países no mundo inteiro. A *homofobia*, termo cunhado ao final da década de 1960, diz respeito à aversão ou ódio aos homossexuais e seus estilos de vida, aliada a um comportamento baseado nessa aversão. A homofobia é uma forma de preconceito que se reflete não só em manifestações públicas de hostilidade e violência contra gays e lésbicas, mas também em diversas formas de abuso verbal – na Grã-Bretanha, por exemplo, o uso de termos como "bicha" ou "veado" para insultar o homem heterossexual, ou o uso de termos ofensivos em alusão à feminilidade como "afrescalhado" ou "maricas" com o intuito de humilhar os homens gays. Sarah Nettleton (2013) observa que, como a aids foi detectada inicialmente em homens gays nos Estados Unidos, foi denominada originalmente como GRID, o equivalente a Deficiência Imunológica Relacionada aos Gays – e sugeria-se que o estilo de vida "promíscuo" dos gays era na verdade a *causa* da doença, comumente citada na imprensa como "câncer gay". Embora isso fosse falso, as interpretações epidemiológicas dos homens gays como parte de "grupos de risco" vieram a reiterar a divisão entre esses grupos e o "público heterossexual geral".

Aspectos controversos

Uma das fraquezas dos estudos do estigma é a relativa falta de interesse na resistência aos processos de estigmatização. Em nível individual, as pessoas podem simplesmente se recusar a aceitar o rótulo estigmatizante, ainda que sozinhas tenham poucas chances de sucesso. Contudo, as formas coletivas de resistência podem ser bastante significativas no combate ao estigma. Os movimentos das pessoas com deficiência e os movimentos de gays e lésbicas colocaram em cheque as interpretações convencionais de seus estigmas desacreditados e desacreditáveis, quase sempre por meio de protestos e campanhas de ação direta. Protestos simbólicos de extrema visibilidade e o ataque à linguagem e ao **etiquetamento** discriminatórios tomaram a frente da pressão por mudanças e por uma nova legislação de direitos iguais e ajudaram a mudar as atitudes na sociedade. Os processos de estigmatização talvez sejam mais abertos à mudança do que as teorias anteriores aceitavam.

Relevância contínua

O conceito de estigma continua sendo útil. Pesquisas recentes sobre o comportamento automutilante, por exemplo, mostram como as pessoas com hábito de se autolesionar têm plena consciência da possível estigmatização de seu comportamento, escolhendo locais no corpo que sejam mais fáceis de esconder em situações públicas a fim de evitar que seu estigma *desacreditável* se torne *desacreditado*. De maneira análoga, estudos de distúrbios alimentares como anorexia nervosa mostram que as pessoas se desdobram para tentar manter oculto o seu comportamento a fim de gerenciar a apresentação do eu, e portanto da identidade, em vez de perder o controle desta para outros e, no meio do caminho, ter de enfrentar a imposição do estigma social.

A relevância contínua do conceito de estigma fica clara no estudo de Kit Yee Chan e colegas (2009) sobre a aids e os rótulos de promiscuidade sexual na Tailândia. Essa pesquisa usou uma abordagem de métodos mistos para estudar a fundo as percepções das enfermeiras em Bangkok com relação ao risco de serem acidentalmente expostas ao HIV no exercício de sua função. Os autores descobriram que o medo que as enfermeiras sentiam do HIV estava calcado principalmente no ostracismo social que elas associavam com o HIV-positivo e não com as consequências médicas da infecção. Embora as enfermeiras soubessem muito bem que a probabilidade real de se infectarem no trabalho era muito baixa, mesmo assim elas temiam o que percebiam como consequências sociais do HIV. Esse temor social foi reforçado pela observação de perto do estigma atrelado aos seus pacientes.

Goffman afirmava que o estigma pode advir de praticamente qualquer aspecto da vida das pessoas. Caroline Howarth (2006) analisou como o conceito de "raça" como um estigma social pode nos ajudar a compreender o processo de estigmatização de "raça", mas também como as comunidades podem contestar e mudar os processos que levam à discriminação. Com base no material extraído de três estudos qualitativos, Howarth afirma que, como o estigma associado à "raça" não pode ser ocultado ou mascarado, a resistência e as tentativas de destruir o regime estigmatizante têm de ser colaborativas. O artigo descreve diversos exemplos disso em grupos de escolas e igrejas que buscam oferecer "espaços psicológicos sociais" em que o funcionamento do estigma pode ser confrontado.

Referências e leitura complementar

CHAN, K. Y.; RUNGPUENG, A.; REIDPATH, D. Aids and the stigma of sexual promiscuity: thai nurses' risk perceptions of occupational exposure to HIV, *Culture, Health and Sexuality*, 11(4), 2009, p.353-68.

GOFFMAN, E. *Stigma*: Notes on the Management of Spoiled Identity. London: Penguin, 1990 [1963], esp. capítulos 1 e 2.

[Ed. Bras.: *Estigma*: notas sobre a manipulação da identidade deteriorada. Rio de Janeiro: LTC, 1988.]

GREEN, G. *The End of Stigma*: Changes in the Experience of Long-Term Illness. London: Routledge, 2009, esp. cap. 1 e 2.

HOWARTH, C. Race as stigma: positioning the stigmatized as agents, not objects, *Journal of Community and Applied Social Psychology*, 16(6), 2006, p.442-51.

HUNT, P. *Stigma*: The Experience of Disability. London: Chapman, 1966.

NETTLETON, S. *The Sociology of Health and Illness*. 3.ed. Cambridge: Polity, 2013.

EU SOCIAL

Definição prática

Formação de consciência própria conforme o organismo humano individual responde às diversas reações de terceiros em relação a si mesmo.

Origens do conceito

Muito se diz que os seres humanos são as únicas criaturas que sabem que existem e que um dia irão morrer. Em termos sociológicos, isso significa que os indivíduos humanos têm consciência do eu [*self*]. O sociólogo e filósofo norte-americano George Herbert Mead (1934) investigou como as crianças aprendem a usar os conceitos de "eu" [*"I"*] e "mim" [*"me"*] para se descreverem. Mead insistia que era necessário haver uma perspectiva sociológica para compreendermos como o eu [*self*] surge e se desenvolve. As ideias dele se constituíram na base principal da tradição interacionista simbólica na Sociologia. Segundo Mead, embora o eu [*self*], uma vez criado, consista na capacidade de "pensar sobre as coisas", ele é um eu [*self*] incorporado localizado dentro de um indivíduo humano de carne e osso e, ao contrário de conceitos semelhantes como "alma" ou "espírito", não pode ser concebido sem esse corpo.

Significado e interpretação

Mead afirma que as crianças, antes de mais nada, desenvolvem-se como seres *sociais* imitando as ações dos que as cercam e a brincadeira é uma das formas pelas quais fazem isso. Durante a brincadeira, as crianças muitas vezes imitam o que os adultos fazem. Por exemplo, fazem tortas de lama, depois de terem observado um adulto cozinhando, ou cavam com uma colher, depois de terem observado alguém trabalhando no jardim. A brincadeira engloba desde a mera imitação até jogos mais complicados em que as crianças de 4 ou 5 anos representam papéis de adultos. A isso Mead denominava "assumir o papel do outro" – aprender a se colocar no lugar do outro. Somente nessa fase uma criança começa a adquirir um senso mais desenvolvido do eu [*self*]. Adquire uma compreensão de si mesma como agente separado – como um "mim" [*"me"*] –, vendo-se como se estivesse de fora, ou pelos olhos de outrem.

A teoria de Mead se baseia na ideia de um eu [*self*] em duas partes. A primeira parte, o "eu" [*"I"*], é a da criança não socializada ou o organismo humano com vontades e desejos espontâneos. O desenvolvimento da segunda parte, o "mim" [*"me"*], ocorre durante as **interações** sociais. Isso acontece por volta dos 8 ou 9 anos – a idade em que as crianças costumam participar de jogos organizados no lugar da brincadeira desorganizada. Para aprender os jogos organizados, as crianças precisam compreender não só as regras do jogo, mas também o seu lugar nele, bem como as outras funções existentes no jogo. As crianças começam a se ver como se estivessem de fora e, em vez de adotar apenas um papel, assumem o papel de um "outro generalizado". Fica, portanto, possível para os indivíduos desenvolver uma autoconsciência por meio do "diálogo interno" entre o individual, o "eu" [*"I"*] organísmico e o "mim" [*"me"*] gerado socialmente. É esse diálogo interno que informalmente denominamos como "pensar", um jeito de "conversar consigo mesmo", por assim dizer. O desenvolvimento do senso de eu [*self*] é o alicerce sobre o qual identidades pessoais e sociais bastante complexas são construídas.

Aspectos controversos

Uma das críticas à tese de Mead é que o processo de autoformação é descrito como algo relativamente simples. Contudo, outras pessoas indicam que o processo é repleto de **conflitos** e distúrbios emocionais e que pode deixar cicatrizes pelo resto da vida. Esse é exatamente o caso do início da **socialização**, quando a criança adquire o senso de **identidade de gênero**. Segundo Sigmund Freud e outros que seguiram sua corrente, os pensamentos e sentimentos inconscientes exercem um papel muito mais importante na autoformação e identidade de gênero do que abarca a teoria de Mead. O processo pelo qual meninos e meninas rompem os laços íntimos com os pais pode ser traumático para muitas

EU SOCIAL 255

pessoas. Até mesmo quando o processo corre com relativa tranquilidade, ele pode resultar em garotos crescendo com dificuldade de estabelecer relacionamentos pessoais. A autoformação é difícil e envolve a repressão de desejos inconscientes, aspecto esse desconsiderado na tese de Mead. Outros ainda afirmam que Mead pouco acrescentou sobre os efeitos das relações de **poder** parental desequilibradas na socialização das crianças, cuja consequência pode ser eus que não funcionam bem e são fragmentados com tensões e contradições internas.

Relevância contínua

A teoria de Mead foi muito importante para o desenvolvimento da Sociologia. Foi a primeira teoria genuinamente sociológica sobre a autoformação, a qual insistia que, para nos compreendermos adequadamente, devemos começar com o processo social de interação humana. Dessa forma, ele mostrou que o eu não é uma parte inata da nossa biologia, nem tampouco simplesmente surge com o desenvolvimento do cérebro humano. O que Mead demonstrou foi que o estudo do eu [*self*] individual não pode estar separado do estudo da **sociedade** e isso requer uma perspectiva sociológica.

Podemos nos perceber como indivíduos, mas o que acontece com o nosso eu [*self*] individual nas relações íntimas e como o rompimento dessas relações afeta o eu [*self*]? Esse assunto foi aprofundado em um artigo recente que analisa o rompimento de relações românticas e o seu impacto no conceito de eu [*self*] ou no senso de "mim" ["*me*"] das pessoas (Slotter; Gardner; Finkel, 2009). Em relacionamentos românticos de elevado nível de comprometimento, o eu [*self*] das pessoas se torna entremeado e identificado com menos clareza, prova disso é o uso comum de termos como "nós", "nosso" e "a gente". O término desse tipo de relacionamento costuma resultar em angústia e tristeza, mas também pode levar a mudanças no conteúdo e na estrutura do eu [*self*] à medida que os indivíduos reorganizam e remodelam a vida. Esse estudo demonstra que muitas pessoas percebem subjetivamente uma confusão após o rompimento acerca do seu eu [*self*] e têm a sensação de um eu [*self*] menor.

Como Mead e Elias afirmam, a nossa experiência de individualidade, na verdade, contradiz o fato de que o eu [self] é inevitavelmente um eu [self] social moldado em interações e relacionamentos.

As mudanças sociais radicais das últimas décadas foram tema de debate de sociólogos, incluindo a globalização, a disseminação da tecnologia da informação, as migrações em massa, as viagens e a condensação de tempo e espaço e a reestruturação das relações de gênero, para citar apenas algumas. É de se esperar que essas mudanças impactem o senso do eu [self] das pessoas, e Adams (2007) reuniu análises da mudança macrossocial e as teorias da mudança na forma da autoidentidade. Por exemplo, alguns teóricos sugerem que, conforme a identificação de classe diminui, o eu [self] individual das pessoas é efetivamente dissociado e se torna mais vulnerável à incerteza e anomia. Contudo, outros acham que essa mudança oferece a possibilidade de uma forma mais reflexiva de eu social capaz de tirar proveito de liberdades que passam a ficar disponíveis. Adams ajuda a compreender as teorias recentes de mudança social em larga escala e seu impacto na formação.

Referências e leitura complementar

ADAMS, M. *Self and Social Change*. London: Sage, 2007.

BURKITT, I. *Social Selves*: Theories of Self and Society. 2.ed. London: Sage, 2008.

MEAD, G. H. *Mind, Self and Society*. ed. C. W. Morris. Chicago: University of Chicago Press, 1934.

[Ed. Bras.: *Mente, Self e sociedade*. São Paulo: Ideias e Letras, 2010.]

SLOTTER, E. B.; GARDNER, W. L.; FINKEL, E. J. Who am I without you? The influence of romantic break-up on the self concept, *Personality and Social Psychology Bulletin*, 36(2), 2009, p.147-60.

MEDICALIZAÇÃO

Definição prática

Processo pelo qual questões relacionadas ao estilo de vida como peso, tabagismo ou práticas sexuais transformam-se em problemas médicos a serem tratados por profissionais da medicina.

Origens do conceito

O conceito de medicalização foi criado nas décadas de 1960 e 1970 como parte de um ataque fundamental contra os perigos latentes de uma profissão médica em expansão, que para muitos estava ficando poderosa demais. Críticos como Ivan Illich, Irving Zola, R. D. Laing, Thomas Szasz e Michel Foucault achavam que a medicina consistia em uma forma de **controle social** em que os pacientes se submetem à supervisão dos profissionais médicos. Szasz, por exemplo, criticava a expansão da especialização da psiquiatria e descrevia diversas doenças rotuladas como "doença mental" como simplesmente "problemas em lidar com a vida". Alguns comportamentos que seriam mais bem classificados como adaptações a circunstâncias difíceis estavam sendo medicalizados e as pessoas subjugadas ao controle e à supervisão dos especialistas com o **poder** de contê-los. Desde a década de 1970, o conceito de medicalização adentrou a corrente tradicional dos estudos sociológicos sobre saúde e doença.

Significado e interpretação

Para os sociólogos que criticam o modelo biomédico, a profissão médica de modo geral detém uma posição de poder que eles compreendem como injustificada e até perigosa. Um dos aspectos desse poder social advém da capacidade da profissão médica de definir exatamente o que se constitui e o que não se constitui em doença e saúde. Com esse aval, os médicos são árbitros da "verdade médica", e seus pontos de vista devem ser considerados com seriedade por governos e público em geral. Contudo, uma crítica mais severa da medicina moderna diz respeito ao modo como, ao longo do tempo, ela se expandiu continuamente para um número crescente de esferas da vida que até então eram consideradas privadas ou apenas parte do estilo de vida cotidiano. Denomina-se esse processo de longo prazo como medicalização.

Correntes feministas da Sociologia demonstraram quantos aspectos da vida da mulher, como gravidez e parto, foram medicalizados e apropriados pela medicina moderna. No mundo desenvolvido, o parto quase sempre ocorre em hospitais sob a direção de especialistas predominantemente masculinos. A gravidez, fenômeno comum e natural, passou a ser tratada como algo parecido com uma "doença" com **riscos** e perigos inerentes e, portanto, precisa ser constantemente monitorada através de tecnologias de ponta, como exames de ultrassom, entre outros. Embora isso seja visto como "algo positivo", já que a medicina ajudou a reduzir a taxa de mortalidade infantil, garantindo que a maioria dos bebês e mães sobreviva ao parto, para as feministas essa é uma história parcial. As mulheres praticamente perderam o controle sobre esse processo. Trata-se de uma etapa fundamental da vida da mulher e suas opiniões e conhecimentos são considerados irrelevantes pelos novos especialistas.

Preocupações semelhantes surgiram acerca da medicalização de doenças aparentemente "normais", como a hiperatividade de crianças, tristeza ou depressão leve – normalmente controlada com o auxílio de medicamentos como Prozac – e o cansaço persistente, que foi redefinido como síndrome da fadiga crônica. Um dos problemas desses casos de medicalização é que, uma vez diagnosticados em termos médicos, a "cura" tende a ser encontrada em remédios e medicamentos que provocam efeitos colaterais.

Ivan Illich afirmou categoricamente que a expansão da medicina moderna mais prejudicou do que ajudou por causa da iatrogênese ou doença "causada por médicos". Segundo Illich, um dos tipos de iatrogênese é a iatrogênese social, ou medicalização, que cria uma demanda artificial por serviços médicos. Com o avanço da medicalização, as pessoas ficam menos capazes de lidar com a própria saúde e se tornam mais dependentes

MEDICALIZAÇÃO 259

de profissionais de saúde. Tal dependência resulta em uma demanda ainda maior por serviços de saúde e na expansão dos serviços médicos em um círculo vicioso ascendente que eleva os orçamentos da saúde em detrimento de outros serviços. Para Illich, a chave para mudar isso é confrontar o poder dos médicos na sociedade.

Aspectos controversos

Os críticos da medicalização consideram a tese de certa forma exagerada. Existem alguns problemas com a expansão da medicina para novas áreas, porém a medicalização também trouxe muitos benefícios. A transferência dos partos para os hospitais pode ter deixado de escanteio alguns "especialistas" locais, mas o principal benefício é que a esmagadora maioria de bebês nasce com segurança e até mesmo os bebês muito prematuros têm chances de sobreviver. Os relatos da história sobre o nascimento de bebês antes da medicina moderna hoje parecem histórias de terror e era comum bebês e/ou mães morrerem no processo. Sem dúvida, quem negaria que os partos hospitalares, apesar de suas falhas, sejam genuinamente um avanço? De maneira análoga, a medicalização pode fazer que as pessoas com alguns tipos de doenças levem a sério a sua condição e busquem ajuda. Aqueles que sofrem de síndrome de fadiga crônica muitas vezes eram vistos como pessoas que fingiam estar doentes quando na verdade estariam fazendo corpo mole, pessoas com encefalomielite miálgica lutaram para convencer os outros da veracidade de seus sintomas e crianças com TDAH eram vistas basicamente como malcriadas antes de a doença ser identificada como um autêntico problema médico. Talvez a medicalização não seja tão prejudicial e perigosa como creem alguns teóricos sociais.

Relevância contínua

A tese da medicalização é uma importante corrente crítica em diversos estudos sociológicos e os recentes protestos contra a dominação biomédica sugerem que a tese encontrou um público receptivo.

Entretanto, é preciso flexibilizar as nossas críticas, reconhecendo que os modernos sistemas de saúde são capazes de mudança, como mostra a introdução de tratamentos complementares menos invasivos na medicina tradicional. Aquilo que um dia fora uma abordagem radical e, por que não, excêntrica e alternativa, em relação à **biomedicina** e à saúde, no século XXI rapidamente se tornou parte de muitas análises sobre saúde e doença.

O problema da obesidade agora é compreendido como um problema médico global que ameaça sobrecarregar os sistemas nacionais de saúde. Wray e Deery (2008) analisam o modo como o tamanho do corpo entrou na categoria do olhar clínico, com implicações específicas para a imagem corporal e a autoestima das mulheres. Em particular, um corpo grande passou a ser símbolo de fracassos morais mais amplos e de uma desnecessária e excessiva complacência. Os autores afirmam que se corre o risco de essa conexão ilegítima solapar as percepções das mulheres de um direito igualitário ao sistema de saúde bem como fazê-las questionarem seu senso de eu.

O que o sono tem a ver com a medicalização? Um estudo sobre representações em jornais sobre problemas de saúde associados à insônia e ao ronco sugere que o sono pode ser o mais recente setor da vida a ser medicalizado (Williams et al., 2008). Os autores mostram que dois problemas relacionados bastante parecidos – insônia e ronco – são tratados de maneira diferente nas reportagens sobre problemas do sono. No caso da insônia, ela é descrita como um sintoma e não uma doença, algo relacionado aos hábitos dos indivíduos. Assim sendo, ainda que muito solidários, os jornais sugerem mudanças comportamentais, com pílulas e tratamentos vistos como um "último recurso". Já o ronco é tratado como algo parecido com o fumo passivo – afeta os outros – e um nítido problema de saúde em si, que pode resultar em doenças sérias como a apneia do sono. Portanto, não só os profissionais da saúde, mas também os jornalistas exercem um papel importante nos processos sociais cuja consequência é a medicalização.

MODELO SOCIAL DE DEFICIÊNCIA

Referências e leitura complementar

NYE, R. A. The evolution of the concept of medicalization in the late Twentieth Century, *Journal of the History of the Behavioral Sciences*, 39(2), 1995, p.115-29.

WILLIAMS, S. J.; SEALE, C.; BODEN, S.; LOWE, P. K.; STEINBERG, D. L. Medicalization and beyond: the social construction of insomnia and snoring in the news, *Health*, 12(2), 2008, p.251-68.

WRAY, S.; DEERY, R. The medicalization of body size and women's healthcare, *Health Care for Women International*, 29(3), 2008, p.227-43.

MODELO SOCIAL DE DEFICIÊNCIA

Definição prática

Enfoque que enquadra a "causa" das desvantagens associadas à deficiência dentro da **sociedade** e de sua organização e não dentro da pessoa.

Origens do conceito

Até bem pouco tempo, o modelo predominante de deficiência nas sociedades ocidentais era o modelo individualístico. Segundo esse modelo, as limitações individuais ou "deficiências" são a principal causa dos problemas enfrentados por pessoas com deficiência para encontrar trabalho, locomover-se e se tornarem cidadãos plenos na sociedade. No modelo individual de deficiência, entende-se que a "anormalidade" corporal provoca certo grau de "deficiência" ou limitação funcional. Os especialistas médicos exerceram um papel fundamental no modelo individual, uma vez que é função deles oferecer diagnósticos curativos e reabilitadores para as pessoas com deficiência. Por esse motivo, o modelo individual é muitas vezes descrito como um "modelo médico". Esse modelo de deficiência foi contestado por ativistas do movimento em prol das pessoas com deficiência que surgiu a partir da década de 1970.

Nos Estados Unidos e na Inglaterra, no final dos anos 1960, desenvolveu-se uma perspectiva alternativa, a qual rejeitava o modelo dominante e considerava a deficiência uma questão política e não médica. Surgia um novo "modelo social" de deficiência, fazendo uma distinção entre lesões (problemas individuais como a perda de um membro) e deficiência (desvantagens provocadas por organizações que não oferecem estrutura para as pessoas com essas lesões). Desde então, o modelo social foi tema de muitas pesquisas e aperfeiçoamentos e influenciou profundamente a recente legislação de direitos iguais cujo objetivo é obrigar as organizações a fornecer uma "estrutura básica" para pessoas com deficiência. Contudo, nos últimos anos surgiram críticas ao modelo social segundo as quais o modelo precisa ser corrigido para que leve em consideração a experiência real da deficiência.

Significado e interpretação

No Reino Unido, a Liga dos Lesionados Físicos contra a Segregação (UPIAS) adotou em seu manifesto de 1976 uma definição radical de deficiência baseada na distinção entre lesão e deficiência. A UPIAS acatou a definição de "lesão" física como uma propriedade biomédica dos indivíduos, ampliando-a para que incluísse as formas de lesões não físicas, sensoriais e intelectuais. A deficiência, porém, deixou de ser compreendida como um problema individual, mas passou a ser tratada em termos de barreiras sociais enfrentadas pelas pessoas lesionadas para que consigam participar plenamente da sociedade. A deficiência seria, portanto, a negação da **cidadania** plena e uma forma de discriminação. Mike Oliver (1983) foi o primeiro teórico a explicitar as diferenças entre os modelos individual e social de deficiência, e o modelo social não tardou a se tornar o foco de estudos acadêmicos e do ativismo ligado à deficiência. O modelo social apresentou uma explicação coerente dos motivos de existirem barreiras sociais, culturais ou históricas contra as pessoas com deficiência. Historicamente, diversas barreiras foram criadas contra a participação total das pessoas com deficiência na sociedade, sobretudo durante a Revolução Industrial, quando elas eram efetivamente excluídas do mercado de trabalho à medida que as fábricas capitalistas começavam a fundamentar o sistema de emprego na mão de obra assalariada individual.

Muitas pessoas com deficiência não conseguiam manter o trabalho e a resposta do Estado foi a sumária intimidação e institucionalização. Na verdade, até hoje a presença de pessoas com deficiência nos quadros de funcionários continua ínfima.

O modelo social foi profundamente influente no nosso modo de pensar a deficiência hoje. Mesmo tendo origem no Reino Unido, o modelo social obteve impacto global. Concentrando-se na remoção das barreiras sociais em prol da participação plena, o modelo permite que as pessoas com deficiência mantenham o foco na estratégia política. Houve inclusive quem afirmasse que, ao aceitar o modelo social, as pessoas com deficiência formaram um "novo movimento social". Ao substituir o modelo individual, segundo o qual a "invalidez" da pessoa é a causa da deficiência, por um modelo em que a deficiência é resultado da opressão, o modelo social passou a ser considerado "libertador" por muitas pessoas com deficiência.

Aspectos controversos

Desde o final da década de 1980, diversas correntes críticas foram formadas contra o modelo social. Algumas delas afirmam que o modelo não atenta para as, muitas vezes, dolorosas e desconfortáveis experiências de uma lesão, que são centrais para a vida de muitas pessoas com deficiência. Shakespeare e Watson (2002) afirmam: "Não somos apenas pessoas com deficiência, somos também pessoas com lesões, e fingir o contrário seria ignorar uma parte fundamental de nossa biografia". Contrapondo-se a isso, os defensores do modelo social sustentam que não se trata de negar as experiências cotidianas do lesionado; o modelo social simplesmente dá maior ênfase às barreiras sociais à sua participação plena na sociedade.

Os sociólogos da área médica, de modo geral, refutam o modelo social sob o argumento de que a divisão entre lesão e deficiência, na qual ele se fundamenta, é falsa. Esses críticos alegam que o modelo social separa lesão, que é definida em termos biomédicos, de deficiência, que é definida em termos sociais. Os sociólogos da área médica consideram tanto a deficiência quanto a lesão como fatores estruturados socialmente e intimamente inter-relacionados. Não é fácil, por exemplo, definir onde termina uma e começa a outra. O fato de não se projetar acessos adequados para cadeiras de rodas na entrada de um prédio nitidamente cria uma barreira incapacitante **construída socialmente** para os usuários de cadeiras de rodas, porém há muitos outros casos em que é impossível remover todas as origens da deficiência. Algumas pessoas afirmam que estar incapacitado por uma dor constante ou por uma limitação intelectual significativa, por exemplo, impede ao indivíduo a participação plena na sociedade de uma maneira que está além do alcance das mudanças sociais. Portanto, qualquer análise integral sobre a deficiência também deve levar em consideração a deficiência provocada pelas lesões, não só as causadas pela sociedade.

Relevância contínua

O modelo social foi uma mudança radical tanto no estudo acadêmico das deficiências, como no engajamento político das pessoas com deficiência com o restante da sociedade. E, a despeito das críticas citadas anteriormente, não parece haver alternativas capazes de contestá-lo. O conceito de deficiência propriamente dito foi transformado pelo modelo social e a Sociologia da deficiência só foi possível depois dessa inovação. O modelo social mostrou, acima de tudo, que a deficiência não é algo que possa ser deixado a cargo da profissão médica; ela também deve ser estudada por todas as **ciências** sociais.

A abordagem do modelo social foi adotada por Guo e colegas (2005) para analisar algumas das barreiras sociais ao uso da internet na China. Utilizando um método de pesquisa, o estudo se concentrou em uma amostragem de 122 pessoas, de 25 províncias. A pesquisa mostrou que apenas uma minoria de pessoas com deficiência eram usuários de internet, mas, para essas pessoas, a internet aumentava a frequência e a qualidade de suas interações sociais e ajudava a reduzir as barreiras sociais. Elas também conseguiam interagir com um grupo de pessoas muito maior do que seria possível no "mundo real". No entanto, as descobertas sugerem que está surgindo uma nítida cisão digital entre as pessoas com

PAPEL DE DOENTE 265

deficiência na China, sendo a maioria delas impossibilitada hoje de acessar a internet. O modelo social sugere que as soluções para esse problema deverão ser encontradas na reorganização da vida social que temos e na reforma das políticas sociais.

Referências e leitura complementar

BARNES, C.; MERCER, G. *Disability*. Cambridge: Polity, 2008, esp. cap. 1 e 2.

GABEL, S.; PETERS, S. Presage of a paradigm shift? Beyond the social model of disability toward resistance theories of disability, *Disability and Society*, 19(6), 2004, p.585-600.

GUO, B.; BRICOUT, J.; HUANG, J. A common open space or a digital divide? A social model perspective on the online disability community in China, *Disability and Society*, 20(1), 2005, p.49-66.

OLIVER, M. *Social Work with Disabled People*. Basingstoke: Macmillan, 1983.

SAPEY, B. Disability and social exclusion in the information society. In: SWAIN, J. et al. (eds.). *Disabling Barriers – Enabling Environments*. London: Sage, 2004, p.273-9.

SHAKESPEARE, T.; WATSON, N. The social model of disability: an outdated ideology?, *Research in Social Science and Disability*, 2, 2002, p.9-28.

PAPEL DE DOENTE

Definição prática

Conceito criado por Talcott Parsons para explicar as expectativas sociais ligadas à doença e ao comportamento de pessoas doentes. Qualquer desvio a essas expectativas resulta em penalidades e **estigma** social.

Origens do conceito

Quando as pessoas adoecem, elas procuram aconselhamento médico. Este, por sua vez, as examina, apresenta um diagnóstico e sugere uma linha de tratamento cujo objetivo é recobrar a saúde do enfermo. Pode parecer um processo simples e autoexplicativo – mas não para o sociólogo norte-americano Talcott Parsons. Parsons (1952) observou que, embora a saúde e a doença pareçam questões simples fora do escopo da Sociologia, na verdade há bons motivos para crer que, como fenômeno social, devemos abordá-las lançando mão de conceitos sociológicos padrão. Segundo Parsons, quando as pessoas estão doentes elas se comportam de determinadas formas aprovadas socialmente, e, se elas não correspondem a isso, podem nem ser aceitas como "doentes". Ele observava também que existem alguns controladores fundamentais que sancionam a nossa doença bem como a nossa recuperação à saúde. O conceito de "papel de doente" perdeu espaço, bem como o funcionalismo geral, na Sociologia durante as décadas de 1970 e 1980, porém houve certo interesse em recuperá-lo para a aplicação no estudo comparativo das doenças entre as sociedades.

Significado e interpretação

Para os sociólogos, as pessoas não ficam doentes apenas individualmente, mas elas também precisam descobrir o que a **sociedade** espera delas quando estão doentes. Parsons dizia que há um papel de doente, um jeito de estar doente, imposto sobre os indivíduos pelas sociedades. Isso ocorre de modo que se possa minimizar o impacto disruptivo da doença no bom funcionamento das instituições sociais. Uma pessoa doente, por exemplo, talvez não consiga cumprir todas as obrigações normais e pode estar menos confiável e eficiente do que de costume. Se elas não conseguem realizar suas funções normais, a vida das pessoas no entorno é atrapalhada, as tarefas profissionais ficam por fazer, as responsabilidades domésticas não são cumpridas e assim se espalha o ônus da doença. O papel de doente é, portanto, uma forma de determinar o que devemos esperar dos doentes e como eles devem se comportar.

Para Parsons, as pessoas precisam *aprender* a ficar doente. Devem, ao menos, aprender o papel de doente na sociedade por meio da **socialização** e então agir de acordo com ele, com a ajuda dos demais, quando adoecem. As pessoas não são pessoalmente responsáveis por ficarem doentes, logo, não podem ser culpadas. A doença é considerada resultado de causas físicas que transcendem o controle individual e o acometimento da doença não está relacionado ao comportamento ou às ações do indivíduo. Em segundo lugar, o papel de doente concede às pessoas alguns direitos e privilégios, incluindo a isenção das questões normais. Como não são responsáveis pela doença, ficam isentas de determinadas obrigações, funções e comportamentos que, do contrário, vigorariam. Por exemplo, o doente pode ser "liberado" das tarefas domésticas normais e obter licença do trabalho. Comportamentos grosseiros ou desconsiderados podem ser desculpados como parte da doença. Em terceiro lugar, o doente deve se esforçar para recuperar a saúde consultando um médico especialista e concordando em se tornar um "paciente". Isso é fundamental. O papel de doente é estritamente temporário e "condicional", sendo inerente ao enfermo efetivamente tentar sarar. Para ocupar o papel de doente, a pessoa deve receber o aval de um médico que legitime sua alegação de doença. Espera-se que o paciente coopere com sua própria recuperação seguindo as ordens do "doutor". Contudo, um doente que se recuse a procurar um médico, ou que não atenda ao aconselhamento de uma **autoridade** médica, coloca o *status* de papel de doente em perigo.

Freidson (1970) identificou três versões do papel de doente que correspondem a diferentes tipos e graus de doença. O papel de doente *condicional* se aplica às pessoas que sofrem de uma doença temporária da qual podem se recuperar. Espera-se que a pessoa doente "sare" e ela recebe alguns direitos e privilégios de acordo com a gravidade da doença. O papel de doente *legitimado incondicionalmente* diz respeito aos indivíduos que sofrem de doenças incuráveis. Como a pessoa doente não pode "fazer" nada para sarar, ela recebe automaticamente o direito de ocupar o papel de doente em longo prazo. O último papel de doente é o *papel ilegítimo*, que ocorre quando a pessoa sofre de uma doença estigmatizada por outros. Nesses casos, existe um senso comum de que o indivíduo possa de alguma forma deter a responsabilidade pela doença; doenças ligadas ao alcoolismo, tabagismo e obesidade são exemplos possíveis.

Aspectos controversos

A ideia de papel de doente proposta por Parsons foi muito influente. Ela mostra como o enfermo é parte integrante de um contexto social mais amplo. No entanto, existem diversas críticas relevantes a essa ideia. Alguns afirmam que o papel de doente não consegue captar a *experiência* da doença e nem tampouco ser universalmente aplicado. Por exemplo, ele não leva em consideração os casos em que médicos e pacientes discordam de um diagnóstico ou possuem interesses conflitantes. Além disso, assumir o papel de doente nem sempre é algo objetivo. Algumas pessoas sofrem anos a fio com dores ou sintomas crônicos que são identificados erroneamente sucessivas vezes, e a elas é recusado o papel de doente até que se chegue a um diagnóstico claro. Em outros casos, fatores sociais como **raça**, **classe** e **gênero** podem afetar se e a que tempo o papel de doente será concedido. Portanto, o papel de doente não pode ser separado das influências sociais, culturais e econômicas que o cercam.

Nas sociedades modernas, pode-se dizer que a mudança das doenças infecciosas agudas para as doenças crônicas tornou o papel de doente menos aplicável. Ainda que o conceito seja útil para compreendermos as doenças agudas, é menos útil no caso de doenças crônicas. Por exemplo, não existe um conjunto único de expectativas a serem atendidas para os portadores de doenças crônicas ou pessoas com deficiência. O convívio com uma doença é vivenciado e interpretado em uma diversidade de maneiras pelas pessoas doentes bem como pelas pessoas que as cercam.

Relevância contínua

O conceito de papel de doente de Parsons costuma ser considerado menos útil na atual era dos consumidores de tratamentos de saúde, que têm mais conhecimento e são mais reflexivos do que os pacientes mais submissos da década de 1950. Contudo, Turner (1995) afirma que a maioria das sociedades *de fato* desenvolve papéis de doente, porém há diferenças. Em muitas sociedades ocidentais, por exemplo, existe um papel de doente individualizado, o que significa que as internações

PAPEL DE DOENTE

hospitalares por doenças que não representam risco de vida costumam ser bastante curtas, os horários de visita são limitados e a quantidade de visitantes é controlada rigidamente. No entanto, no Japão, pratica-se um papel de doente mais comunitário. Os pacientes costumam ficar mais tempo no hospital depois que terminam o tratamento médico e a média de tempo de internação é muito maior do que nas sociedades ocidentais. As visitas hospitalares também são mais informais e nelas a **família** e os amigos costumam fazer as refeições juntos e permanecer por períodos mais longos. Turner sugere que ainda podemos aprender bastante sobre as bases sociais da saúde a partir dessa Sociologia comparativa dos papéis de doente.

O papel de doente pode parecer simples e óbvio, mas, como afirma Glenton (2003), algumas pessoas lutam para conquistá-lo e, caso não tenham sucesso, tornam-se mais, não menos, dependentes de médicos. Em seu estudo sobre pessoas que sofrem de dores na coluna, muitos expressam o temor de que as pessoas não acreditarão nelas, de serem vistas como hipocondríacas ou fingidas, ou que têm algum tipo de doença mental. Essencialmente, seu *status* de "paciente" é solapado pelas dificuldades de demonstrar a doença adequadamente para a obtenção de diagnóstico médico, o que pode resultar em deslegitimação. Glenton interpreta esse problema como uma falha em obter o papel de doente. Assim sendo, isso mostra que a descrição de Parsons ainda concerne a médicos e pacientes, o que fornece prova útil de que, apesar da suposição comum do contrário, as doenças crônicas não estão além do alcance de sua tese original.

Referências e leitura complementar

FREIDSON, E. *Profession of Medicine*: A Study of the Sociology of Applied Knowledge. New York: Dodd, Mead, 1970.

GLENTON, C. Chronic back pain sufferers: striving for the sick role, *Social Science and Medicine*, 57(11), 2003, p.2243-52.

PARSONS, T. *The Social System*. London: Tavistock, 1952.

SHILLING, C. Culture, the "sick role" and the consumption of health, *British Journal of Sociology*, 53(4), 2002, p.621-38.

TURNER, B. S. *Medical Power and Social Knowledge*. 2.ed. London: Sage, 1995, esp. cap.3.

WHITE, K. *An Introduction to the Sociology of Health and Illness*. London: Sage, 2009, esp. cap. 6.

TEMA 9
CRIME E CONTROLE SOCIAL

ANOMIA

Definição prática

Sentimento de extrema ansiedade e medo resultante da experiência de ausência de normas sociais efetivas, muitas vezes produzida durante períodos de rápida mudança social.

Origens do conceito

A mudança social na era da **modernidade** é tão veloz que não raro faz surgirem grandes problemas sociais, com a quebra de estilos de vida tradicionais, morais, crenças religiosas e rotinas cotidianas, os quais às vezes não são substituídos. Durkheim associava tais condições desestabilizadoras à anomia, sentimentos de falta de perspectiva, medo e desespero quando as pessoas não sabem mais "como prosseguir". Por exemplo, as regras e os padrões de moral tradicional fornecidos pela **religião** organizada foram destruídos pelo desenvolvimento capitalista industrial incipiente, fazendo que muitas pessoas ficassem com a sensação de que o cotidiano carecia de sentido. A anomia ocorre quando não existem padrões claros que orientem o comportamento em determinada área da vida social, o que pode deixar as pessoas desorientadas, ansiosas e incapazes de agir. Esse conceito geral foi empregado por Robert Merton nos Estados Unidos, mas no processo ele alterou o significado para o uso na pesquisa empírica sobre crime e desvio. Para Merton, a anomia existe quando as pessoas vivenciam uma tensão social entre os objetivos culturais da sociedade e a capacidade individual de cumpri-los. Neste século, Messner e Rosenfeld (2001) produziram uma versão modificada da teoria da anomia – a anomia institucional –, referindo-se a uma situação em que há uma ênfase excessiva na ética de mercado que tende a sobrepujar e destruir as normas sociais que regulam o comportamento.

Significado e interpretação

Quando os indivíduos cometem crimes e atos de desvio de conduta, parece razoável supor que eles são seres racionais que sabem exatamente o que estão fazendo. Contudo, os sociólogos descobriram que existem padrões de crime e desvio que variam de acordo com **gênero**, classe e grupo étnico, o que levanta algumas novas questões sobre fatores causais. Por que determinados grupos de **classes sociais** devem cometer mais crimes que outros, por exemplo? Em sociedades relativamente ricas, em que até os grupos mais pobres têm muitas posses materiais e melhores estilos de vida do que seus pais e avós, os índices de criminalidade ainda se mantêm relativamente altos. Robert Merton utilizou o conceito de Durkheim de anomia para oferecer uma explicação para esse dado e, ao fazê-lo, afirmou que a própria estrutura da **sociedade** norte-americana seria parte da resposta.

O ponto de partida de Merton (1938) foi uma observação apurada das estatísticas oficiais de diversas sociedades desenvolvidas: uma elevada proporção de crimes "aquisitivos" – cometidos para o ganho financeiro imediato – são cometidos pela "classe baixa trabalhadora" [lower working class] – expressão comum na época, usada para descrever pessoas sem qualificação e com histórico de ocupações operacionais. Merton observou que a sociedade norte-americana contém valores culturais preservados de maneira geral que promovem a busca do sucesso material como objetivo legítimo, incentivando a autodisciplina e o trabalho árduo

ANOMIA

como meios de alcançá-lo. A ideia de que pessoas com qualquer tipo de formação podem ter sucesso se apenas trabalharem arduamente o bastante, seja qual for o seu ponto de partida na vida, passou a ficar conhecida como o "sonho americano". Isso foi comprovadamente um atrativo para diversos grupos de imigrantes que se firmaram nos EUA. Merton explicou que, para os grupos de classe baixa trabalhadora, esse "sonho" se transformou em uma **ideologia**, encobrindo o fato de que as oportunidades legítimas de sucesso não estão abertas a todos. Aqueles que não conquistam estilos de vida elevados em termos materiais, a despeito de trabalharem arduamente, veem-se condenados a uma aparente incapacidade. Pior ainda, são colocados na posição de culpados por não terem trabalhado o bastante. Isso exerce imensa pressão sobre essas pessoas para subir por outros meios, ilegais, e o resultado são níveis mais altos de crimes aquisitivos entre esses grupos à medida que vivenciam a *tensão social* entre valores culturais profundamente arraigados e a sua própria posição social.

Em suma, Merton afirma que os Estados Unidos são uma sociedade extremamente desigual e dividida que promove objetivos efetivamente alcançáveis apenas para parte da população. Muitas pessoas da classe trabalhadora, sobretudo homens jovens, introjetaram o objetivo cultural e procuram obter todos os símbolos de sucesso material, como equipamentos tecnológicos, carros e roupas, porém, para obtê-los, recorrem aos crimes aquisitivos como roubo, assalto a lojas, furto e revenda de objetos roubados. Segundo Merton, eles "inovam" nos meios disponíveis para alcançar seus objetivos, e isso ajuda a explicar a presença extremamente comum de homens jovens da classe trabalhadora nas estatísticas prisionais e fichas criminais oficiais. Não se trata de falhas de caráter individual, mas desigualdades sociais antigas e profundas que criam a tensão que leva algumas pessoas a cometer um determinado tipo de crime.

Pontos controversos

Os críticos ressaltam que, ao se concentrar nas respostas individuais, Merton não conseguiu avaliar a importância das subculturas na sustentação do comportamento desviante. Se todas as pessoas da classe baixa trabalhadora estão vivenciando uma tensão social ou anomia, por que nem todas recorrem ao crime aquisitivo? A formação de gangues e subculturas desviantes ajuda a explicar isso, pois a maioria das pessoas dentro dessa fração de classe *não* comete crimes, mas os que cometem, em geral, reúnem-se em bandos para legitimar as infrações. A confiança de Merton nas estatísticas oficiais também é problemática, uma vez que se mostram inválidas e não confiáveis, consideradas por alguns sociólogos como dados que não devam ser usados de modo algum como fontes de informação. Se a tese de Merton superestima o volume de crimes perpetrados pela classe baixa trabalhadora, então por outro lado ela desconsidera o crime da classe média. Estudos posteriores de crimes corporativos e do colarinho branco revelaram um volume surpreendente de criminalidade – fraude, peculato, infração de regras nas áreas de saúde e segurança, e assim por diante. Esse crime aquisitivo cometido por grupos sociais que já alcançaram sucesso material não é considerado no esquema de Merton.

Relevância contínua

A interpretação de anomia feita por Merton foi significativa porque tratou de um problema de pesquisa central no estudo do crime e desvio: quando a sociedade como um todo enriquece, por que os índices de criminalidade continuam subindo? Ao enfatizar a tensão social entre aspirações de ascensão e desigualdades sociais estruturais crônicas, Merton destaca a sensação de *privação relativa* entre os grupos operacionais da classe trabalhadora como um importante motivador para o comportamento desviante.

Seu argumento original foi relevante nas décadas de 1940 e 1950, mas como ele se sustenta no século XXI? Baumer e Gustafson (2007) analisaram conjuntos de dados oficiais nos EUA, incluindo os Uniform Crime Reports e a General Social Survey, e descobriram que os índices de criminalidade instrumentais continuam altos em áreas onde existe "um forte comprometimento com o sucesso financeiro" paralelo a "um fraco

ANOMIA

comprometimento com os meios legais". Essa é a proposição central da teoria moderna sobre anomia, e esse estudo oferece algumas provas estatísticas que vão ao encontro de uma versão da teoria da tensão de Merton. Waring, Weisburd e Chayet (2000) questionam se a teoria da anomia tem algo a oferecer ao estudo do crime do colarinho branco. Embora, de modo geral, suponha-se que não, esse estudo sugere maneiras pelas quais a tipologia de Merton pode ser ampliada para levar em consideração o crime na classe média. Os autores nos lembram de que Merton não sugeriu um vínculo direto entre pobreza e crime e, na verdade, viam os criminosos do colarinho branco como "inovadores" que aceitam o objetivo cultural do sucesso material, mas inovam nos meios de obtê-lo. Em muitos "empregos não exatamente do colarinho branco", fraude, peculato etc. podem não envolver enormes quantias de dinheiro, mas existe uma tensão parecida entre objetivos e meios, quase sempre criada por oportunidades vetadas de avanço devido a preconceitos de classe, gênero, etnia ou formação educacional. Em princípio, alguns tipos de crime do colarinho branco podem ser explicados usando os conceitos de Merton.

Em outro interessante trabalho, Teh (2009) também se inspirou na teoria de Merton, bem como nos argumentos de Messner e Rosenfeld, em um estudo sobre o aumento dos índices de criminalidade na Malásia durante um período de forte desenvolvimento econômico. Mais uma vez a tese de Merton parece ter mantido a relevância, nesse caso até mesmo fora dos países desenvolvidos para os quais a tese se destinou, o que indica que é possível haver uma teoria sociológica geral do crime.

Referências e leitura complementar

BAUMER, E. P.; GUSTAFSON, R. Social organization and instrumental crime: assessing the empirical validity of classic and contemporary anomie theories, *Criminology*, 45(3), 2007, p.617-63.

MERTON, R. H. Social structure and anomie, *American Sociological Review*, 3(5), 1938, p.672-82.

MESSNER, S. F.; ROSENFELD, R. *Crime and the American Dream*. Belmont, CA: Wadsworth, 2001.

TEH, Yik Koon. The best police force in the world will not bring down a high crime rate in a materialistic society, *International Journal of Police Science and Management*, 11(1), 2009, p.1-7.

WARING, E.; WESIBURD, D.; CHAYET, E. White collar crime and anomie. In: LAUFER, W. S. (ed.). *The Legacy of Anomie Theory*. New Brunswick, NJ: Transaction, 2000, p.207-77.

CONTROLE SOCIAL

Definição prática

Todos os mecanismos formais e informais e controles internos e externos que funcionam para gerar conformidade.

Origens do conceito

As teorias sobre controle remontam ao filósofo do século XVII Thomas Hobbes. Hobbes afirmava que, em uma **sociedade** de indivíduos com interesse próprio, um enorme **poder** – o Estado – seria necessário para evitar uma "guerra de todos contra todos". Havia um contrato entre o Estado e o indivíduo segundo o qual o cidadão é leal ao Estado e este, em troca, o protege. Quando o estudo do controle social foi introduzido à **ciência** social, desenvolveram-se perspectivas sociológicas mais complexas.

Ao final do século XIX, Edward Ross sugeriu que o controle social englobasse todas as pressões exercidas para que as pessoas se conformem às regras sociais, embora essa fosse uma abordagem bastante genérica. Talcott Parsons (1937) apresentou uma alternativa com base na **socialização**. Segundo ele, a conformidade não é produzida apenas por meio do medo e por agentes externos, mas é também internalizada nas normas e valores absorvidos pelas pessoas durante o processo de socialização. Uma resposta mais específica foi apresentada por Travis Hirschi (1969), que considerava que a delinquência juvenil ocorre quando os vínculos do indivíduo com a sociedade são enfraquecidos ou rompidos. Essa teoria concentrava a atenção nas conexões que as pessoas têm com a **família**,

CONTROLE SOCIAL

colegas e instituições sociais. Para os teóricos marxistas, porém, o Estado é um ator fundamental na produção de controle social, que nas sociedades capitalistas é, na verdade, o controle da classe trabalhadora.

Significado e interpretação

Controle social é o lado oposto do **desvio**. Enquanto os sociólogos do desvio e crime analisam por que as pessoas infringem normas e leis sociais, os teóricos do controle social fazem a pergunta oposta: por que as pessoas obedecem? Uma das formas de pensar as diversas teorias de controle social é dividi-las entre duas abordagens: "produtora de conformidade" e "repressora do desvio" (Hudson, 1997). As teorias de produção de conformidade costumam se concentrar no aprendizado dos papéis sociais e na internalização das normas sociais, enquanto as teorias da repressão do desvio analisam as associações entre comportamento desviante e as medidas empregadas para reduzi-lo. Podemos dizer que as melhores teorias são as que conseguem mesclá-las.

Parsons tentou solucionar o que denominou "o problema da ordem social" – ou seja, como as sociedades conseguem produzir conformidade suficiente de uma geração para a outra. Para ele, a conformidade das pessoas não parece forçada ou hesitante e a maioria das pessoas se conforma por conta própria. Isso porque as normas sociais existem não só "por aí afora" nos manuais jurídicos e livros de boas maneiras, mas também dentro de nós mesmos. A socialização garante que o senso de si próprio [*self*] esteja intimamente conectado à conformidade das regras, o que influencia a nossa autoimagem de "pessoas boas". Em um sentido real, somos nossos próprios censores e nos encarregamos de "policiar" nosso próprio comportamento na maioria das vezes. Por exemplo, o estudo realizado por David Matza (1964) sobre delinquência juvenil descobriu que até mesmo aqueles que infringem a lei possuem os mesmos valores gerais da sociedade tradicional e precisam planejar o que ele chamou de "técnicas de neutralização" – narrativas próprias sobre os motivos que os levam a infringir leis – para cometer delitos e, ao mesmo tempo, manter a autoimagem.

A teoria de Hirschi sobre controle social explicou a conformidade como algo baseado nos laços e vínculos sociais. Estes são criados por meio de ligações com amigos, família e colegas, comprometimento com estilos de vida convencionais, envolvimento em atividades normais e legais e crenças acerca do respeito à lei e às **autoridades**. Essas ligações e vínculos conseguem fazer que o indivíduo se mantenha envolvido em atividades convencionais e longe das oportunidades de comportamento desviante. Portanto, as causas do desvio não estão simplesmente na patologia individual ou no individualismo egoísta, mas também na falta de conexão com a sociedade e seus órgãos e instituições, o que os deixa como se à deriva e vulneráveis às tentações desviantes. O desvio dispensa explicações uma vez que ocorre diante de uma oportunidade. Um exemplo disso é o padrão de **gênero** relacionado ao crime, o que talvez seja o aspecto mais impressionante das estatísticas oficiais nessa área. Por que as mulheres cometem muito menos crimes e por que os homens cometem tantos? Segundo a teoria de Hirschi, a resposta está no fato de os pais e as organizações sociais controlarem as meninas e os meninos de maneiras diferentes. Os meninos são incentivados a sair pelo mundo desde cedo e assumir **riscos** que os ajudam a crescer de formas que lhes permitam se adaptar aos papéis masculinos adultos que um dia terão de cumprir. Quanto mais tempo os meninos passam fora de casa, maiores as chances de se envolverem em atividade desviante. Já as meninas são mantidas perto do lar familiar por muito mais tempo e são desencorajadas ou até impedidas de manter contato com o mundo externo, sobretudo depois de escurecer, e isso reduz as suas oportunidades de romper as normas sociais.

Aspectos controversos

O enfoque sociológico de Parsons em relação ao controle social transferiu a atenção dos controles externos para os controles internos, o que acrescentou uma nova dimensão à nossa compreensão. Contudo, os críticos argumentam que ele dá um peso excessivo à socialização na produção da conformidade – peso esse que a socialização talvez não consiga sustentar. Isso porque muitos veem a socialização e os processos

CONTROLE SOCIAL 279

de autoformação como inerentemente conflitantes e não harmoniosos, envolvendo diversas tensões com forte carga emocional. Isso quer dizer que não é possível haver garantias de que o mesmo conjunto de normas e valores sociais será internalizado por todos. Deve haver algo a mais na produção da conformidade do que Parsons tenha relatado.

Teorias posteriores do controle social incluem a perspectiva do **etiquetamento**, de acordo com a qual desvio e controle social estão intimamente relacionados. A relação entre ambos é profundamente irônica, porém, já que quanto mais os agentes de controle social tentam evitar o desvio, maiores as chances de que mais desvios sejam criados. Uma série de estudos interacionistas sobre o desvio desde a década de 1960 mostra como o controle social tem uma tendência a conduzir a mais comportamentos rotuláveis como desviantes e a uma subsequente expansão da "atividade desviante".

Relevância contínua

O conceito de controle social e os problemas de ordem social são temas da teoria sociológica há tempos. Ao lidar com esses problemas de ordem social, os sociólogos passaram a considerar os problemas de estrutura e ação, fenômenos em nível micro e macro e questões acerca de socialização e conformidade. Mas nada disso pode ser separado dos estudos de crime e desvio, pois eles são basicamente dois lados da mesma moeda. Assim sendo, enquanto houver estudos de crime e desvio, haverá também interesse nas implicações deles para a nossa compreensão do controle social.

Lidar com comportamento antissocial levou a alguns esquemas inovadores, sendo um deles a combinação da gestão de habitações sociais com policiamento. Brown (2004) afirma que o conceito de "comportamento antissocial" no Reino Unido é uma criação recente que permite ao Estado tratar de tipos específicos de atividades até então consideradas externas ao âmbito do sistema de justiça criminal. Segundo a autora, de certa forma, essa mudança indica que um novo modelo de controle social está surgindo, o qual envolve profissões ligadas a cuidado e controle. Mas também sugere que o modelo anterior fracassou.

A teoria do controle de Hirschi defendia que vínculos fortes imunizam as pessoas contra o desvio, porém essa tese é revista com um enfoque nas diferenças de gênero na pesquisa realizada em escolas por Booth, Farrell e Varano (2008), ligada a controle social, gênero e delinquência. Ao contrário de pesquisas anteriores que sugeriam que o vínculo parental exercia um impacto mais significativo nas meninas, esse estudo revelou que o vínculo parental exerce pouca influência no comportamento de risco ou em delinquência mais grave, tanto para meninos como meninas. Por outro lado, o envolvimento em atividades sociais como esportes, igreja e atividades escolares exercia múltiplos efeitos. Igreja e atividades escolares não esportivas reduziam a delinquência grave em meninos mas não em meninas, enquanto o envolvimento em esportes reduzia a delinquência nas meninas, mas não nos meninos. Isso sugere que algumas ideias convencionais de que o esporte mantém os meninos longe do crime, e de que a igreja ou as atividades não esportivas fazem o mesmo para as meninas, podem não proceder. Os autores concluem que existem diferenças cruciais no vínculo social, as quais necessitam de análises específicas de gênero em vez de análises gerais de desvio.

Referências e leitura complementar

BOOTH, J. A.; FARRELL, A.; VARANO, S. P. Social Control, Serious Delinquency, and Risky Behavior, *Crime and Delinquency*, 54(3), 2008, p.423–56.

BROWN, A. P. Anti-social behaviour, crime control and social control, *Howard Journal of Criminal Justice*, 43(2), 2004, p.203-11.

HIRSCHI, T. *Causes of Delinquency*. Berkeley: University of California Press, 1969.

HUDSON, B. Social control. In: MAGUIRE, M.; MORGAN, R.; REINER, R. (eds.). *The Oxford Handbook of Criminology*. 2.ed. Oxford: Oxford University Press, 1997, p.451-72.

INNES, M. *Understanding Social Control*: Crime and Social Order in Late Modernity. Buckingham: Open University Press), 2003, esp. caps. 1 e 2.

MATZA, D. *Delinquency and Drift*. New York: John Wiley, 1964.

PARSONS, T. *The Structure of Social Action*. New York: McGraw-Hill, 1937. [Ed. Bras.: *Estrutura da ação social*. Petrópolis: Vozes, 1995.]

DESVIO

Definição prática

Realização de ações que não obedecem a normas ou valores aceitos de modo geral na **sociedade**.

Origens do conceito

Os estudos biológicos e psicológicos do século XIX sobre a criminalidade supunham que o desvio fosse um sinal de que havia algo de "errado" com o indivíduo. Eles defendiam que, se uma criminologia científica pudesse identificar as causas do desvio e do comportamento criminoso, seria possível intervir e evitar tal comportamento. Nesse sentido, tanto as teorias biológicas quanto as psicológicas acerca do crime eram positivistas por natureza, empregando métodos científicos naturais ao estudo do mundo social. Os enfoques sociológicos ao estudo do desvio começaram com Durkheim ao final do século XIX. Segundo ele, o desvio era, em diversos aspectos, "normal", exercendo algumas funções úteis para a manutenção da ordem social, embora ele também reconhecesse que um desvio excessivo poderia se tornar disfuncional. A partir da década de 1950, o conceito foi usado para estudar as subculturas jovens e seu relacionamento com a sociedade tradicional, e na década de 1960, desenvolveu-se uma teoria interacionista radical sobre o desvio. Esta definia o desvio simplesmente como qualquer outra forma de comportamento que passasse a ser rotulada como tal pelos defensores poderosos da sociedade. As perspectivas do **etiquetamento** [*labelling*] levaram a Sociologia do Desvio o mais longe possível da primeira concepção positivista, sugerindo que ele resulta do processo social de etiquetamento pelo qual algumas ações passam a ser definidas como tal.

Significado e interpretação

Desvio pode ser definido como não conformidade a um determinado conjunto de normas que são aceitas por um número significativo de pessoas em uma **comunidade** ou sociedade. A maioria de nós, em algum momento, transgride regras de comportamento globalmente aceitas, ainda que de modo geral sigamos as normas sociais como resultado da **socialização** na infância. Desvio e crime não são sinônimos, ainda que em muitos casos eles se sobreponham. Desvio é muito mais abrangente do que crime, que se refere apenas à conduta de não conformidade que infringe a lei. O conceito de desvio pode ser aplicado tanto ao comportamento individual como à atividade de grupos. O estudo do desvio também dirige a nossa atenção à questão do **poder**, e quando analisamos o desvio devemos pensar de *quem* são as regras que estão sendo infringidas. Na Sociologia do Desvio, não surgiu nenhuma teoria única dominante, e diversas perspectivas teóricas continuam relevantes e úteis.

Para Durkheim, crime e desvio são fatos sociais. Para ele, ambos são inevitáveis e, de certa forma, características "normais" de todas as sociedades. As pessoas na era moderna são menos reprimidas do que as de sociedades tradicionais porque há mais espaço para as escolhas individuais; portanto, é inevitável que haja algum nível de não conformidade. Durkheim também considerava que o desvio cumpre duas funções importantes. Em primeiro lugar, é capaz de introduzir novas ideias e novos desafios à sociedade e pode ser uma força inovadora, proporcionando mudança social e cultural. Em segundo lugar, o desvio incentiva a manutenção da fronteira entre comportamento "bom" e "ruim", provocando uma reação coletiva que intensifica a solidariedade do grupo e esclarece as normas sociais. Por outro lado, se os níveis de desvio se tornam altos demais, ele pode interferir no funcionamento harmonioso da sociedade e, nesse caso, as forças da lei e da ordem precisariam intervir.

Provavelmente, a teoria do desvio mais empregada seja a perspectiva do etiquetamento, que interpreta o desvio não como um conjunto de características de indivíduos ou grupos, mas como um processo de **interação** entre desviantes e não desviantes. Devemos, portanto, descobrir por que algumas pessoas passam a ser rotuladas como "desviantes". O etiquetamento não afeta apenas o modo como os outros veem uma pessoa, mas também influencia o senso do indivíduo de si próprio [self]. Edwin Lemert (1972) desenvolveu um modelo para compreender como

DESVIO 283

o desvio pode coexistir com a **identidade** da pessoa ou se tornar central para ela. De acordo com ele, ao contrário do que alguns possam imaginar, o comportamento desviante é, na realidade, bastante comum e, em geral, as pessoas se safam impunemente. Por exemplo, muitas infrações de trânsito sequer vêm à tona e, no local de trabalho, não raro se faz "vista grossa" para pequenos furtos. A essas práticas iniciantes de transgressão Lemert denominou *desvio primário*. Na maior parte dos casos, eles permanecem marginais à autoidentidade da pessoa, e o ato se torna "normalizado". Em alguns casos, porém, a normalização não acontece e a pessoa é rotulada como criminosa ou delinquente. Lemert usou o termo *desvio secundário* para descrever os casos em que os indivíduos aceitam o rótulo e veem a si mesmos como desviantes. Nesses casos, o rótulo pode até se tornar um "*master status*" que, por sua vez, leva à continuação ou intensificação do comportamento.

Aspectos controversos

A teoria funcionalista enfatiza as conexões entre conformidade e desvio em diferentes contextos sociais. A falta de oportunidade pode ser um fator diferencial entre os que entram e os que não entram para a criminalidade. Contudo, a maioria das pessoas em comunidades mais pobres tende a ajustar suas aspirações para o que consideram a realidade da situação e apenas uma minoria parte para o crime. Merton e os teóricos da subcultura podem, portanto, ser criticados por presumir que os valores da classe média foram aceitos na sociedade inteira. Alguns sugeriram ainda que, em vez de os governos intervirem para baixar os níveis de desvio aceitáveis quando se tornam altos demais, é mais frequente ver a redefinição do que é considerado como desvio e crime a fim de fazer que um comportamento anteriormente inaceitável entre para o padrão convencional. Ao redefinir, antes de mais nada, o que é considerado como desvio, a ideia otimista de Durkheim de que há como distinguir o que é nível aceitável e nível inaceitável fica inviável.

A perspectiva do etiquetamento também foi criticada. Fora do contexto de guerras, alguns atos desviantes não são definidos como tal por defensores poderosos, mas são proibidos universal e consistentemente nas sociedades. Assassinato, estupro e pilhagem, por exemplo, costumam ser vistos como inaceitáveis seja qual for a opinião das autoridades. Considera-se também que o etiquetamento pouco tem a oferecer aos idealizadores das políticas. Se todo desvio é relativo, como é possível decidir quais ações devem ser controladas e proibidas e quais devem ser permitidas? Se essas decisões precisam se basear nos danos causados, então fica a impressão de que, contrariamente à teoria do etiquetamento, o desvio é, na verdade, uma qualidade do ato, e não está meramente em sua rotulação e definição social.

Relevância contínua

O conceito de desvio tem uma extensa carreira na Sociologia que continua a produzir estudos interessantes e inspiradores sobre a infração das regras e o seu controle. De fato, é difícil entender como a Sociologia do Crime e a Criminologia existiriam sem ele. Como o desvio nos obriga a considerar os papéis dos diversos atores sociais, incluindo desviantes e criminosos, formadores de opinião e defensores da moral, forças policiais, tribunais e políticos, ele é um conceito importante que associa o comportamento "ruim" ao contexto social no qual ele ocorre. O estudo do desvio nos obriga a repensar os atuais padrões de "normalidade" da sociedade.

Os estudos do desvio mergulham em universos ocultos e Goldschmidt (2008) mantém a tradição. Seu pequeno estudo analisou como dez policiais se envolveram em comportamento desviante durante a carreira, fazendo revistas policiais ilegais, plantando provas, redigindo boletins falsos e cometendo perjúrio. O estudo examina as justificativas. Primeiramente, eles achavam que o desvio era por "uma causa nobre", isto é, capturar criminosos e proteger a comunidade, embora também acreditassem que as vítimas apoiassem seus métodos. No entanto, os policiais também se beneficiavam profissionalmente de suas ações e desenvolveram técnicas efetivas de neutralizar a culpa moral.

O conceito de desvio é aplicado em um escopo muito mais amplo de comportamento do que o crime. A pesquisa qualitativa de Adler e Adler

ETIQUETAMENTO

(2007) com oitenta pessoas que se automutilavam demonstra o quanto ele pode ser útil para compreendermos essa prática. A dissertação aprofunda a forma como o comportamento automutilante (ou "autolesionado") foi anteriormente classificado por médicos e psicólogos como uma doença a ser tratada. Entretanto, com base em dados de entrevistas e fontes da internet, os autores descobriram que, no final dos anos 1990 e início dos 2000, a automutilação estava no processo de ser redefinida e reclassificada por seus praticantes como "um comportamento voluntariamente desviante" e não um problema médico. Isso reflete a máxima interacionista de que comportamento desviante é aquele que é rotulado como tal.

Referências e leitura complementar

ADLER, P. A.; ADLER, P. The demedicalization of self-injury, *Journal of Contemporary Ethnography*, 36(5), 2007, p.537-70.

GOLDSCHMIDT, J. The necessity of dishonesty: police deviance, "making the case" and the public good, *Policing and Society*, 18(2), 2008, p.113-35.

HENRY, S. *Social Deviance*. Cambridge: Polity, 2009.

LEMERT, E. *Human Deviance, Social Problems and Social Control*. Englewood Cliffs, NJ: Prentice Hall, 1972.

ETIQUETAMENTO

Definição prática

Processo pelo qual alguns indivíduos e grupos sociais são identificados como detentores de algumas características por pessoas com **poder** e influência para fazer essas etiquetas pegarem.

Origens do conceito

O conceito de etiquetamento [*labelling*] foi criado nas décadas de 1950 e 1960 por sociólogos trabalhando de acordo com a tradição interacionista simbólica. Essas perspectivas foram particularmente influentes nos estudos do crime e do **desvio**, nos quais foram concentradas as atenções no modo como o desvio é definido e criado nos processos de **interação** social. Edwin Lemert fez a distinção entre desvio primário e secundário, e o etiquetamento tendia a se concentrar no desvio secundário. Howard Becker (1963) afirmava, por exemplo, que o desvio poderia ser mais bem compreendido como um processo durante o qual algumas ações tenham sido definidas e classificadas como desviantes e tratadas como tal. O foco central de Becker estava no impacto daquele processo na **identidade** dos próprios "desviantes", que haviam sido transformados em "intrusos", estigmatizados e marginalizados da **sociedade** tradicional.

Significado e interpretação

Uma das abordagens interacionistas mais importantes para a compreensão do crime e desvio é a perspectiva do etiquetamento. Os teóricos do etiquetamento não interpretam o desvio como um conjunto de características de indivíduos ou grupos, mas como um processo de interação entre desviantes e não desviantes. As pessoas que representam as forças da lei e da ordem, ou que conseguem impor sobre outros definições de moralidade convencional, são os grandes responsáveis pela rotulação. Os rótulos que criam as categorias de desvio, portanto, exprimem o poder da estrutura da sociedade. Por exemplo, as regras sobre o que define um desvio são estipuladas pelos ricos em relação aos pobres, homens em relação às mulheres, idosos em relação aos jovens e maiorias étnicas em relação a grupos minoritários. Contudo, o etiquetamento não consiste apenas em um caso de má reputação, mas sim é o produto final de um longo processo social que envolve muitos atores.

O trabalho de Howard Becker mostrou como as identidades desviantes são produzidas por meio dos processos de etiquetamento e não por motivações ou comportamento desviantes. Becker dizia que o "desvio não é uma qualidade do ato cometido por uma pessoa, e sim uma consequência da aplicação por outros das regras e sanções a um 'infrator'. O desviante é aquele a quem a etiqueta foi aplicada com sucesso [...] o comportamento desviante é o comportamento etiquetado como tal pelas

ETIQUETAMENTO

pessoas". Essa definição incentivou muitas pesquisas, ainda que também tenha sido questionada. Becker foi extremamente crítico com relação aos enfoques criminológicos segundo os quais há uma nítida distinção entre "normal" e "desviante". Para Becker, o comportamento não é o fator determinante que explica por que as pessoas se tornam "desviantes". Em vez disso, há processos não relacionados ao comportamento em si que são mais influentes para determinar se alguém é ou não rotulado como desviante. O jeito de se vestir, de falar ou o país de origem de uma pessoa poderiam ser fatores fundamentais que determinam se o rótulo se aplica ou não.

O processo de "aprender a ser desviante" costuma ser acentuado pelas prisões e instituições sociais, que são as mesmas organizações montadas para corrigir o comportamento desviante. Para os teóricos da rotulação, trata-se de uma demonstração clara de "paradoxo do controle social" que resulta na amplificação do desvio. Wilkins (1964) estava interessado em como as identidades desviantes são "gerenciadas" e integradas ao cotidiano. A amplificação do desvio se refere à consequência não intencional de etiquetar o comportamento como desviante, quando um órgão de controle, na verdade, provoca mais do mesmo comportamento desviante. A pessoa rotulada incorpora a etiqueta em sua identidade por meio do desvio secundário em um ciclo de amplificação escalada. As perspectivas da rotulação são importantes porque partem do pressuposto de que nenhum ato é intrinsecamente "desviante" ou "criminoso". Essas definições são estabelecidas pelos donos do poder, através da formulação das leis e da interpretação dessas leis por parte da polícia, dos tribunais e das instituições correcionais.

Aspectos controversos

O etiquetamento considera o desvio primário como relativamente desimportante por ser tão disseminado. Entretanto, por se concentrarem tanto no desvio secundário, os seus teóricos negligenciam os processos que levam as pessoas a cometer atos de desvio primário, deixando-os sem explicação. Mas qualquer teoria completa sobre o desvio deveria, sem dúvida, lidar com o desvio primário e o secundário.

CRIME E CONTROLE SOCIAL

Também não fica claro se o etiquetamento realmente exerce o efeito de aumento do desvio. A infração juvenil costuma aumentar vertiginosamente após uma condenação, porém outros fatores, como maior interação com outros infratores ou a aprendizagem de novos tipos de crimes, também podem estar relacionados. O etiquetamento também levanta questões sobre relações estruturais de poder, mas não consegue solucioná-las. Como é que alguns grupos poderosos conquistaram suas posições? Para responder essa pergunta, é preciso recorrer a teorias sociológicas da sociedade, como marxismo ou outras teorias sobre **conflito**, e a rotulação não propõe nenhuma teoria geral da sociedade.

Relevância contínua

É comum pensar no desvio como algo negativo, entretanto todas as sociedades precisam dar algum espaço para indivíduos e grupos cujas ações não estão em conformidade com as normas convencionais. Pessoas que seguem formas ortodoxas normalmente tratam de antemão com desconfiança ou hostilidade as pessoas que criam novas ideias na política, ciência, arte e outras áreas. Nesse sentido, a teoria do etiquetamento e a Sociologia do Desvio de maneira geral se firmaram como úteis contrapesos à criminologia, a qual se concentra apenas no crime e na redução do crime. Além disso, embora o etiquetamento não dê conta de todas as questões levantadas por seus estudos, ele encaminhou o desvio e a criação de identidades desviantes para uma análise mais abrangente, que possibilitou aos sociólogos posteriores adotar novas linhas de interesse.

As perspectivas do etiquetamento continuam úteis no estudo de grupos vítimas de discriminação. Joy Moncrieffe (2009) aplica a rotulação para entender mais a fundo a posição das "crianças de rua" e dos *"restavecs"* no Haiti. *"Restavec"* é uma etiqueta dada às crianças enviadas das famílias na zona rural para viver e trabalhar em casas na zona urbana. Moncrieffe afirma que a maioria sofre maus-tratos, sem contar as provas contundentes da existência de agressões físicas, longas horas de trabalho e estupros. Contudo, as opiniões das autoridades governamentais divergem em relação aos *restavecs*. Alguns acham que o sistema é uma

ETIQUETAMENTO 289

"mancha" na reputação do Haiti e outros acham que ele exerce uma função econômica útil. A etiqueta "criança de rua", por outro lado, carrega uma resposta muito mais negativa como o "grupo mais desprezado do Haiti". Essas etiquetas costumam ser reproduzidas em todos os grupos e organizações, até mesmo nas que tentam reduzir a pobreza, como os grupos de missionários. Moncrieffe demonstra como o processo clássico de etiquetamento está intimamente ligado à estigmatização.

O conceito de desvio fica em lugar oposto ao de conformidade às regras sociais. Mas será que o desvio pode ser aplicado em um contexto em que a normalização das regras ainda não foi estabelecida? Considerando a relativa "ausência de lei" no mundo cibernético, poderíamos até achar que as definições de desvio e normalidade fossem bastante aleatórias, porém mesmo assim as pessoas costumam levar as convenções e normas do mundo *"off-line"* para que vigorem no ambiente *"on-line"*. Em uma interessante discussão sobre esse tema, Denegri-Knott e Taylor (2005) investigam o compartilhamento *on-line* de arquivos de música em formato MP3 e o *"flaming"* [linguagem ofensiva] em ambientes virtuais, nos quais as normas sociais ainda estão se formando, a fim de compreenderem melhor se "desvio" seria um conceito adequado para alguns comportamentos que eles observaram.

Referências e leitura complementar

BECKER, H. S. *Outsiders*: Studies in the Sociology of Deviance. New York: Free Press, 1963.
[Ed. Bras.: *Outsiders*: estudos de Sociologia do Desvio. Rio de Janeiro: Zahar, 2008.]

DENEGRI-KNOTT, J.; TAYLOR, J. The labeling game: a conceptual exploration of deviance on the internet, *Social Science Computer Review*, 23(1), 2005, p.93-107.

HOPKINS BURKE, R. *An Introduction to Criminological Theory*. 3.ed. Cullompton, Devon: Willan, 2009, cap. 9.

MONCRIEFFE, J. When labels stigmatize: encounters with "street children" and "restavecs" in Haiti. In: EYBEN, R.; MONCRIEFFE, J. (eds.). *The Power of Labelling*: How We Categorize and Why it Matters. London: Earthscan, 2009, p.80-96.

WILKINS, L. T. *Social Deviance*: Social Policy Action and Research. London: Tavistock, 1964.

JUSTIÇA RESTAURATIVA

Definição prática

Teoria e processo de justiça criminal focada em reparar os danos provocados às vítimas de crimes e que requer a participação de todos os envolvidos.

Origens do conceito

A justiça restaurativa é uma forma de justiça baseada na comunidade e representa um afastamento dos sistemas judiciais retributivos (calcados na punição) dos países desenvolvidos. Os sistemas judiciais **comunitários** têm uma longa história, sobretudo em antigas sociedades pequenas sem organização estatal. Nessas sociedades, a justiça dizia respeito à solução da contenda, e esse processo comprometia infratores e suas **famílias**, promovendo reparações às vítimas e à comunidade como um todo (Strickland, 2004, p.2-3). Os sistemas judiciais retributivos hoje tão comuns podem ser considerados relativamente novos, cuja história remonta ao século XVIII apenas. A invenção e o uso cada vez mais comum do encarceramento como punição para crimes de todos os tipos marcaram uma mudança representativa em relação à justiça comunitária. O movimento de justiça restaurativa contemporâneo, inspirado nos modelos restaurativos das comunidades maori na Nova Zelândia e em grupos aborígenes na Austrália (McLaughlin et al., 2003), surgiu ao final da década de 1970. Contudo, entre os criminologistas, o ímpeto desse movimento veio de uma crescente desilusão com as políticas retributivas convencionais, índices de recidivismo consistentemente altos e uma sensação de que "nada funciona".

Significado e interpretação

A justiça restaurativa é uma forma de justiça criminal e comunitária que obriga os infratores a reconhecer o impacto de seu comportamento nas vítimas, famílias e na comunidade de modo geral. Nesse sentido, ela parte do princípio de que os infratores fazem parte, e não estão separados, da comunidade em que vivem. Os sistemas de justiça retributiva funcionam retirando os infratores da comunidade e levando-os para prisões, quase sempre muito longe do local onde ocorreu a violação e, dessa forma, blinda-se o infrator das consequências de suas ações. Os defensores da justiça restaurativa afirmam que os infratores devam ser expostos aos custos de suas violações de uma maneira significativa que os ajude a se reintegrarem à corrente tradicional dos relacionamentos sociais (Graef, 2001). Assim sendo, os processos restaurativos procuram encontrar novas formas criativas de reduzir a reincidência do ato, concedendo a vítimas e comunidade um papel central no sistema de justiça.

Uma das figuras fundamentais na origem da justiça restaurativa é John Braithwaite (1999 [1989]), para quem a justiça restaurativa é mais eficaz se for baseada na "vergonha reintegrativa". Isto é, os infratores passam a reconhecer totalmente a reprovação da vítima e da sociedade, de formas que os envergonham a ponto de chegarem à "obediência por livre escolha". O processo pelo qual se alcança isso deve se basear em três princípios básicos: respeito mútuo, comprometimento mútuo e intolerância em relação ao comportamento ofensor (Van Ness; Strong, 2010, p.104). Para Braithwaite, a vergonha é a melhor maneira de transmitir aos infratores o ressentimento justificado de suas vítimas e fazer que se responsabilizem como cidadãos. Contudo, a vergonha pode facilmente virar estigmatização, o que pode transformar infratores em "excluídos", impulsionando-os para a carreira no crime em subculturas desviantes. Portanto, é crucial que o processo de justiça seja "reintegrativo" e fiel aos princípios básicos ressaltados anteriormente (Strang; Braithwaite, 2001).

Nas abordagens da justiça restaurativa, pode-se exigir que os infratores conheçam ou se comuniquem com as suas vítimas, normalmente através de algum tipo de mediação. Isso permite que as vítimas façam perguntas, expressem seus sentimentos diretamente, recebam um pedido formal de desculpas e deixem claro para o infrator quais são as consequências dos atos por ele cometidos. Isso também ajuda as vítimas a darem sequência à vida. Mas também obriga os infratores a assumirem a responsabilidade por suas ações, compreenderem como a violação que cometeram afeta outras pessoas e repensar qual será o seu comportamento no futuro (Liebmann, 2007, p.29). No entanto, a segunda parte da justiça restaurativa é a reparação – reparar os danos causados. Embora uma sentença de prisão ainda possa ser apropriada para crimes graves de violência, há uma probabilidade muito maior de que, na maioria dos casos, a "sentença comunitária" seja mais propícia. Exemplos disso incluem prestar serviços comunitários, trabalhar como voluntário ou auxiliar em projetos na comunidade.

Aspectos controversos

O uso da vergonha no sistema de justiça criminal parece mais adequado para alguns tipos de infratores do que para outros. Grande parte da literatura e exemplos de justiça restaurativa se concentram em um conjunto semelhante de violações, incluindo arrombamentos, furtos, violência doméstica, infrações de trânsito e vandalismo, por exemplo. Houve alguns casos de reintegrações bem-sucedidas nessas áreas, embora realmente faltem dados empíricos convincentes capazes de fundamentar a ideia de que a justiça restaurativa reduz a reincidência. Será mesmo possível que gângsteres organizados, estupradores, assassinos ou pessoas envolvidas em redes de pedofilia possam ser induzidos à cidadania responsável por meio da vergonha reintegrativa?

De maneira análoga, não é à toa que o modelo de justiça restaurativa seja extraído de comunidades pequenas e relativamente homogêneas nas quais as reparações comunitárias têm mais chances de sucesso. Em cidades e áreas urbanas grandes e multiculturais, a impessoalidade e a segregação ditam as regras. Nesse contexto, é muito difícil discernir o significado de "comunidade". Além disso, na falta da identificação comunitária, é pouco provável que a vergonha e as medidas restaurativas carreguem alguma força.

Alguns acadêmicos também confrontam os princípios básicos da justiça restaurativa. Acorn (2004) afirma que, sem dúvida, a melhor forma de lidar com violações e rivalidades é tentar resolvê-las mediante diálogo e acordo. Contudo, a ideia de que a justiça restaurativa poderia formar

JUSTIÇA RESTAURATIVA 293

a base de todo o sistema de justiça é errônea e possivelmente perigosa. Acorn reitera que todos os sistemas de justiça são formas de lidar com relacionamentos entre pessoas justamente quando *não há* respeito mútuo, solidariedade e compaixão. Portanto, a justiça restaurativa reflete um fracasso ou falta de disposição para encarar a realidade de uma vida moderna em que essas qualidades podem estar escassas. A justiça restaurativa não abarca, em nenhum aspecto, uma concepção genuína de justiça, mas está meramente "atrelada à ancestral esperança do ser humano pela convergência de amor e justiça" (Acorn, 2004, p.22). A indicação de que o sistema corrente deveria ser desmantelado a favor de tamanho sentimentalismo fantasioso é, sem dúvida, um perigo.

Relevância contínua

Como uma novidade relativamente recente, a abordagem da justiça restaurativa ainda está sendo experimentada em diversos países e para diferentes atos de crime e desvio. Logo, ainda estamos muito longe de descobrir se ela de fato reduz os índices de reincidência. Uma das áreas de pesquisa que vêm ganhando espaço nesse campo são as avaliações sistemáticas das abordagens restaurativas e é de se esperar que elas continuem. Mesmo assim, alguns acadêmicos sugerem que o mero foco nos índices de reincidência talvez não demonstre todos os benefícios da justiça restaurativa, que incluem satisfação da vítima com o processo e maior envolvimento da comunidade no sistema de justiça.

Esta última argumentação é realizada por Young e Goold (2003 [1999]) em sua comparação entre a prisão cautelar policial "à moda antiga" e a ação cautelar restaurativa "ao novo estilo" em uma cidade inglesa. As prisões cautelares policiais ocorrem normalmente, ainda que nem sempre, nas delegacias. A intenção é evitar que pequenos delitos cheguem aos tribunais onde uma forma "degradante" de constrangimento pode ser percebida como injusta, resultando na adoção de uma identidade desviante. No entanto, os autores afirmam que o modo de execução das prisões cautelares policiais convencionais se constitui em uma forma de "reprimenda" e, em consequência, de constrangimento humilhante.

As ações cautelares restaurativas demoram muito mais tempo – em geral, trinta a quarenta minutos –, permitindo que os infratores descrevam seu delito e as vítimas façam perguntas e expliquem seus sentimentos. Young e Goold argumentam que esse novo modelo deve ser valorizado pelo envolvimento das vítimas e relativa abertura quando comparado com o tipo antigo, e não avaliado isoladamente como forma de prevenção à reincidência.

Referências e leitura complementar

ACORN, A. *Compulsory Compassion*: A Critique of Restorative Justice. Vancouver: UBC Press, 2004.

BRAITHWAITE, J. *Crime, Shame and Reintegration*. Cambridge: Cambridge University Press, 1999 [1989].

GRAEF, R. *Why Restorative Justice?* Repairing the Harm Caused by Crime. London: Calouste Gulbenkian Foundation, 2001.

LIEBMANN, M. *Restorative Justice*: How it Works. London: Jessica Kingsley, 2007.

MCLAUGHLIN, E.; FERGUSSON, R.; HUGHES, G.; WESTMARLAND, L. (eds.). *Restorative Justice*: Critical Issues. Buckingham: Open University Press, 2003 [1999].

STRANG, H.; BRAITHWAITE, J. (eds.). *Restorative Justice and Civil Society*. Cambridge: Cambridge University Press, 2001.

STRICKLAND, R. A. *Restorative Justice*. Nova York: Peter Lang, 2004.

VAN NESS, D. W.; STRONG, K. H. *Restoring Justice*: An Introduction to Restorative Justice . 4.ed. New Providence, NJ: Matthew Bender, 2010.

YOUNG, R.; GOOLD, B. Restorative police cautioning in aylesbury: from degrading to restorative shaming ceremonies? In: MCLAUGHLIN, E.; FERGUSSON, R.; HUGHES, G.; WESTMARLAND, L. (eds.). *Restorative Justice*: Critical Issues. Buckingham: Open University Press, 2003 [1999], p.94-104.

PÂNICO MORAL

Definição prática

Reação exacerbada da sociedade a um certo grupo ou tipo de comportamento assumido como sintomático de um mal-estar geral, tanto social como moral.

Origens do conceito

O processo de amplificação do desvio foi analisado em um estudo extremamente relevante realizado por Stanley Cohen, publicado com o título de *Folk Devils and Moral Panics* [Demônios populares e pânico moral] em 1972. Nessa obra clássica, Cohen examinou os processos de **etiquetamento** em relação ao surgimento e controle das **culturas** jovens no Reino Unido. Ele observou pequenos conflitos entre os chamados Mods e Rockers, na cidade litorânea de Clacton, em 1964, mas o que ele leu nas reportagens de jornal do dia seguinte não batia com o que testemunhara. Para ele, aquilo foi uma exacerbação do acontecimento, seguida pelo etiquetamento daquelas pessoas como um caso de pânico moral em que a "juventude" se tornara o bode expiatório de problemas sociais maiores e, assim como em outros estudos sobre o etiquetamento, a atenção da mídia resultou em um ciclo de amplificação do desvio. Estudos posteriores empregaram o conceito de pânico moral para investigar a crescente preocupação social com cães perigosos, consumo de drogas, mulheres "machinhas", imigração e muitos outros temas. Para alguns teóricos, o pânico moral se tornou tão disseminado e difuso como mecanismo de **controle social** que é hoje um dos aspectos da reprodução social da **sociedade**. Talvez tenha chegado ao fim a era do pânico moral restrito a grupos específicos.

Significado e interpretação

Depois dos tumultos de 1964 no resort do litoral britânico, os jornais traziam manchetes lúgubres declarando "Motoqueiros causam dia de terror", "Violência invade o litoral" e "Jovens destroem cidade". Intrigado por essa reação, Cohen começou a reconstruir os eventos reais do dia a partir de relatos de testemunhas, fichas judiciais e outras fontes documentais. Assim ele descobriu que as reportagens de jornal erraram feio. Não houve nenhum tipo de violência extremada, ninguém foi hospitalizado e o vandalismo não foi muito pior do que o de sempre nos feriados anteriores. Contudo, essa reação definiu o tom das reportagens que viriam depois. Cohen afirmou que, ao narrar as atividades das pessoas de uma maneira tão sensacionalista, a imprensa contribuiu para um clima de medo e pânico de que as regras morais da sociedade estivessem em perigo. Com essa postura, os jornais, sem se dar conta, ajudaram a *construir* novas formas de identidades jovens em vez de apenas narrá-las. Até 1964, os "Mods" e os "Rockers" não existiam como culturas jovens distintas, e a suposta antipatia mútua entre eles foi exacerbada pela cobertura da mídia. Nos anos que se seguiram, toda aglomeração parecida com essa passou a ser descrita dentro desta grande moldura: culturas jovens adversárias e sua propensão à prática da violência contra o grupo oponente e contra a sociedade tradicional.

Para Cohen, esse processo social de etiquetamento de um grupo como intrusos – ou "demônios populares" – ajudou a concentrar as preocupações de muitas pessoas sobre o direcionamento da sociedade como um todo. Temores de atitudes cada vez mais permissivas, indisciplina com o fim do National Service em 1958, desmembramento da **família** e uma geração materialista com mais dinheiro nos bolsos do que em qualquer outro tempo – tudo isso foi canalizado para o bode expiatório das subculturas jovens. Muitos pânicos morais chegam ao fim com a aprovação de leis, e as novas leis de danos criminais ajudaram a atenuar as preocupações sobre a juventude descontrolada da década de 1960. No entanto, desde então houve pânicos parecidos com relação a quase toda cultura jovem, do punk à rave.

O pânico moral segue um padrão típico. Começa quando algo ou algum grupo é identificado como uma ameaça aos valores morais comuns. A ameaça é, então, exagerada e simplificada na **mídia de massa**, sensibilizando o público para o problema e intensificando as preocupações.

PÂNICO MORAL

Isso, por sua vez, resulta em clamores de "algo tem de ser feito" e aumentam-se as pressões para que as autoridades tomem alguma atitude, normalmente pela introdução de nova legislação. Em alguns casos, o pânico continua até o ciclo de atenção da mídia terminar.

Depois do trabalho de Cohen, houve muitos outros estudos sobre pânico moral, e os historiadores identificaram episódios no século XIX e talvez até antes. Geoffrey Pearson identificou um exemplo específico na década de 1860, quando uma onda de roubos com violência parecia estar fora de controle em Londres. Os relatos da imprensa sobre "garrotes" davam ênfase ao uso de facas e à ação grupal nos roubos de cidadãos ricos, ressaltando que se tratava de um crime bastante "não britânico" que poderia estar ligado à recente imigração italiana. Para Pearson, o pânico derivava de temores sociais de que o governo estivesse ficando "mole demais para lidar com o crime", uma vez que a deportação para colônias penais, o uso de açoite e outras punições físicas haviam sido abolidos. No despertar do pânico, o uso de açoites foi reintroduzido, o que colocou fim ao pânico. A teoria do pânico moral é um bom exemplo de Sociologia Interacionista, conectando os defensores da moral, os formadores de opinião, a polícia, o poder judiciário, os legisladores, o grande público e, claro, os "desviantes" em um processo de **interação**.

Aspectos controversos

Para os críticos, o principal problema dessa teoria é como distinguir o que é pânico moral exacerbado e o que é um problema social grave. Por exemplo, será que a reação da sociedade aos mais recentes ataques terroristas em nome do Islã se constitui em pânico moral ou será que esse é um problema tão grave que a ampla cobertura da mídia e as novas leis fazem total sentido? Onde se traça a fronteira entre pânico desnecessário e reação legítima, e quem decide isso? Outra crítica é de que, nos últimos anos, o pânico moral surgiu com relação a questões como delinquência juvenil e consumo de drogas e "falsos" refugiados. Isso levou alguns sociólogos a afirmar que o pânico moral não está mais separado ou confinado a pequenas e intensas eclosões sociais, mas se tornou um traço

CRIME E CONTROLE SOCIAL

crônico do cotidiano nas sociedades modernas e, assim sendo, foi norma-lizado. Se isso proceder, fica então muito mais difícil separar o conceito de desvio do de normalidade.

Relevância contínua

Muito se sabe sobre o pânico moral e a sua evolução, mas o outro lado dessa moeda carece de compreensão: por que alguns problemas sociais simplesmente não se tornam pânico moral? Essa questão foi aprofunda-da por Jenkins (2009) em uma fascinante discussão sobre a reação social à pornografia infantil na internet. Embora tenha havido muitos comen-tários e debates sobre os temores das pessoas com relação à pornografia infantil *on-line* e algumas condenações que vieram a público, esse proble-ma não provocou um processo clássico de pânico moral. É estranho, pois, ao que parece, constam ali todos os aspectos necessários para que isso aconteça. Jenkins sugere que um dos motivos disso está na falta de uma compreensão adequada do fenômeno entre os órgãos públicos de execu-ção da lei, sobretudo por causa da falta de conhecimento da tecnologia envolvida e do uso que se faz dela. Não há como saber se haverá um pâ-nico generalizado quando e se essa situação mudar.

O precursor estudo de Cohen é particularmente importante por-que ele conseguiu associar muito bem as teorias da rotulação do desvio com as ideias de controle social e a criação de identidades desviantes. Com isso, o estudo criou uma estrutura para uma agenda de pesquisas bastante produtiva na Sociologia do Desvio que se mantém até hoje. Lumsden (2009), por exemplo, investigou a subcultura dos aficiona-dos por carros conhecidos como "Bouley Bashers" ou corredores em Aberdeen, na Escócia, o que foi foco de um pânico moral localizado. Sugeriu-se que os "demônios populares" contemporâneos conseguem resistir melhor ao etiquetamento, pois agora produzem seus próprios blogs e outras mídias como forma de combater a rotulação da corrente tradicional. Mesmo assim, o que se seguiu foi um processo clássico de pânico moral. Os corredores foram marginalizados, rotulados e estig-matizados pela mídia, por outros grupos e pelo governo (por meio de

PÂNICO MORAL

uma legislação sobre comportamentos antissociais) e, apesar das tentativas do grupo de redefinir a situação, por fim a etiqueta pegou.

Referências e leitura complementar

COHEN, S. *Folk Devils and Moral Panics*: The Creation of the Mods and Rockers. Oxford: Martin Robertson, 1972.

GOODE, E.; BEN-YEHUDA, N. *Moral Panics*: The Social Construction of Deviance. Oxford: Wiley-Blackwell, 2009, esp. cap. 10 sobre a questão "bruxa".

JENKINS, P. Why do some social issues fail to detonate moral panics?, *British Journal of Criminology*, 49, 2009, p.35-47.

LUMSDEN, K. "Do we look like boy racers?" the role of the folk devil in contemporary moral panics, *Sociological Research Online*, 14(1), 2009. Disponível em: <www.socresonline.org.uk/14/1/2.html>.

THOMPSON, K. *Moral Panics*. London: Routledge, 1998.

TEMA 10
SOCIOLOGIA POLÍTICA

AUTORIDADE

Definição prática

Poder legítimo exercido por uma pessoa ou grupo sobre outros.

Origens do conceito

A Sociologia política de Max Weber (1979 [1925]) é o ponto de partida da maioria dos estudos sobre poder, política e autoridade. Para Weber, poder é a capacidade de pessoas e grupos de conseguirem o que querem, até mesmo contra forças opostas, porém se pode afirmar que as pessoas assumem posições de autoridade apenas quando são capazes de emitir ordens e ter uma razoável certeza de que essas ordens serão cumpridas. A autoridade, portanto, apoia-se na ideia de que quem recebe as ordens acredita que quem dá as ordens tem legitimidade para fazê-lo. Ou seja, a sua posição é aceita como autoritária. A autoridade é ativada nas relações entre adultos e crianças; dentro das famílias, onde o chefe da família toma as decisões; dentro das empresas, onde se entende que os gerentes têm o direito de dar ordens; no exército, onde vigora um rígido sistema de postos e autoridade; e na política, onde governos introduzem leis que devem ser obedecidas.

Significado e interpretação

Segundo Weber, os sistemas de autoridade diferem de uma sociedade para outra e também ao longo do tempo. Ele distinguiu três tipos de autoridade na história: tradicional, carismática e racional-legal. Contudo, os três são **tipos ideais** – ferramentas heurísticas criadas para auxiliar os pesquisadores em suas análises de fenômenos do mundo real. E ainda que a estrutura de Weber pareça cronológica – do tradicional ao carismático e então ao racional-legal –, qualquer dos três tipos poderia ser o dominante, sendo mais comum que dois ou três vigorassem ao mesmo tempo.

A *autoridade tradicional* é o poder legitimado por meio do respeito a padrões culturais antigos e sólidos transmitidos entre gerações. Nesse sistema, as pessoas obedecem às ordens com base no *status* tradicional dos governantes. A legitimidade das autoridades tradicionais advém do conhecimento e da aceitação de que é assim que as coisas foram organizadas no passado. Weber dá o exemplo dos preceitos nobres de hereditariedade da **família** na Europa medieval, cujos reflexos se perpetuam nas famílias reais e aristocráticas. Na autoridade tradicional, a submissão das pessoas se dá em relação a determinados indivíduos e não às regras que eles fazem vigorar. Na prática, isso significa que as pessoas obedecem aos governantes, não às leis, e sentem que lhes devem lealdade pessoal.

A *autoridade carismática* costuma romper as formas tradicionais e dá origem a inovações e mudanças na história. A autoridade carismática se baseia na devoção que alguns subordinados sentem em relação a um líder por causa de suas qualidades excepcionais. É difícil apreender o conceito de carisma, porém, pois não fica claro se ele diz respeito às qualidades especiais de fato presentes na personalidade do líder ou se ele se refere à percepção dos outros de que o líder possui essas qualidades. Exemplos na história incluem Jesus Cristo, Adolf Hitler e Mahatma Ghandi, embora soldados heroicos, pessoas "santas" e líderes políticos também tenham sido citados como "carismáticos". Um dos quesitos obrigatórios a todos os líderes carismáticos é de vez em quando apresentar "provas" de suas qualidades especiais, e se tal prova não for verificada, a pessoa

AUTORIDADE   303

carismática pode ser questionada. Weber achava que isso torna a autoridade carismática basicamente instável, além do fato de que, quando o líder morre, é bastante provável que venha a surgir uma crise de fé e legitimidade. Quando os sistemas carismáticos começam a adquirir um caráter mais rotineiro, eles costumam ser transformados em sistemas tradicionais ou legal-racionais.

Com o surgimento do **capitalismo**, Weber achava que a autoridade tradicional passava a ser substituída por uma nova forma de *autoridade legal-racional*. Trata-se de poder legitimado por regras e regulamentos legalmente decretados e combina uma crença na lei com a racionalidade formal na tomada de decisões. Ela é encontrada em modernas organizações e burocracias e em sistemas democráticos de governo que regem a vida política de uma **sociedade**. A autoridade racional-legal só pode ser exercida quando se chega às decisões e ordens por meio do processo "obrigatório", não de acordo com a tradição ou capricho individual. A burocracia é a forma típica de autoridade legal-racional.

Aspectos controversos

Uma antiga crítica à tipologia de Weber é de que, embora ele tenha identificado quatro tipos de ação social, existem apenas três sistemas de autoridade. A categoria que "falta" seria a *autoridade valor-racional*, em que a legitimidade se sustenta no valor absoluto associado a um conjunto de normas. Essa é essencialmente uma forma ideológica de autoridade em que a legitimidade é dada a líderes com base na sua busca por um objetivo ou finalidade. Esse quarto tipo lógico se sustenta na obediência ao objetivo ideológico, e não nos indivíduos, e as ordens são legitimadas na medida em que se relacionam com o objetivo final. Exemplos disso incluem sistemas fortemente "ideológicos" como organizações religiosas ou o antigo comunismo soviético.

Nos últimos anos, os sociólogos discutiram o surgimento da cultura das celebridades que glorifica os indivíduos tomando por base a aparição na mídia, e não as suas realizações. Essa cultura também influenciou a vida política e os políticos no comando agora são avaliados com base em sua personalidade conforme exposta na **mídia de massa**. Alguns sociólogos sugeriram que isso destrói ou provoca uma pane nos processos democráticos legal-racionais e representa uma ameaça aos valores democráticos. Neil Postman (1986), por exemplo, alertou para o perigo de os políticos se tornarem um mero apêndice do *show business*.

Relevância contínua

A classificação de Weber possibilita que coexista uma mescla dos três tipos, mesmo que um só seja dominante. Por exemplo, a moderna Grã-Bretanha possui um sistema de autoridade legal-racional, mas na vida política a Câmara dos Lordes tem participação no governo e a monarquia ainda possui representatividade constitucional. Essa mistura de tipos ideais proporciona flexibilidade ao sistema de Weber e continua a ser útil para os sociólogos políticos. No entanto, a disseminação da cultura das celebridades no mundo da política levantou algumas questões acerca da base da autoridade do líder político. Hoje é comum os políticos administrarem a sua imagem pública e os partidos políticos bajularem celebridades populares, como estrelas do mundo pop, atores e atletas. Da mesma forma, nos Estados Unidos, os ex-atores Ronald Reagan e Arnold Schwarzenegger se tornaram, respectivamente, presidente e governador estadual. Essa invasão do universo das celebridades na vida política é considerada por muitos como algo obviamente pernicioso.

Entretanto, Street (2004) defende que os políticos celebridades já existiam no século XVIII, ou talvez antes, e que o advento do político celebridade não é incompatível com a autoridade da democracia representativa. De fato, em vez de estarem em conflito com os princípios da representação democrática, os políticos celebridades poderiam ser vistos como uma extensão deles. "Representatividade" não é um conceito restrito aos manifestos de partidos e propostas políticas; inclui também o estilo, a aparência e a atratividade dos políticos. Todos esses elementos ajudam a construir a identificação entre políticos e aqueles que eles alegam representar. E é através da aparência e do estilo político que os políticos transmitem a sua relação com eleitores e seus planos futuros,

AUTORIDADE 305

reduzindo argumentos políticos complexos a uma forma com que os cidadãos possam se identificar.

Os cientistas políticos, em geral, consideram que os pequenos partidos políticos se sustentam mais em um líder carismático para ajudar a atenuar a defasagem de recursos em relação aos grandes partidos. Mas será que os líderes carismáticos realmente detêm a autoridade para ajudar os pequenos partidos a angariar votos? Van der Brug e Mughan (2007) apresentam provas empíricas das eleições na Holanda para tratar essa questão. Eles analisaram três eleições, observando o desempenho de partidos populistas de direita, e concluíram que a influência de seus líderes, basicamente, não era maior do que a dos líderes de partidos maiores e sólidos. O estudo também refuta a ideia de que os eleitores dos partidos de direita são motivados principalmente por um vago senso de insatisfação e não porque realmente apoiem as políticas promovidas pelos líderes partidários. Segundo os autores, os eleitores de direita fazem os mesmos tipos de considerações que todos os outros eleitores, e suas escolhas não são menos "racionais" nem influenciadas por formas de autoridade carismáticas.

Referências e leitura complementar

MORRISON, K. *Marx, Durkheim, Weber*: Formations of Modern Social Thought. 2.ed. London: Sage, 2006, esp. p.361-73.

POSTMAN, N. *Amusing Ourselves to Death*: Public Discourse in the Age of Show Business. London: Heinemann, 1986.

STREET, J. In defence of celebrity politics: popular culture and political representation, *British Journal of Politics and International Relations*, 6, 2004, p.435-52.

VAN DER BRUG, W.; MUGHAN, A. Charisma, leader effects and support for right-wing populist parties, *Party Politics*, 13(1), 2007, p.29-51.

WEBER, M. *Economy and Society*: An Outline of Interpretive Sociology. Berkeley: University of California Press, 1979 [1925].

[Ed. Bras.: *Economia e sociedade*: os fundamentos da Sociologia compreensiva. Brasília: Editora da UnB, 2009.]

CIDADANIA

Definição prática

Status conferido aos indivíduos dentro de uma **comunidade** nacional ou política específica que carrega consigo determinados direitos e responsabilidades.

Origens do conceito

O conceito de cidadania teve origem nas cidades-Estados da Grécia antiga, onde o *status* de "cidadão" era concedido aos que viviam dentro dos limites da cidade. Nesse sentido, cidadania era um símbolo de *status* social. Na maioria dos Estados tradicionais governados por monarcas e imperadores, a maior parte da população tinha pouco conhecimento, ou, na verdade, nenhum interesse nos governantes; não possuía direitos políticos formais, nem influência nos processos decisórios. Isso significava que somente as elites dominantes, os grupos sociais mais ricos e outros com elevado *status* de fato se sentiam pertencentes ao que na época seria o equivalente à "comunidade política" do sentido moderno. Hoje, porém, a maioria das pessoas que vivem dentro das fronteiras de um sistema político são cidadãos que possuem alguns direitos e responsabilidades comuns e se veem como parte de uma nação. Para Marshall (1973 [1950]), a cidadania veio no encalço da **industrialização** e traçou o caminho da evolução da cidadania na Grã-Bretanha (especificamente a Inglaterra) desde os *direitos civis* do século XVIII, passando pelos *direitos políticos* do século XIX, até os *direitos sociais* do século XX.

Significado e interpretação

No mundo moderno, a cidadania é um *status* social conferido aos membros de **Estados-nação** com base na residência. A cidadania, portanto, concede alguns privilégios, embora eles sejam equilibrados pelas responsabilidades que os cidadãos devem aceitar. Por exemplo, os

CIDADANIA

cidadãos têm o direito de esperar que o Estado os proteja, porém o Estado também espera que os cidadãos ajam com discernimento e não peguem em armas contra outros cidadãos ou contra o governo. O conceito de cidadania foi dividido em tipos diferentes, considerando-se que cada novo tipo foi criado a partir do anterior.

A *cidadania civil* surgiu com a moderna detenção da propriedade, pois isso impôs algumas obrigações mútuas para que as pessoas respeitassem os direitos de propriedade, resultando em uma responsabilidade mútua pela manutenção da ordem social. Os direitos políticos ficavam restritos aos donos de propriedades, e um vasto número de pessoas era deixado de fora da política formal. Em uma segunda etapa, a *cidadania política* envolvia a gradual ampliação dos direitos de voto para as mulheres e a classe trabalhadora, e foram introduzidos alguns direitos de livre associação, como os que permitem a formação de sindicatos e, paralelo a isso, surgiam as ideias de liberdade de expressão. A terceira etapa, a *cidadania social*, considerava que os direitos do cidadão se estendem ao bem-estar social e à responsabilidade comum de fornecimento coletivo de previdência social e outros benefícios. Esperava-se que as pessoas contribuíssem com um fundo social usado para sustentar os mais vulneráveis e, como resultado, gozassem o direito de uma rede de segurança de previdência social quando precisassem.

Nos últimos anos, houve quem sugerisse que estaríamos passando para uma quarta etapa, descrita como *cidadania ambiental*. Nela, os cidadãos adquirem novos direitos de esperar um meio ambiente limpo e seguro, mas também possuem uma nova responsabilidade de não poluir o meio ambiente humano ou natural. Uma versão mais radical da "cidadania ecológica" vislumbra as proteções incorporadas aos direitos humanos de cidadania estendidas a alguns animais. A cidadania ecológica envolveria novas obrigações com relação a animais não humanos, futuras gerações de seres humanos e manutenção da integridade do meio ambiente natural. Novas obrigações com relação às futuras gerações de seres humanos também significam trabalhar em prol da sustentabilidade durante um longo período. Em essência, a cidadania ecológica ou ambiental gera uma nova demanda para que as pessoas se responsabilizem pela "pegada ecológica" humana – o impacto da atividade humana no meio ambiente natural e processos naturais.

Aspectos controversos

A concepção de cidadania de Marshall é problemática, pois se baseia na experiência de um Estado-nação, a Grã-Bretanha. Na França, Alemanha e outros países, a cidadania não "evoluiu" da forma como ele descreve. Algumas pessoas acham que o enfoque dele nada mais é do que uma descrição *post hoc* – foi isso que aconteceu –, e não genuinamente explicativa. Por que os direitos políticos foram concedidos às mulheres e à classe trabalhadora em um determinado momento histórico, por exemplo? Será que isso realmente foi apenas parte de uma "evolução" natural? Os sindicatos, por exemplo, tiveram de batalhar muito para uma ampliação desse escopo, enfrentando a reação de grupos contrários que os combateram com o mesmo afinco. Da mesma forma, até mesmo na Grã-Bretanha a idade mínima para votar para homens e mulheres só se equiparou em 1928, ou seja, com o século XX já avançado, bem posterior ao que a estrutura de Marshall reconhece. Em suma, não fica claro exatamente por que os direitos civis *tiveram* de levar aos direitos políticos que, por sua vez, *tiveram* de levar aos direitos sociais, e esse processo precisaria ser mais bem explicado.

A tentativa dos governos na década de 1980 de "retomar o Estado", cortando os gastos com previdência social e introduzindo novos critérios de condicionalidade, também mostra que a cidadania jamais chegará a ser tão solidamente estabelecida a ponto de não ser revertida. A atual fase de austeridade após a crise financeira de 2008 também levou muitos governos a reduzir gastos públicos e ampliar o princípio de condicionalidade para mais benefícios sociais, alterando assim o conteúdo dos direitos de cidadania social. Além disso, recentes teorias sobre a **globalização** confrontam o modelo de cidadania baseado no Estado-nação. Por exemplo, a União Europeia oferece uma forma regional de cidadania que concede alguns direitos, como o direito de viajar e trabalhar, os quais devem ser respeitados pelos Estados-nação. Os cidadãos europeus também

CIDADANIA 309

podem ir contra decisões legais tomadas na instância do Estado-nação no âmbito regional europeu. Os pensadores cosmopolitas enxergam uma possível ampliação da cidadania a uma instância global, na qual os indivíduos teriam o *status* de cidadãos globais, ainda que por ora estejamos muito longe desse vislumbre.

Relevância contínua

Embora existam alguns problemas e questionamentos ao modelo de cidadania baseado no Estado-nação, o conceito básico de cidadania como algo que engloba direitos e responsabilidades permanece consistente. De fato, parte do debate político mais recente envolve repensar como permitir que os cidadãos se tornem mais ativos como uma forma de revigorar a política e a vida em comunidade. A incessante pressão por ampliações dos direitos e responsabilidades continua contribuindo para a nossa compreensão do que cidadania é e deveria ser.

Redley e Weinberg (2007) lidam com a questão de se o modelo democrático liberal de cidadania é capaz de integrar as pessoas com dificuldades de aprendizagem. Será que esse modelo democrático, cujos pré-requisitos são capacidade intelectual e independência, capacita politicamente as pessoas com deficiências intelectuais? Esse estudo etnográfico se aprofundou em informações colhidas de uma recente iniciativa inglesa, o Parlamento das Pessoas com Deficiências de Aprendizagem (PPLD), o qual adotou uma nítida preferência democrática liberal da "autodefensoria" pelas pessoas com deficiências de aprendizagem. No entanto, o estudo descobriu diversos obstáculos práticos ligados à interação na preferência democrática liberal pela autodefensoria. Em alguns casos, os participantes não se faziam ouvir, alguns falavam "inadequadamente" (ou seja, não levavam a discussão adiante) e outros não tomavam a palavra quando convidados a fazê-lo. Ainda que os autores defendam o princípio básico da autodefensoria, eles afirmam que esses princípios precisam ser amparados por uma preocupação com o cuidado, a segurança e o bem-estar para que a cidadania plena possa ser usufruída pelas pessoas com deficiências de aprendizagem.

A experiência de cidadania de duas gerações de muçulmanos ingleses--paquistaneses é estudada na pesquisa qualitativa de Hussain e Bagguley (2005) depois das "agitações" de 2001 em algumas cidades do norte da Inglaterra. Em particular, os autores afirmam que a cidadania é uma forma de identidade, bem como um conjunto de direitos, e que a identidade de ser um cidadão não é necessariamente compartilhada por todos. Os migrantes da primeira geração de paquistaneses não se consideravam, de maneira geral, cidadãos ingleses, mas declaravam que viviam na Grã--Bretanha, que continuava sendo, em essência, um país estrangeiro para eles. Contudo, os ingleses-paquistaneses da segunda geração se viam totalmente como cidadãos de nacionalidade inglesa com todos os direitos que a identidade confere. Para essa segunda geração, o êxito eleitoral e a linguagem evidentemente racista do Partido Nacional Britânico de extrema-direita representaram uma ameaça direta ao seu *status* de cidadãos ingleses, assim como à sua identidade étnica.

Referências e leitura complementar

BELLAMY, R. *Citizenship*: A Very Short Introduction. Oxford: Oxford University Press, 2008.

DOBSON, A.; BELL, D. (eds.). *Environmental Citizenship*. Cambridge, MA: MIT Press, 2006.

HUSSAIN, Y.; BAGGULEY, P. Citizenship, ethnicity and identity: British Pakistanis after the 2001 "Riots"', *Sociology*, 39(3), 2005, p.407-25.

MARSHALL, T. H. *Class, Citizenship and Social Development*. Westport, CT: Greenwood Press, 1973 [1950].

[Ed. Bras.: *Classe, cidadania e status*. Rio de Janeiro: Jorge Zahar, 1967.]

REDLEY, M.; WEINBERG, D. Learning disability and the limits of liberal citizenship: interactional impediments to political empowerment, *Sociology of Health and Illness*, 29(5), 2007, p.767-86.

CONFLITO

Definição prática

Luta entre grupos sociais pela supremacia, envolvendo tensões, discórdia e choque de interesses.

Origens do conceito

O conflito é tão antigo quanto a **sociedade** humana e, embora hoje nós o consideremos como algo inaceitável e que deva ser evitado, em termos históricos mais abrangentes, conflitos e conquistas influenciaram o universo humano e resultaram na expansão da humanidade pelo globo. A expansão colonial ocidental se baseou na exploração declarada de populações-alvo e recursos naturais, porém, ao criar novas relações de conflito por uma área geográfica mais extensa, o colonialismo também incentivou a maior interconectividade global. Para Georg Simmel, conflito é uma forma de associação humana em que as pessoas são colocadas em contato entre si e por meio da qual se pode alcançar a união. Esse é um importante ponto de partida porque nos ajuda a evitar a ideia de que o conflito é o *término* das relações e **interações**. O argumento de Simmel é de que o conflito obriga as partes a reconhecerem umas às outras ainda que a relação seja antagonista.

Os estudos sociológicos sobre conflito são, em geral, considerados como formadores de uma "tradição do conflito", ainda que aparentemente haja pouca base teórica em comum além de um foco geral nos choques de interesses entre grandes grupos sociais. A maioria dos estudos adotou a abordagem do conflito marxista ou weberiana, e a grande maioria analisa os conflitos internos da sociedade, como os centralizados em grandes desigualdades, entre elas, **classe social**, **gênero** e **etnia**. As sociologias do conflito se popularizaram na década de 1960, em parte como uma reação ao paradigma funcionalista estrutural dominante e, em parte, em resposta ao aumento na quantidade de conflitos dentro de e entre sociedades na época. O funcionalismo parecia ser mais indicado

312 SOCIOLOGIA POLÍTICA

para explicar o consenso e a conformidade do que o conflito, e muitos sociólogos se distanciaram de Parsons e Durkheim e recorreram a Marx e Weber em busca de inspiração. Hoje, as teorias do conflito estão bem estabelecidas e a Sociologia está mais bem equipada para compreender e explicar fenômenos como guerra, terrorismo e **movimentos sociais**.

Significado e interpretação

Conflito é um termo bastante genérico que pode significar tanto as contendas entre dois indivíduos, como uma guerra internacional entre diversos países, e engloba tudo que houver entre esses dois extremos. Na prática, a Sociologia se concentrou nos conflitos sociais estruturados incorporados na sociedade em vez de, digamos, nas guerras entre Estados-nação, que foram relativamente negligenciadas até pouco tempo atrás. A cobiça por **poder** e riqueza, as desigualdades sociais e as tentativas de obter *status* levaram à formação de grupos sociais distintos com interesses e identidades em comum que buscam esses interesses contra outros. Portanto, para a teoria do conflito, o potencial para rivalidades é uma constante.

A perspectiva do conflito é uma das principais tradições de pesquisa na Sociologia, incluindo diversas abordagens teóricas. Marxismo, feminismo, diversas perspectivas weberianas e muitas outras – todas essas vertentes empregam alguma versão da teoria do conflito. As teorias do conflito investigam a importância dessas estruturas sociais na sociedade, as quais produzem tensões e rivalidades crônicas que eventualmente eclodem em violência. Algumas teorias, como o marxismo, posicionam os conflitos de classe estruturados no centro da sociedade como a dinâmica que impulsiona a mudança social. Vale lembrar o argumento de Simmel aqui, a saber, que ainda que as classes sociais estejam em conflito, também estão imersas em relações de dependência mútua. No **capitalismo**, os trabalhadores dependem dos capitalistas que lhes oferecerem empregos e a renda necessária para sua sobrevivência. Já os capitalistas precisam dos trabalhadores para poderem fornecer os produtos e serviços que lhes rendem lucros.

Que fique bem claro que nem todas as teorias do conflito são marxistas. Diversos estudos sobre conflito foram mais influenciados pelas ideias de Max Weber, para quem havia conflitos muito mais amplos no horizonte, motivados por outros elementos além de classe. Os conflitos podem se basear em diferenças políticas, competição por *status*, divergências de gênero ou ódio étnico, todos podendo ser relativamente desconexos ou independentes de classe. O poder patriarcal atua pela vantagem dos homens e desvantagem das mulheres seja qual for sua posição na estrutura de classe, ainda que a posição de classe de fato possa exacerbar os inúmeros problemas enfrentados pelas mulheres da classe trabalhadora. Na mesma linha, os episódios de violência genocida por parte dos hutus contra os tutsis em Ruanda (1994), pelas forças armadas sérvias contra os bósnios em Srebrenica (1995), bem como o assassinato em massa cometido pelo Estado nazista alemão contra populações judaicas na Europa durante a Segunda Guerra Mundial (1939-45), são considerados, sobretudo, como acontecimentos que surgiram de rivalidades étnicas tradicionais e ódio racista, e não conflito de classe. Claro que a ideia aqui não é sugerir que classe não seja importante, mas apenas que a verdadeira importância de classe, gênero, "**raça**", etnia, entre outros, só pode ser avaliada em pesquisas realizadas no mundo real.

Aspectos controversos

A diferença entre conflito e competição é, por vezes, suprimida na teoria do conflito. Os grupos sociais podem estar em relações competitivas por acesso a recursos, porém a competição nem sempre leva a ações de conflito. A menos que as relações competitivas resultem em ações destinadas a alcançar a supremacia sobre um inimigo identificado, a competição não terá outros desdobramentos. De forma análoga, seria correto, por exemplo, descrever as relações de classe como conflito de classe? Seria possível demonstrar que os grupos de classes sociais possuem interesses diferentes, mas, a menos que esses interesses resultem em tentativas de estabelecer a supremacia sobre a classe "inimiga", existe alguma base real para teorizar sobre classe em termos de conflito?

Nas últimas décadas, houve também uma tendência a analisar processos de paz em vez de apenas situações de conflito. Os sociólogos começaram a se dedicar ao estudo da solução de discussões, processos de reconciliação e esforços de manutenção da paz e todo esse conjunto crescente de trabalho também pode conduzir às teorias do conflito em diversas direções.

Relevância contínua

Nunca houve tantas teorias e estudos do conflito na Sociologia como agora. Pesquisas sobre choques "civilizatórios", protestos anticapitalistas, o "novo terrorismo", "novas guerras", genocídios, crimes de ódio e muitos outros multiplicaram-se nos últimos trinta anos e os sociólogos precisaram usar suas ferramentas conceituais e teóricas para analisar esses novos episódios de conflitos graves. Com a aceleração dos processos de **globalização** e o fim da Guerra Fria, novos conflitos vieram à tona.

Uma análise atualizada do conhecimento no campo do conflito e resolução de conflitos pode ser encontrada na coleção editada de Bercovitch, Kremenyuk e Zartman (2009). Os autores nos lembram que a comprovação histórica mostra o conflito como "normal, onipresente e inevitável [...] traço inerente à existência humana" (2009, p.3). É importante ser realista sobre esse fato. Contudo, deveria ser possível o gerenciamento e/ou controle da expressão violenta do conflito, já que esse se tornou o foco da pesquisa acadêmica recente. Considerando as múltiplas dimensões do conflito humano, incluindo questões políticas, motivações pessoais e mudanças no contexto internacional, não é de surpreender o fato de que a análise da resolução do conflito é um esforço multidisciplinar e existem inúmeros exemplos disso neste livro.

Entretanto, uma perspectiva completamente sociológica é o ponto de vista teórico de John Brewer (2010) sobre os processos de paz e a sua probabilidade de sucesso – uma questão até então negligenciada. Brewer identifica os três tipos básicos de processos de paz que se seguem após o abrandamento de um conflito violento: conquista, cartografia e compromisso. De modo geral, a situação de *conquista* ocorre depois das guerras

DEMOCRACIA 315

entre Estados-nação ou em guerras civis e coloniais; a situação de *cartografia* ocorre quando se alcança a paz principalmente pela separação geográfica; e o *compromisso* abrange situações em que ex-combatentes precisam negociar o fim da violência e chegar a um acordo sensato. No entanto, determinar qual desses processos é viável depende da medida de compartilhamento de nacionalidade, normas e valores, e em até que ponto os participantes mantêm ou perdem seu capital histórico e cultural. O esquema de Brewer tem por objetivo oferecer uma ideia melhor do que é realista e viável em determinadas situações pós-conflito.

Referências e leitura complementar

BERCOVITCH, J.; KREMENYUK, V.; ZARTMAN, I. W. Introduction: the nature of conflict and conflict resolution. In: BERCOVITCH, J.; KREMENYUK, V.; ZARTMAN, I. W. (eds.). *The Sage Handbook of Conflict Resolution.* London: Sage, 2009.

BREWER, J. *Peace Processes*: A Sociological Approach. Cambridge: Polity, 2010.

JOSEPH, J. *Social Theory*: Conflict, Cohesion and Consent. Edinburgh: Edinburgh University Press, 2003.

DEMOCRACIA

Definição prática

Sistema político que viabiliza a participação dos cidadãos no processo de tomada de decisões políticas, diretamente ou por meio da eleição de representantes políticos.

Origens do conceito

A palavra democracia tem suas raízes no termo grego *demokratia*: *demos* ("pessoas") e *kratos* ("lei"). Trata-se de um sistema político em que o comando está nas mãos do povo, não dos monarcas ou déspotas. Na democracia participativa ou direta, as decisões são tomadas por todos que são afetados por elas. Esse era o tipo original de democracia praticado na Grécia antiga. Os cidadãos, uma pequena minoria da **sociedade**, normalmente conseguiam ponderar as políticas e tomar grandes decisões. O regime democrático assumiu diversos formatos de acordo com a época e a sociedade. Por exemplo, a expressão "o povo" já foi usada para se referir apenas a homens, a donos de propriedades, ou homens e mulheres adultos. Em algumas sociedades, a versão de democracia aceita oficialmente se limita à esfera política, enquanto em outras estende-se a áreas muito mais abrangentes da vida social. A democracia representativa se tornou o método normal de alcançar o "governo pelo povo". Com o término do comunismo no Leste Europeu na década de 1990, formas representativas de democracia "liberal" passaram a ser vistas como o modelo dominante no mundo.

Significado e interpretação

De modo geral, entende-se a democracia como o sistema político mais capaz de assegurar a igualdade política, proteger a liberdade e os direitos, defender interesses comuns, atender às necessidades dos cidadãos, promover o autodesenvolvimento moral e viabilizar a efetiva tomada de decisões que leva os interesses de todos em consideração (Held, 2006). A democracia representativa é um sistema político em que as decisões que afetam uma **comunidade** não são tomadas diretamente por seus membros, mas pelas pessoas eleitas por eles. Em governos nacionais, a democracia representativa se materializa na forma de eleições para congressos, parlamentos ou órgãos nacionais semelhantes. A democracia representativa também ocorre em outros níveis, como províncias ou estados dentro de uma comunidade nacional geral, cidades, condados, distritos e outras regiões. Países onde os eleitores podem escolher entre dois ou mais partidos e nos quais o grosso da população adulta possui direito de voto costumam ser denominados democracias "liberais" e incluem Inglaterra, Estados Unidos, Japão e Austrália.

Desde o início da década de 1980, diversos países na América Latina, como Chile, Bolívia e Argentina, passaram pela transição do regime

DEMOCRACIA   **317**

militar autoritário para a democracia. Da mesma forma, com o colapso do bloco comunista em 1989, muitos países do Leste Europeu – Rússia, Polônia e Tchecoslováquia, por exemplo – tornaram-se democráticos. Na África, diversas nações antigamente não democráticas – tais como Benin, Gana, Moçambique e África do Sul – passaram a acolher os ideais democráticos. A democracia não está mais concentrada primordialmente nos países ocidentais, mas é agora apoiada, pelo menos em princípio, como a forma desejada de governo em muitas regiões do mundo.

Um dos motivos disso pode ser que outros sistemas políticos simplesmente tenham fracassado. Nesse sentido, talvez a democracia tenha provado que atende melhor às necessidades das massas do que outros sistemas. Contudo, apesar desse argumento, parece provável que os processos de globalização tenham exercido um papel importante na disseminação da democracia pelo mundo. Um volume crescente de contatos entre países revigorou os movimentos democráticos em diversos países, enquanto a mídia global e os avanços na informação e na tecnologia da comunicação possibilitaram o contato de pessoas que viviam em estados não democráticos com os ideais democráticos, intensificando a pressão interna sobre as elites políticas. Mais importante ainda, a mídia global e a instantaneidade das comunicações espalharam as notícias sobre revoluções e mobilizações democráticas. Notícias sobre a revolução na Polônia em 1989 correram rapidamente até a Hungria, oferecendo aos ativistas pró-democracia do país um modelo adequado regionalmente para seus próprios protestos. A chamada Primavera Árabe, em 2011, por sua vez, foi palco de manifestações e protestos que forçaram a deposição de líderes na Tunísia, no Egito, na Líbia e no Iêmen, além de resultar em uma guerra civil devastadora na Síria. Organizações internacionais como as Nações Unidas e a União Europeia exercem um papel cada vez mais importante na política global e pressionam Estados não democráticos a mudar.

Aspectos controversos

A predominância da democracia representativa não é absoluta. Alguns aspectos da democracia participativa até hoje têm um papel nas democracias. Pequenas comunidades na Nova Inglaterra, nos Estados Unidos, ainda organizam "encontros municipais" anuais, por exemplo, enquanto os plebiscitos em diversos países se popularizam. Isso é possível quando a consulta direta pode ser feita sobre questões específicas com apenas uma ou duas perguntas para serem respondidas. Os plebiscitos normalmente são usados em nível nacional em alguns países europeus para embasar decisões importantes sobre políticas, como, por exemplo, se os governos nacionais deveriam concordar com uma nova Constituição europeia. Eles também foram usados para decidir questões controversas de separação em regiões nacionalistas étnicas como Quebec, a província canadense cujo idioma predominante é o francês.

A tendência geral na direção da democracia não deve ser considerada como inevitável. Na Polônia, República Tcheca e Hungria, a democracia liberal parece estar resistindo firmemente. Mas, em outros países, como as antigas repúblicas da União Soviética na Ásia central, a Iugoslávia e até mesmo a própria Rússia, a democracia ainda é frágil. Outro motivo para não achar que a democracia "venceu" é que, em quase todo lugar, as democracias sólidas enfrentam problemas internos. Na Grã-Bretanha, por exemplo, os números de eleitores nas eleições europeias gerais e locais sofreram um declínio considerável desde o início da década de 1990. A percepção de que as elites políticas não representam devidamente os interesses do povo – o que ficou particularmente evidente durante o escândalo financeiro de 2009 – resultou em uma perda de confiança nos políticos e na política democrática formal. Também há indícios de que as pessoas talvez estejam recorrendo a modos menos formais de "fazer política", como a formação de **movimentos sociais** ou de grupos de voluntários para fazer campanha em prol de causas específicas.

Relevância contínua

Francis Fukuyama (2006 [1992]) afirmou anos atrás que as batalhas ideológicas de outrora haviam cessado e que vivemos agora "o fim da história". Ninguém mais defende a monarquia, o fascismo e o comunismo; o **capitalismo** ganhou a guerra contra o socialismo, e a democracia

DEMOCRACIA 319

liberal é a vitoriosa incontestável. Sem dúvida, algumas constatações recentes sustentam essa afirmação polêmica. Todavia, os pensadores cosmopolitas agora afirmam que as democracias nacionais não conseguem mais gerenciar as demandas dos processos globais.

A democracia cosmopolita é considerada por muitos defensores como um projeto ambicioso de política pós-nacional. Entretanto, Calhoun (2007) afirma que esse projeto não só é bastante prematuro como também pode ser perigoso. Prematuro porque, desde o início da década de 1990, uma série de conflitos violentos, episódios de genocídio (inclusive na Europa), terrorismo e as respostas a ele e recessão econômica internacional demonstraram que o cosmopolitanismo continua sendo um sonho ilusório. É também um sonho que acompanha a modernidade desde o berço e pode estar muito bem associado ao nacionalismo em vez de ser seu opositor direto. Mais do que isso, o nacionalismo é uma fonte-chave de identificação para um grande número de pessoas e diversos movimentos de libertação e não é, em nenhum aspecto, inerentemente perigoso. Na realidade, a identificação nacional permanece como uma força vital na luta pela democracia, integração social e cidadania e pode ser facilmente subestimada pelos pensadores cosmopolitas. A crítica feita por Calhoun da democracia cosmopolita é uma das mais espirituosas e construtivas do momento.

As democracias demoram em se solidificar e alguns acadêmicos sugerem que regimes democráticos mais novos tendem a ser menos estáveis por causa do fracasso dos partidos políticos em instilar a lealdade partidária. No entanto, em uma análise histórica do desenvolvimento democrático e das afiliações políticas na Argentina ao longo de um século inteiro, Lupu e Stokes (2010) descobriram que a estabilidade eleitoral cresceu nos períodos de democracia, mas declinou novamente durante as ditaduras. Seu estudo sugere que as democracias novas e putativas podem ser brutalmente derrubadas por golpes militares, o que impede que a cultura democrática crie raízes. Um dos aspectos disso é que a constante derrubada da democracia por golpes militares efetivamente interrompe os processos eleitorais, erode atividades partidárias locais e, portanto, representa um obstáculo à lealdade partidária cumulativa necessária para estabilizar os sistemas democráticos.

Referências e leitura complementar

CALHOUN, C. *Nations Matter*: Culture, History and the Cosmopolitan Dream. London: Routledge, 2007.

FUKUYAMA, F. *The End of the History and the Last Man*. London: Hamish Hamilton, 2006 [1992].

[Ed. Bras.: *O fim da história e o último homem*. São Paulo: Rocco, 1992.]

HELD, D. *Models of Democracy*. 3.ed. Cambridge: Polity, 2006.

[Ed. Bras.: *Modelos de democracia*. Belo Horizonte: Paideia, 1987.]

LUPU, N.; STOKES, S. Democracy, interrupted: regime change and partisanship in Twentieth-Century Argentina, *Electoral Studies*, 29(1), mar. 2010, p.91-104.

ESTADO-NAÇÃO

Definição prática

Combinação de uma grande **comunidade** (nação) e uma forma (Estado) territorial e política, criando uma entidade político-cultural, hoje a "unidade de sobrevivência" mais difundida no mundo.

Origens do conceito

Aparentemente, o Estado-nação é a entidade político-cultural normal, até natural, do mundo moderno. Mas, como todo fenômeno social, é possível traçar a história dos Estados-nação. A maioria dos acadêmicos concorda que o Estado-nação moderno é relativamente recente, remontando ao final do século XVII e início do XVIII. Entre os séculos XV e XVIII, a Europa era governada por monarquias absolutistas e constitucionais que haviam absorvido diversas unidades políticas menores a fim de produzir menos Estados, porém mais fortes, os quais coexistiam em uma batalha competitiva por poder. Esse sistema de Estados soberanos gerou a concepção westphaliana da lei internacional (1648), baseada no direito dos Estados de se autogerir e cujas disputas interestaduais eram legitimamente decididas pela força.

ESTADO-NAÇÃO

O sistema westphaliano fincou os alicerces da transição para o Estado-nação moderno, o que fora prenunciado pela Revolução Inglesa de 1640–88 e pela Revolução Francesa de 1789, marcando simbolicamente o fim das relações sociais feudais. No entanto, foram as demandas da **industrialização** que criaram a necessidade de um sistema de governo e administração mais eficaz e, como a base da **sociedade** não era mais o vilarejo ou povoado local, mas sim uma unidade muito mais ampla, a **educação** em massa e um sistema educacional planejado baseados em um "idioma oficial" se tornaram os principais meios pelos quais uma sociedade em grande escala poderia ser organizada e mantida unida. Entende-se que os Estados-nação passaram a predominar por terem obtido um monopólio sobre os meios legítimos de tributação e violência, o que lhes conferiu enorme poderio militar e a lealdade de grandes populações.

Significado e interpretação

Conceitos como nação, Estado-nação, nacionalismo e **identidade** nacional são alguns dos mais contestados e difíceis de estabelecer com clareza na Sociologia como um todo. Contudo, podem dar a impressão de serem muito simples. Por exemplo, uma nação é uma grande comunidade, enquanto um Estado é a forma política que garante a segurança da comunidade. Mas nações não são necessariamente culturas homogêneas que têm em comum o idioma, a história e as tradições. O Reino Unido, por exemplo, é um Estado-nação formado por Inglaterra, Escócia, País de Gales e Irlanda do Norte e possui diversos idiomas e tradições históricas diferentes. É ainda uma sociedade multicultural com mais culturas e tradições – portanto, os cidadãos britânicos são um grupo extremamente diversificado onde se falam diversos idiomas e se seguem inúmeras **religiões**.

Para Benedict Anderson (2006), as nações são "comunidades imaginadas", não "coisas" concretas, com grupos distintos ligados entre si por uma percepção ou imaginação daquilo que constitui a entidade cultural à qual sentem que pertencem. Só porque são "imaginadas", porém, não significa que não contenham realidade. Quando muitas pessoas agem dentro de uma percepção de comunidade nacional, elas viabilizam uma identidade nacional compartilhada que as une.

O nacionalismo é, em alguns aspectos, bastante moderno, mas ele também se inspira em sentimentos e formas de simbolismo que são muito mais antigos. Segundo Anthony Smith (1986), as nações costumam ter linhas diretas de continuidade com comunidades étnicas anteriores, ou "etnias" – grupos que compartilham ideias de descendência comum, uma identidade cultural em comum e um vínculo com uma determinada terra natal. Na maior parte do oeste da Europa, desenvolveu-se uma única etnia, expulsando antigos rivais. Na França, até o século XIX, muitos outros idiomas eram falados e diferentes histórias étnicas estavam associadas a eles, porém o Estado francês obrigou as crianças em idade escolar a aprender exclusivamente o francês, e no início do século XX já era o idioma predominante. Alguns remanescentes ainda resistem, porém, como o basco, que não é nem francês, nem espanhol. Os bascos reivindicam uma história cultural separada e há quem defenda que eles deveriam ter seu próprio Estado-nação independente.

Aspectos controversos

Os sociólogos ficam mais satisfeitos em debater Estados do que nações, dada, simplesmente, a enorme dificuldade de definir o conceito de nação. Entretanto, o conceito de Estado-nação também poderia ser considerado vago, já que existem diversos tipos de "nações sem Estados". Um Estado-nação pode aceitar diferenças culturais entre suas minorias e conceder-lhes certa porção de desenvolvimento ativo, como nos casos de Escócia e País de Gales dentro do Reino Unido como um todo. Em 1999, ambos conquistaram mais autonomia por meio do Parlamento Escocês e a Assembleia Galesa, respectivamente. Contudo, eles não são Estados independentes. Em Quebec (a província canadense cujo idioma oficial é o francês) e Flanders (região no norte da Bélgica, cujo idioma oficial é o holandês), os órgãos políticos regionais têm o poder de tomar grandes decisões sem, de fato, serem totalmente independentes. Algumas nações continuam não sendo reconhecidas pelo Estado-nação que as contém,

ESTADO-NAÇÃO

caso dos tibetanos na China, e dos curdos, cujas terras englobam partes de Turquia, Síria, Irã e Iraque.

Na maioria dos países do mundo desenvolvido, a trilha seguida pelo nacionalismo, pela nação e pelo Estado-nação foi diferente da trilha nas sociedades industriais. A maior parte dos países em desenvolvimento um dia foi colonizada por europeus e alcançou a independência durante a segunda metade do século XX. Mas as fronteiras nacionais foram acertadas de forma arbitrária e não levaram em consideração as divisões econômicas, culturais ou étnicas preexistentes. A maior parte das áreas colonizadas era um verdadeiro mosaico de grupos étnicos e outros grupos e, ainda que as colônias tenham alcançado a independência, foi muito difícil criar um senso de nacionalidade. Até hoje muitos estados pós-coloniais são seguidamente ameaçados por rivalidades internas e reivindicações conflitantes por **autoridade** política. As nações modernas surgiram com mais eficácia em áreas que nunca foram totalmente colonizadas ou onde já havia uma unidade cultural bastante significativa – como Japão, China, Coreia e Tailândia.

Relevância contínua

Poderíamos dizer que um dos principais fatores da mudança de identidade nacional hoje é a **globalização**, que cria pressões conflitantes entre centralização e descentralização. De um lado, a força das organizações comerciais e das unidades políticas (como corporações e organizações transnacionais) fica mais concentrada, mas, por outro lado, existe uma pressão pela descentralização. Como resultado, a globalização cria uma ameaça dupla à identidade nacional: a centralização cria pressões de cima e a descentralização cria pressões de baixo. Alguns estudiosos previram o fim do Estado-nação como o principal ator na política internacional à medida que as forças da globalização criam um "mundo sem fronteiras", no qual o poder do Estado é minimizado em comparação com as forças de mercado. Ohmae (2007) se aprofundou na ascensão das economias regionais como a União Europeia e no modo como os Estados se comportam em relação a elas. Embora a regionalização não tenha um sistema totalmente globalizado, ela sugere que os Estados-nação perderam o controle de funções econômicas fundamentais para os novos "Estados regionais".

Por outro lado, o colapso do comunismo soviético levou à criação de um número muito maior de nações independentes. Logo, na verdade há muito mais nações soberanas no mundo hoje do que há trinta anos. Ainda é cedo demais para afirmar com o mínimo de certeza como o Estado-nação se sairá no século XXI, mas o impacto da globalização nos Estados e identidades nacionais é uma área de crescente interesse na Sociologia. Para muitos, a internet promove a **cultura** global e, em princípio, também deveria contribuir para o desmembramento das identidades nacionais. Eriksen (2007), porém, em um trabalho fascinante, afirma que as "nações prosperam no ciberespaço". Justamente porque nações são "comunidades imaginadas" cujos membros conseguem manter presença na web, promovendo um senso de identidade nacional muito mais eficaz entre longas distâncias. Paradoxalmente, portanto, em uma era de comunicações globais e migração em massa, a internet facilita o fortalecimento, e não a destruição, das identidades nacionais.

Referências e leitura complementar

ANDERSON, B. *Imagined Communities*. London: Verso, 2006.

[Ed. Bras.: *Comunidades imaginadas*. São Paulo: Cia. das Letras, 2008.]

ERIKSEN, T. H. Nationalism and the internet, *Nations and Nationalism*, 13(1), 2007, p.1-17.

HELD, D. *Political Theory and the Modern State*. Cambridge: Polity, 1989, esp. cap.1.

OHMAE, K. *The End of the Nation State*: The Rise of Regional Economies. London: Harper Collins, 2007.

SMITH, A. D. *The Ethnic Origins of Nations*. Oxford: Blackwell, 1986.

MOVIMENTO SOCIAL

Definição prática

Esforço coletivo de favorecer um interesse em comum ou assegurar um objetivo em comum, sobretudo por meio de ações externas à esfera das instituições tradicionais formais e políticas.

Origens do conceito

Durante a maior parte do século XX, os movimentos sociais foram considerados pelos sociólogos como um fenômeno bastante incomum, quiçá irracional. Considerados como um tipo de comportamento coletivo, juntamente com tumultos, revoltas e revoluções, pareciam marginais à prática da Sociologia convencional. A Escola de Chicago transformou o estudo desses episódios de comportamento coletivo em uma área de especialidade de pesquisa a partir da década de 1920. Segundo Herbert Blumer (1969), os movimentos sociais são *agentes* de mudança social, não apenas *produtos* dela. Esse autor desenvolveu uma teoria sobre agitações sociais para analisar os movimentos sociais fora da política partidária formal. Neil Smelser (1962) representou as teorias funcionalistas na década de 1950: seu modelo de "valor agregado" identificou as etapas do desenvolvimento do movimento, sendo que cada etapa "agrega valor". Nos anos 1960 e 1970, uma nova onda de movimentos sociais mostrava outra faceta. Eles ficaram conhecidos em teoria como os "novos movimentos sociais", que se organizavam e atuavam de novas maneiras, exigindo assim novos tipos de análises. A trajetória dos estudos do movimento social na Sociologia tratou o tema inicialmente como marginalizado, chegando por fim a considerá-lo uma especialidade tradicional bem estabelecida.

Significado e interpretação

Os movimentos sociais são tentativas coletivas de modificar a **sociedade**. Os exemplos incluem movimentos trabalhistas e sindicalistas, movimentos de mulheres, movimentos ambientalistas, movimentos pela vida, movimentos de gays e lésbicas, e muitos outros. Poderíamos dizer que se trata de formas poderosas de ação coletiva, e campanhas bem organizadas e contínuas podem alcançar resultados significativos. O movimento pelos direitos civis nos Estados Unidos na década de 1960, por exemplo, teve êxito em exigir a vigência de partes importantes da legislação que tornavam crime a segregação racial nas escolas e espaços públicos. O movimento feminista obteve ganhos importantes para as mulheres em termos de igualdade econômica e política formal e, nos últimos anos, os movimentos ambientalistas fizeram campanhas de formas totalmente não convencionais a fim de promover formas sustentáveis de desenvolvimento e mudar a postura das pessoas em relação ao **meio ambiente**.

Os movimentos sociais costumam ter "ciclos de vida" envolvendo diversas etapas (Goodwin; Jasper, 2009). Em primeiro lugar, existe uma "ebulição social", quando as pessoas se agitam em relação a algum problema, porém a atividade não tem foco e é desorganizada. Em seguida, passa-se para um estágio de "excitação popular", em que as fontes de insatisfação ficam mais claramente definidas e compreendidas. Na terceira etapa, criam-se organizações formais, as quais coordenam o movimento em ascensão, tornando possível a realização de campanhas mais eficazes. Finalmente, o movimento se torna institucionalizado e aceito como parte da vida política da sociedade. Claro que alguns movimentos obtêm êxito apenas parcialmente, enquanto outros fracassam totalmente. Alguns resistem por longos períodos, porém outros simplesmente ficam sem verbas ou perdem o entusiasmo, finalizando o ciclo de vida.

Os sociólogos aplicaram diversas teorias para compreender os movimentos sociais. De acordo com a teoria funcionalista de Neil J. Smelser (1962), os movimentos surgem como resultado de *tensões estruturais*. Segundo essa teoria, seriam necessários seis elementos para que um movimento social se articulasse. O contexto social deve viabilizar a formação do movimento; os ativistas precisam sentir uma tensão estrutural entre a realidade e as suas expectativas, o que leva à frustração e desejo de mudança; as crenças sobre as causas devem ser difundidas; e deve

MOVIMENTO SOCIAL 327

haver um evento disparador, como sanções severas da polícia durante protestos ou algum incidente simbólico fundamental que faça ressoar a mensagem do movimento. Se esses quatro elementos existirem, há probabilidade de acontecer uma mobilização. A criação de **redes** sociais de manifestantes e ativistas e, em seguida, a resposta das autoridades são as etapas finais cruciais e podem muitas vezes ser fatores determinantes para a eclosão ou dissipação dos movimentos.

Depois de Smelser, os estudiosos sobre movimentos recorreram cada vez mais às teorias racionais, sobretudo a teoria da mobilização de recursos (RMT, na sigla em inglês), que surgiu ao final da década de 1960 e 1970 como uma reação contra as teorias que interpretavam os movimentos como um fenômeno "irracional". A RMT defendia que os participantes dos movimentos sociais se comportam de formas racionais e que os movimentos em si têm um propósito, não são caóticos. Ela analisa a capacidade de os movimentos obterem os *recursos* necessários para organizar campanhas eficazes. Recursos incluem verbas, conhecimento de campanhas, membros e apoiadores ou redes sociais influentes. A RMT, portanto, investiga que tipos de recursos são úteis, como os ativistas conseguem obtê-los e como são empregados na conquista de interesses em comum.

Entre o final da década de 1960 e meados da década de 1980, uma onda de atividades de movimentos sociais ocorreu em diversos países no mundo, incluindo movimentos estudantis, movimentos pelos direitos civis, movimentos em prol das pessoas com deficiência, movimentos em defesa das mulheres, movimentos antinucleares e ecológicos e movimentos pelos direitos dos gays. Em conjunto, esse grupo ficou conhecido em teoria como os novos movimentos sociais (NMSs), e eles colocaram novas questões, como meio ambiente e deficiência, na pauta política. Os NMSs adotam formas organizacionais mais livres, utilizam novos repertórios de atuação, incluindo ação direta não violenta, e envolvem a "nova" classe média, que trabalha em burocracias do Estado ligadas à previdência social, áreas artísticas e voltadas à criatividade e **educação**. Essa caracterização levou a novas teorias sobre os movimentos sociais como portadores de mensagens simbólicas para a sociedade sobre os problemas que há muito tempo são invisíveis nas sociedades modernas (Melucci, 1989), ajudando a revitalizar a abatida **cultura** democrática de diversos países.

Aspectos controversos

Há muitas críticas das teorias sociológicas dos movimentos sociais. A RMT foi muito aplicada, porém pouco explica os movimentos sociais que alcançam sucesso com parcos recursos. Os movimentos das "pessoas pobres" nos EUA e dos desempregados no Reino Unido, bem como o movimento pelos direitos civis dos negros nos EUA na década de 1950, obtiveram êxitos ressonantes na alteração de leis e atitudes, ainda que com poucos recursos. Aquilo que faltava em outros tipos de recursos foi compensado por pleno entusiasmo e atitude. Na realidade, assim que conseguiram se organizar melhor, perderam o entusiasmo inicial.

A teoria dos NMSs também deu margem a críticas ferrenhas. Todas as características supostamente "novas" identificadas anteriormente também são identificadas nos movimentos sociais "antigos". Valores pós-materiais eram evidentes em pequenas comunas do século XIX, e muitos movimentos mais antigos começaram como redes mais livres antes de se tornarem organizações formais. Algumas organizações do NMS seguiram um caminho parecido e se tornaram mais burocráticas do que indica a teoria. O Greenpeace é o exemplo mais explícito: originalmente se tratava de uma rede livre de indivíduos de mentalidade parecida envolvidos em diversas ações diretas e, com o passar do tempo, tornou-se uma organização enorme e comercial com números massivos de associados e vultosos recursos financeiros.

Relevância contínua

Os movimentos sociais se tornaram mais importantes na vida política das sociedades. Os processos de **globalização** proporcionam conexões sistemáticas e mais imediatas entre fronteiras nacionais e, com isso, a possibilidade de surgirem movimentos sociais genuinamente

MOVIMENTO SOCIAL 329

internacionais ou globais. As condições também viabilizam atividades de movimentos sociais, à medida que as pessoas têm uma sensação crescente de que estão perdendo o controle da vida em meio às rápidas mudanças socioeconômicas. Ser um defensor ou ativista de um movimento social permite que as pessoas tenham uma sensação mais forte de que são capazes de influenciar o direcionamento das sociedades. Algumas pessoas sugeriram inclusive que talvez estejamos em transição para uma "sociedade de movimentos sociais", em que os movimentos sociais nacionais do passado dão lugar aos movimentos sem fronteiras (Meyer; Tarrow, 1997).

Os chamados NMSs adotaram métodos não violentos como uma representação simbólica do tipo de sociedade pacífica que desejam criar no futuro, e esses movimentos foram vistos por muitos como arautos das revoluções de "veludo" e de uma era de movimentos não violentos. Contudo, a análise realizada por Sutton e Vertigans (2006) sobre o terrorismo em nome do Islã afirma que isso pode ser um equívoco. Grupos como al-Qaeda realmente adotam muitas das formas e táticas dos NMSs, porém seu uso de violência extrema transmite uma mensagem simbólica bastante diferente – de que os poderes ocidentais não são inatacáveis e podem ser atacados até mesmo em território próprio. A conclusão dos autores é que, se estivermos em transição para uma (nova) sociedade dos movimentos sociais, então talvez ela não esteja em um lugar assim tão pacífico como alguns imaginaram.

Referências e leitura complementar

BLUMER, H. Collective behavior. In: MCCLUNG-LEE, A. (ed.). *Principles of Sociology*. New York: Barnes & Noble, 1969.

CROSSLEY, N. *Making Sense of Social Movements*. Buckingham: Open University Press, 2002.

GOODWIN, J.; JASPER, J. (eds.). *The Social Movements Reader*: Cases and Concepts. 2.ed. Oxford: Wiley-Blackwell, 2009.

MELUCCI, A. *Nomads of the Present*: Social Movements and Individual Needs in Contemporary Society. London: Hutchinson Radius, 1989.

MEYER, D. S.; TARROW, S. *The Social Movement Society*: Contentious Politics for a New Century. Oxford: Rowman & Littlefi eld, 1997.

SMELSER, N. J. *Theory of Collective Behaviour*. New York: Free Press, 1962.

SUTTON, P. W.; VERTIGANS, S. Islamic "new social movements"? radical islam, al-qa'ida and social movement theory, *Mobilization: An International Journal*, 11(1), 2006, p.101-15.

PODER

Definição prática

Conceito extremamente polêmico, mas de modo geral a capacidade de indivíduos ou grupos de alcançar seus objetivos ou fazer valer seus interesses a despeito de oposições ou resistência.

Origens do conceito

Poder é provavelmente o conceito central em Sociologia Política, porém, ainda assim, seu exato significado e natureza são alvos de polêmica, não havendo um consenso acerca do que exatamente é poder. Em Sociologia, o estudo do poder deve levar em consideração as ideias de Max Weber, para quem se define poder como "a oportunidade de um homem ou homens concretizarem sua própria vontade em uma ação de comando ainda que seja contra a resistência de outros que estejam participando da ação". Muitos sociólogos seguiram a linha de Weber fazendo uma distinção entre formas de poder coercitivas e as formas que possuem **autoridade**, fundamentadas na legitimidade. Por exemplo, seguindo a visão de Weber, a invasão do Iraque em 2003 seria um tipo de poder coercitivo, pois não tinha autoridade explícita das Nações Unidas e poderia ser interpretada como algo sem respaldo da legitimidade internacional.

A análise mais sistemática do conceito desde Weber foi realizada por Steven Lukes (2004 [1974]), que partiu da definição de Weber e a ampliou a fim de incluir mais variáveis. Lukes achava que o conceito de Weber é unidimensional e afirmava que é possível desenvolver conceitos de poder

PODER   331

bi ou tridimensionais. A obra de Michel Foucault também foi muito influente. Em vez de enxergar o poder como algo que as pessoas podem deter, atribuir ou tomar dos outros, Foucault o concebe como produto das relações sociais, permeando a **sociedade** e estabelecendo íntimas conexões com o conhecimento. O poder funciona por meio dos **discursos** que fornecem estruturas pelas quais compreendemos o mundo.

Significado e interpretação

A perspectiva de Weber continua sendo um valioso ponto de partida para os sociólogos políticos, provando-se incontestável. Em situações de **conflito**, parece simples averiguar quem detém o poder, pois a pessoa, o grupo ou o exército com mais poder derrotará o adversário. A capacidade de conseguir as coisas do seu jeito determina quanto poder você possui. O poder também pode ser exercido em processos de tomada de decisão, uma vez que alguns grupos conseguem garantir que as decisões sejam tomadas defendendo os interesses de algumas pessoas em detrimento de outras. No entanto, trata-se de uma visão bastante limitada.

Para Lukes (2004), uma perspectiva bidimensional de poder vai além. Alguns grupos exercem o poder controlando a agenda pela qual as decisões são levadas à atenção pública. O poder é exercido mantendo-se algumas questões completamente fora da política, o que efetivamente impede que alguns grupos sociais lutem por seus interesses. Uma das formas pelas quais os governos exercem o poder, por exemplo, é determinando restrições sobre o que a mídia pode citar. Fazendo isso, conseguem evitar que injustiças e questões polêmicas vão ao ar e recebam maior apoio. Para entender o funcionamento do poder, é preciso analisar não só as decisões que podemos observar, mas também como se cria o processo de tomada de decisões propriamente dito.

Lukes propôs ainda outro conceito de poder tridimensional ou "radical", que pode ser resumido como a manipulação das vontades e desejos das pessoas. A influência nos desejos pode ocorrer de formas sutis. A Escola de Frankfurt afirmava que os capitalistas exercem o poder sobre os trabalhadores influenciando seus desejos através da mídia, da propaganda e de outros meios de **socialização**, assim adotam o *status* de "consumidor". Esse tipo de exercício de poder sedutor e ideológico não é visível, nem tampouco mensurável, mas pode ser pressuposto quando as pessoas agem de maneiras contrárias aos seus próprios interesses. Nos últimos anos, as preocupações giraram em torno dos níveis de endividamento pessoal nas economias desenvolvidas, mas ainda assim os indivíduos seguem incapazes de resistir ao desejo de gastar ainda mais com bens de consumo. A manipulação do desejo que instiga as pessoas a agir contra seus próprios interesses demonstra o poder do capitalismo de consumo. Dessa forma, o conceito tridimensional de poder criado por Lukes inclui um espectro mais abrangente de situações desconsideradas na versão de Weber.

A Sociologia também foi influenciada pelas ideias de Michel Foucault. Foucault afirmava que o poder não está concentrado em uma instituição como o Estado, nem é detido por um indivíduo ou grupo social. Modelos de poder mais antigos, incluindo o de Lukes, basearam-se na ideia de ação intencional. Foucault, por outro lado, defendia que o poder opera em todos os níveis de **interação** social e em todas as instituições sociais, envolvendo todas as pessoas. O poder está incutido em toda a sociedade, lubrificando as engrenagens de nossas interações, como um tipo de "microfísica" do poder que deve ser analisado nesse nível. Foucault também afirma que poder e conhecimento estão intimamente relacionados, um reforçando o outro. As alegações do conhecimento científico, por exemplo, também são alegações de poder, pois são colocadas em prática em diversos contextos sociais.

Aspectos controversos

Os conceitos de poder de Lukes e de Foucault parecem ter decisivamente transcendido o conceito original de Weber, porém alguns eventos se adequam melhor ao modelo de Weber. As ideias de Foucault se popularizaram e a sua versão de poder acaba com a mera divisão entre as formas legítimas e coercitivas, substituindo-as por um único conceito de poder como algo encontrado em todas as relações sociais em vez de algo

PODER 333

exercido apenas por grupos dominantes. Os críticos afirmam que, embora ele tenha apresentado uma análise mais sutil do modo como o poder funciona nas interações cotidianas, esse conceito subestima a maneira como o poder realmente provém de algumas instituições como exército ou de determinadas **classes sociais**, as quais conseguem forçar a sua vontade sobre outros de uma forma mais próxima do conceito de Weber de poder coercitivo.

A radical visão de poder de Lukes também dá espaço à acusação de que os sociólogos nunca poderão de fato saber quais são os interesses das outras pessoas. Como decidimos? A adequação da visão radical está em como essa questão é respondida, mas isso é comprovadamente muito difícil. Mesmo que perguntássemos às próprias pessoas, a visão tridimensional sugere que elas podem oferecer uma resposta "falsa" porque suas vontades e desejos já não lhes pertencem, mas foram manipulados. Um segundo problema relacionado a isso é que a perspectiva tridimensional nos pede para estudar "não decisões" e a influência não observável das ideologias sobre os desejos das pessoas. Mas como podemos estudar coisas que nunca aconteceram de fato? Há quem sugira que o conceito sequer seja uma teoria sobre o poder, mas um reconhecimento de que as estruturas sociais se chocam com as vidas pessoais.

Relevância contínua

O conceito de poder, qualquer que seja sua definição, é fundamental para a Sociologia Política, e os estudantes devem apenas estar atentos aos debates sobre o que é e como ele funciona a fim de chegarem à sua própria visão. Lukes produziu uma segunda edição de seu livro em 2004 com dois novos artigos atualizando as suas ideias e defendendo a sua visão tridimensional contra o conceito de poder mais geral de Foucault. As ideias de Foucault sobre o poder dos discursos na sociedade são mais bem analisadas por meio de aplicações a situações reais, e Amanda Henderson (1994) o faz em relação à prática de enfermagem em casos de cuidados intensivos. Segundo ela, o foco no monitoramento dos cuidados intensivos está na condição fisiológica do paciente e não em sua condição emocional, e esse conhecimento traz nítidas consequências para a qualidade das interações enfermeiro-paciente. Os enfermeiros adquirem poder de médico uma vez que têm capacidade para interpretar essas informações, porém seu poder é minimizado em relação ao tradicional papel de "cuidado" dos enfermeiros. Essa análise pode trazer implicações para a nossa compreensão dos recentes escândalos de saúde em hospitais e lares.

Levando-se em consideração tanto as teorias feministas de como a dominação masculina é estabelecida por meio do cerceamento das expectativas das mulheres e o trabalho de Amartya Sen (1999) sobre o conceito de "desenvolvimento" estruturado nas *habilidades* das pessoas de "viver o tipo de vida que valorizam – e ter motivo para valorizar" –, Lukes (2004) argumentou que poder é uma "habilidade" ou conjunto de "habilidades" humanas, chamando a atenção para o modo como elas podem ser negadas ou aprimoradas. Obviamente a Sociologia Política não funciona sem o conceito de poder, mas, mesmo com essas releituras, é pouco provável que se chegue a algum consenso geral sobre o que é poder e como ele funciona. Talvez no futuro, em vez de ingressar em debates teóricos sobre a natureza do poder, o conceito seja definido "na prática", caso a caso.

Referências e leitura complementar

HENDERSON, A. Power and knowledge in nursing practice: the contribution of Foucault, *Journal of Advanced Nursing*, 20(5), 1994, p.935-9.

LUKES, S. *Power: A Radical View*. 2.ed. rev. Basingstoke: Palgrave Macmillan, 2004 [1974].

[Ed. Bras.: *O poder, uma visão radical*. Brasília: UnB, 1980.]

NASH, K. *Contemporary Political Sociology*: Globalization, Politics and Power. Oxford: Wiley-Blackwell, 2010, esp. cap. 1.

SEN, A. *Development as Freedom*. Oxford: Oxford University Press, 1999.

[Ed. Bras.: *Desenvolvimento como liberdade*. São Paulo: Cia. das Letras, 2010.]

SOCIEDADE CIVIL

Definição prática

Esfera da sociedade composta por todas as redes, associações de voluntários, empresas, clubes, organizações e famílias formadas por cidadãos de modo independente do governo.

Origens do conceito

O conceito de sociedade civil remonta à Antiguidade, quando era associado às ideias de civilidade e ao tratamento respeitoso entre as pessoas. Contudo, as modernas concepções de sociedade civil se inspiraram na ideia do século XIX de Alexis de Tocqueville de "associações cívicas", tais como hospedarias, casas de caridade e grupos religiosos, abundantes nos EUA. Para Tocqueville, a existência de milhares de associações desse tipo não servia apenas para a execução de funções úteis, mas era também fundamental para sustentar a cultura democrática do país (Eberly, 2000). Durante grande parte do século XX, sociólogos e teóricos políticos pouco acrescentaram sobre o tema da sociedade civil, porém houve uma retomada de interesse no assunto a partir da década de 1980. Ultimamente, o interesse mudou para as teorias cosmopolitas de uma sociedade civil global que, pela primeira vez, promete uma forma global efetiva de **cidadania**.

Significado e interpretação

O conceito de sociedade civil se aproxima do conceito de **esfera pública**. No entanto, esta é, de modo geral, compreendida como todos os espaços públicos onde ocorrem a discussão e o debate sobre a sociedade e suas decisões políticas. Por outro lado, a sociedade civil consiste em grupos de voluntários, clubes e outras formas organizadas de associação cívica. Existem, porém, muitas divergências sobre o que sociedade civil envolve. Para alguns, ela não inclui empresas, para outros a **família** não faz parte, e outros ainda fazem uma distinção entre três universos: Estado, mercado e sociedade civil.

Há também divergências fundamentais sobre a natureza da sociedade civil. Para alguns, representa um espaço para a expressão da cidadania ativa e é o baluarte democrático contra o autoritarismo. Essa visão camufla a possibilidade evidente de que as organizações e os grupos de voluntários estejam, em certa medida, competindo uns contra os outros (por recursos e membros) e de que as relações entre eles sejam muito menos cooperativas do que sugeririam análises mais positivas. Na tradição marxista, sociedade civil é menos ainda uma arena progressista de voluntarismo e criatividade. Segundo Marx, a sociedade civil, junto com o restante da superestrutura cultural, implica a transmissão de dominação ideológica e cultural do **capitalismo** e de seus valores. Entretanto, pensadores neomarxistas mais tarde, sobretudo Gramsci, reconheceram que essa dominação **ideológica** nunca era total, e que a sociedade civil pelo menos oferecia oportunidades para construir um embate contracultural (Edwards, 2014).

O renascimento do conceito de sociedade civil ao final da década de 1980 pode ter sido estimulado por acontecimentos no Leste Europeu e pelo colapso do comunismo soviético. O fortalecimento da sociedade civil parecia uma maneira útil de contrabalançar o poder dos Estados. Nos últimos anos, ela também foi invocada como um meio eficaz de chegada à paz em lugares como Irlanda do Norte, Kosovo e Afeganistão (Harris, 2003, p.2). A formação de **redes** e associações de voluntários inclusivas poderia ajudar a construir alicerces sociais fortes para além das ações dos governos.

O conceito foi ampliado recentemente por pensadores cosmopolitas cuja agenda de pesquisas passou a se firmar nas **ciências** sociais. Beck (2006) afirma que as ideias de cidadania universal e sociedade civil global foram historicamente reduto de elites sociais bem viajadas e bem relacionadas, as quais *voluntariamente* optaram por se considerar como "europeus" ou "cidadãos do mundo". No entanto, por causa dos processos de **globalização**, esse panorama agora possui raízes muito mais fortes na realidade e é potencialmente mais eficaz. À medida que as interações e comunicações globais se disseminam, uma sociedade civil global pode estar se desenvolvendo. Por exemplo, campanhas contra minas terrestres, sonegação fiscal por parte de empresas multinacionais e terroristas fundamentalistas conseguem conectar simpatizantes no mundo inteiro em redes globais que ajudam a formar uma sociedade civil global (Kaldor, 2003).

Aspectos controversos

Alguns estudos pressupõem que uma sociedade civil forte inevitavelmente fortalece a **democracia** e que o desenvolvimento delas ocorre em conjunto. No entanto, isso não é necessariamente verdade. Diversos clubes e organizações de voluntários estão muito longe de serem democráticos e não há nenhum motivo que nos leve a supor que deveriam ser. Promover a sociedade civil como uma panaceia para os déficits democráticos na política formal ou como um contrapeso às lideranças autoritárias pode, portanto, ser um engano. Alguns grupos de voluntários às vezes possuem níveis elevados de capital social – como a Associação Nacional de Rifles nos EUA – e têm acesso ao governo, o que lhes confere muito mais **poder** do que outros grupos para influenciar as políticas sem precisar concorrer a eleições.

Nem todo mundo concorda que a sociedade civil esteja em um estado de saúde plena. O estudo de Robert Putnam (2000) sobre associações cívicas nos Estados Unidos descobriu muitas constatações de que os laços cívicos e a associação a órgãos voluntários estão, na verdade, em declínio. Segundo ele, as associações de pais e mestres, a Federação Nacional de Clubes para Mulheres, a Liga das Eleitoras e a Cruz Vermelha registraram, desde a década de 1960, quedas de cerca de 50% no número de associados. Menos pessoas declararam que socializam com vizinhos ou sequer confiam neles. Comparativamente, resultados menos drásticos também foram descobertos no Reino Unido e na Austrália, porém Suécia, Holanda e Japão registraram níveis estáveis ou ascendentes de capital social (redes sociais) (Halpern, 2005). O cenário, portanto, é misto, mas de fato não representa um bom prognóstico para as ideias de uma sociedade civil global.

SOCIOLOGIA POLÍTICA

Aparentemente, as teorias cosmopolitas que indicam o surgimento de uma forma global de sociedade civil não se respaldam pelas provas. Até agora, a mentalidade e a prática cosmopolitas parecem estar restritas a ativistas e acadêmicos no Ocidente que detêm um comprometimento normativo com o projeto ou com turistas internacionais ricos que conseguem aproveitar plenamente as oportunidades da mobilidade internacional. Para a maioria das pessoas, um comprometimento com a nação ou a comunidade local continua sendo a fonte principal de identificação.

Relevância contínua

Na contramão de algumas perspectivas mais otimistas sobre a possibilidade de uma futura sociedade civil global, a crise financeira mundial de 2008 levou a algumas análises muito menos sanguíneas. Um exemplo é a dissertação de Pianta (2013) sobre as perspectivas de uma resposta organizada de dentro da sociedade civil. Observando o "déficit democrático" na UE, Pianta afirma que a crise na zona do euro intensificou a percepção disso, já que as decisões são tomadas e impostas aos cidadãos sem o seu devido envolvimento. Por outro lado, houve reações fortes na Europa inteira por parte dos atores da sociedade civil, ilustrando a força potencial dos grupos de cidadãos. Contudo, até agora, esses grupos não estão unidos em sua abordagem e continuam divididos em se tratando de qual a melhor maneira de aumentar a participação democrática.

São bastante frequentes as afirmações de que a difusão da internet é um fator fundamental na construção de uma sociedade civil global emergente, possibilitando comunicação, debate e **interação** em nível global. Entretanto, para Naughton (2001), a internet pode não estar tão livre de problemas como parece. A maioria dos estudos parte do princípio de que ela seja simplesmente um recurso a ser usado. Mas isso é muita ingenuidade. Ainda que a natureza de fonte aberta da internet esteja alinhada aos valores de uma sociedade civil global, essa abertura radical não é inevitável, e existem interesses governamentais e corporativos pressionando por mudança. A crescente presença da publicidade corporativa na web,

SOCIEDADE CIVIL

de diversas formas sutis ou nem tão sutis assim, mostra como o caráter da internet pode estar mudando. A enorme lacuna digital entre os países ricos em informações e os pobres em informações também representa uma barreira à comunicação global. Naughton argumenta que, durante muito tempo, o ciberespaço foi visto como muito diferente do "mundo real", mas, na realidade, ambos convergem em torno de lutas por poder essencialmente semelhantes entre sociedade civil e interesses corporativos e governamentais.

Referências e leitura complementar

BECK, U. *Cosmopolitan Vision*. Cambridge: Polity, 2006.

EBERLY, D. E. (ed.). *The Essential Civil Society Reader*. Lanham, MD: Rowman & Littlefield, 2000.

EDWARDS, M. *Civil Society*. 3.ed. Cambridge: Polity, 2014.

HALPERN, D. *Social Capital*. Cambridge: Polity, 2005.

HARRIS, J. (ed.). *Civil Society in British History*: Ideas, Identities, Institutions. Oxford: Oxford University Press, 2003.

KALDOR, M. *Global Civil Society*: An Answer to War. Cambridge: Polity, 2003.

NAUGHTON, J. Contested space: the internet and global civil society. In: GLASIUS, H. A. M.; KALDOR, M. (eds.). *Global Civil Society*. London: Sage, 2001.

PIANTA, M. Democracy lost: the financial crisis in Europe and the role of civil society, *Journal of Civil Society*, 9(2), 2013, p.148-61.

PUTNAM, R. *Bowling Alone*: The Collapse and Revival of American Community. New York: Simon & Schuster, 2000.

ÍNDICE REMISSIVO[1]

ação/estrutura 12-6, 129
alienação 60, **73-7**, 124
análise de rede social 188, 200-3
  ver redes
análises funcionalistas
  desvio 282-3
  educação 128, 129
  gênero 149
  mídia de massa 236
  movimentos sociais 334, 326
anomia 76, **271**
aquecimento global 90, 97, 117
autoridade 23, 68, 133, 278, **301-5**, 330
autoridade carismática 302, 305
autoridade racional-legal 302
  ver burocracia
atos do discurso 7

Baudrillard, Jean 28-9, 238
Bauman, Zygmunt 24, 36, 110
Beck, Ulrich 63-4, 96, 97-100
Becker, Howard 286, 287
biodiversidade 50-1
biomedicina **243-7**, 260
Blauner, Robert 75-6
Bourdieu, Pierre 15, 215
burocracia **107-12**, 131, 201
  capitalismo 107-8, 111, 114
  racionalização 33, 35, 36

capital cultural 215
capital econômico 215
capital social 215
capitalismo **112-7**
  alienação 73, 75-7
  autoridade legal-racional 302

---

1 Os números de páginas em **negrito** indicam o local da referência principal de um conceito.

burocracia 107-8, 111, 114
classe 113-4, 143, 145, 228-9, 313
consumismo 118, 119, 331
cultura 213-4
educação 128, 129
globalização 17, 20-1
ideologia 228-9, 230
poder 331
racionalização 33, 35
reflexividade 66
urbanismo 104
Verstehen 68
casamento 98, 194, 196, 207
catexia 150
cerimônia 139
cidadania 94, 262, **306-10**
cidades 101-6, 126
ciência **43-7**
  biomedicina 243-7
  construcionismo social 48
  modernidade 24
  pesquisa qualitativa / quantitativa 53, 55-7
  pós-modernidade 28
  problemas ambientais 89, 90
  realismo crítico 58-9
  reflexividade 44-5, 63
  teorias sobre "raça" 172-3, 176
  tipo ideal 46, 68-9
classe **143-8**
  alienação 73
  anomia 271-4
  capitalismo 112-3, 143, 144, 228-9, 312

conflito 83, 98, 114, 228-9
crime 271-4, 283
curso de vida 190-1
dicotomia estrutura / ação 14, 15
discurso 9
educação 128, 129, 147
esfera pública 220
ideologia 228-9
industrialização 83
mobilidade social 145, 146, 158-62
movimentos sociais 328
pós-modernidade 30
reflexividade 66
status 144, 146-7, 178-9, 181
teorias interseccionais 154-6, 166
tipos ideais 53
Cohen, Stanley 295-6, 298
colonialismo / colonização 93, 172-3, 177, 311, 323
comunicação
  discurso 7-11
  em ambientes virtuais 235
  não verbal 233-4
  verbal 233
  ver tecnologia da informação / internet; mídia de massa
comunidade **185-9**
  industrialização 85
  justiça restaurativa 291-2
  sociedade 37, 185
  urbanismo 101, 103-4

ÍNDICE REMISSIVO

comunismo 113, 115
conflito **311-5**
  autoformação 254-5
  "choque de civilizações" 177
  classe 83, 98, 114, 313-2
  divisão do trabalho 122
  migração 92, 94
  organizações 132
  poder 331
  pós-modernidade 28
  religião 139
  sociedade 39
  ver terrorismo; violência; guerra
conformidade 276-80
construcionismo social **48-52**
  curso de vida 190, 191-2
  gênero 50, 51, 150, 167
  meio ambiente 50-1, 87, 89, 90
  realismo crítico 58, 59, 61
  reflexividade 63, 64
  tipos ideais 68
consumismo **117-21**, 146, 182,
  215-7, 331
controle social 276-80
  cultura como forma de 213-4
  estigma 249
  etiquetamento 281, 286, 298
  medicina como forma de 257
  pânico moral 295-8
comércio 19, 20
comunicação não verbal 233
consumo sustentável 121
Cooley, Charles H. 63, 64
corpo

estigma 248-52
identidade 225
modelos de deficiência 261-2
obesidade 260
poder patriarcal 164
relação sexo/gênero 150
  ver saúde e doença
cosmopolitanismo 319
crescimento população 86, 78
crime
  alienação 76
  anomia 76, 271-4
  construcionismo social 50
  discursos 9
  etiquetamento 281, 282, 283-8
  justiça restaurativa 291-4
  padrões de gênero 278, 280
  pesquisa realista crítica 61
  tráfico humano 95
  ver desvio; controle social
cultura(s) **213-7**
  burocracias 107
  "choque de civilizações" 177
  consumismo 118, 119-20, 215-7
  crime 273, 283
  cultura de massa 214-6, 218-9,
  222, 229
  discurso 7, 217
  esfera pública 218, 220
  Estados-nação 321, 323
  etnia 173-4
  formas de família 195
  gênero 150, 152
  globalização 19, 20-1, 217-8

ideologia 228-9
modernidade 24-6
movimentos sociais 328
pânico moral 295-6, 298
pós-modernidade 27-28, 31, 216
remédios de cura 243
risco 100
sociedade 37
tipos ideais 70
cultura de celebridades 222, 303-4
cultura de massa 213-7, 218-9, 222, 229
cultura jovem 190, 295-6, 298
cultura popular 213-7, 218-9, 222, 229
currículo oculto 127-9, 211
curso de vida **190-3**
consumismo 121
experiências de família 196
pesquisa interseccional 154, 155
risco 98

deficiência / pessoas com deficiência
abordagem psicobiossocial 247
cidadania 309
estigma 248-9
identidade 225
modelo social de deficiência **261-5**
movimentos sociais 20, 263
representações na mídia 239
sexualidade 207

teorias interseccionais 154-6
deficiência intelectual 207, 309
deficiência de aprendizagem 207, 309
democracia **315-9**
esfera pública 218-9
modernidade 24, 26
política e as celebridades 304
sociedade civil 335-6
desenvolvimento de conceito 1-2
desenvolvimento sustentável **78-81**, 105
desigualdade *ver* igualdade / desigualdade
desvio **281-5**
anomia 271-4
cinema pós-moderno 27
etiquetamento 281, 282, 283-8, 295, 298
ou conformidade 276-80
pânico moral 295, 298
discursos(s) **7-11**
desenvolvimento sustentável 80
guerra ao terror 10, 241
identidade-sexualidade 226
ideologia e 229
patriarcado 167
risco 98
discursos 7, 11
divisão do trabalho 17, 83, **122-6**, 146, 150, 196
doença *ver* saúde e doença
doença mental 9, 257, 284-5

doença psiquiátrica 9, 257, 284-5
Durkheim, Émile
  crime e desvio 281, 282, 283
  divisão do trabalho 122-3
  educação 127
  religião 139, 141
  sociedade 37

ecologia urbana 101, 105
economia
  classe 143-8
  consumismo 117-8
  desenvolvimento sustentável 78-81, 105
  divisão do trabalho 17, 83, 122-6
  globalização 17, 19-20
  mídia de massa 236-7
  modernidade 24, 26
  risco 100
  ver capitalismo
ecoturismo 81
educação **127-30**
  classe 128, 129, 146
  currículo oculto 127-9, 210
  reprodução cultural 128, 215
Elias, Norbert 39
emprego no setor de serviços 85, 125
escolarização 127-8, 129, 210
esfera privada 220
esfera pública 218-23, 335-6
Estado-nação **320-4**
  cidadania 306-9
  globalização 17, 18-9, 146, 309, 323-4

modernidade 24-6
pós-modernidade 30
sociedade 37-8, 39
estatística 54-6
estigma 225, **248-52**, 289, 298
estilo de vida
  medicalização 257-60
  migração para melhores condições 95
etiquetamento 281, 282, 284-5, 295, 298, 281
estrutura / ação **12-4**, 129
estudos feministas, gênero 147
  esfera pública 220-1
  interseccionalidade 153
  medicalização 258
  papéis nas organizações 135
  patriarcado 163-8
  vida em família 195-6
etnia *ver* "raça" / etnia
etnometodologia 233
eu [*self*] **253-6**
  discurso 9
  estigma 248, 250, 251
  identidade 223, 254-5
  reflexividade 63-6
  socialização 208-9
  transições do curso de vida 193

família **194-8**
  dicotomia estrutura / ação 14
  patriarcado 164, 166-7
  risco 98
  socialização 208

fenomenologia 233
Feyerabend, Paul 46
Foucault, Michel 8, 9, 204, 226, 331-2

gênero **148-52**
  autoformação 254-5
  burocracia 111-2
  classe 146
  comunicação não verbal 233
  construcionismo social 50, 51, 150, 167
  crime / delinquência 278, 280
  dicotomia estrutura / ação 14
  educação 128-9
  esfera pública 220-1
  identidade 150, 225-6, 254-5
  medicalização 258-9
  migração 95
  mobilidade social 159
  organizações 134, 135
  patriarcado 9, 150, 163-8
  redes 201
  representações na mídia 165, 239
  socialização 208-9, 212, 254-5, 278
  status 181
  teorias interseccionais 154-6, 167
  vida em família 195-6
Giddens, Anthony 15, 64
globalização **17-21**
  "choque de civilizações" 177
  cidades mundiais 105

classe 144-5
comunidade 185, 188
cultura 19, 20, 216-7
democracia 316, 317
discursos políticos 16
divisão do trabalho 124, 146
esfera pública 220
Estados-nação 18, 19-20, 146, 308, 323-4
família 197
mídia de massa 236-7, 221
migração 18, 92, 95, 126
movimentos sociais 20, 328-9
redes 188, 201
risco 97, 100
sociedade 37, 39
sociedade civil 311-2, 336
glocalização 18
Goffman, Erving 248
grupos "minoritários" 175
guerra
  burocracia 36, 111
  contra o terror 10, 240
  discurso 10
  migração 92, 94
  pós-modernidade 28-30
  ver conflito

Habermas, Jürgen 219-20
habitus 15
hiper-realidade 29-30, 238
Holocausto 36, 110, 313
homens, diferenças masculino-feminino *ver* gênero

ÍNDICE REMISSIVO

homossexualidade 204-5, 207, 226, 250

iatrogênese 245, 258
idealismo 58
identidade 223-7
  cidadania 308-9
  consumismo 118
  desvio 282, 298
  dicotomia estrutura / ação 14, 15
  discurso 9
  estigma 248, 251, 252
  gênero 150, 225-6, 254
  nacional 321, 323, 330
  pós-modernidade 30
  sociedade 43-4
ideologia 118, 139, **228-32**, 303
igualdade / desigualdade
  alienação 73, 75
  anomia 274
  burocracias 111-2, 131
  capitalismo 111, 115, 228-9
  classe 143-8, 154-6, 228-9, 273
  crime 273-4
  deficiência 154-6
  desenvolvimento sustentável 78-81
  educação 127, 129-30
  gênero 111-2, 128, 135, 148-52, 163-8
  globalização 19-20
  ideologia 228-30
  interseccionalidade 153-6, 167
  mobilidade social 158-62

modernidade 24, 26
organizações 134, 135
pobreza 170-1
políticas sociais 152-3, 156
"raça" / etnia 153-6, 166, 173-8
religião 139
sexualidade 153-6
sociedade 39
sociedade de risco 98, 99
status 178-83
  ver mobilidade social
individualismo 102, 104, 123, 146
industrialização **90-1**
  alienação 73-7, 124
  anomia 271
  conflito de classes 83, 98
  consumismo 117-8, 119
  divisão do trabalho 122-3
  meio ambiente 85, 86, 87, 97
  migração 92
  modernização 24, 25, 83, 86
  reflexividade 66
  sociedade de riscos 98
infância 190, 191
  controle social 277, 278
  formação 254-5
  identidade 225-6
  socialização 208-9, 212, 278
influências classe-status 146-7
instituição 132
interação **232-6**
  autoformação 254
  construcionismo social 50
  dicotomia estrutura / ação 14

estigma 248
ideologia 230
mídia de massa 238
pós-modernidade 30
reflexividade 63
socialização 210
sociedade 39
status 181-2
urbanismo 101-2
internet *ver* tecnologia da informação / internet
interseccionalidade **153-7**, 167

jovem adulto 191
justiça restaurativa **290-4**

Kinsey, Alfred 203, 205
Kuhn, Thomas 46

Lemert, Edwin 282
linguagem
    discurso 7-11, 167
    Estados-nação 321
    estudo etnometodológico 233
linguística, discurso 7-11
Lukes, Steven 330-2, 334
Lyotard, Jean-François 28

Marx, Karl / marxismo
    alienação 73, 75, 76
    capitalismo 112, 114, 115, 144, 331
    classe 143, 178-9
    conflito 311-2

cultura 213-4
educação 127, 129
ideologia 228-9, 230
poder 331
religião 139
sociedade civil 336
status 178-9
masculinidade, hegemônica 151
McDonaldização 36
Mead, George Herbert 4, 63, 223, 253-6
medicina
    medicalização 257-60, 284-5
    modelo biomédico 243-7, 260
    modelos de deficiência 261-2
medicina alternativa 247
meio ambiente **87-91**
    capitalismo 118
    cidadania 308
    construcionismo social 50-1, 87, 90
    consumismo 118, 119, 121
    desenvolvimento sustentável 78-81, 105
    esfera pública "verde" 222
    industrialização 85, 86, 87, 98
    movimentos sociais 328
    pós-modernidade 28
    risco 96-100
Merton, Robert 272, 273-4, 283
métodos / ferramentas de pesquisa
    construcionismo social 48-52, 59, 60
    interseccionalidade 154

qualitativa / quantitativa 53-7, 155

realismo 58-62

reflexividade 63-6

Sociologia como ciência 43-7

tipos ideais 46, 68-71

mídia de massa **236-41**

celebridade na política 220, 303-4

construcionismo social 50-1

democracia 316

discurso 8

esfera pública 218-9, 222

ideologia 228-9

pânico moral 295-6, 298

patriarcado 164

pós-modernidade 29-30

reportagens sobre saúde 240, 260

socialização 210

migração 18, **91-6**, 126, 188, 195

ver mobilidades

mobilidades

mobilidade social 145, 146, 158-62

sociedade 37

ver migração

mobilidade social 145, 146, **158-62**

modelo social de deficiência 261-5

modernidade **22-6**

burocracia 110

consumismo 119

pós-modernidade 27, 30-1

racismo 177

reflexividade 63-4

risco 96

urbanismo 104

movimentos sociais **334-5**

construcionismo social 48

dicotomia estrutura / ação 14

globalização 20, 328

identidade 226-7

novos 53, 263, 328, 329

pessoas com deficiência 21, 263

mudança climática 90, 99, 116

mulheres, diferenças masculino--feminino *ver* gênero

natureza 87

noticiário 195-6, 228-9

novos movimentos sociais 53, 263, 328, 329

ocidentalização 26

ocupações

classe 144, 146

mobilidade social 158, 159-60

redes 201

offshoring 125-6

organização **131-6**

burocracia 33, 35, 107-12, 131, 190

contraste mecanicista / orgânico 133

racionalização 33-6

redes 35, 111, 135, 188, 199-203, 326

pânico moral **295-8**

papéis
  controle social 276
  gênero 135, 150, 239
  papel de doente 265-9
papel de doente **265-9**
paradigmas 46
Parsons, Talcott 265-6, 268, 276, 278-9
parto 258-9
patriarcado 9, 150, **163-8**
pesquisa empírica 59, 99-100
pobreza 79, 126, **168-72**
poder **330-4**
  alienação 73-7
  áreas urbanas 101
  burocracia 35, 107, 111
  comunicação não verbal 233
  construcionismo social 51
  consumismo 119, 331
  desvio 282, 286-7
  discurso 8, 9
  Estados-nação 320, 321
  etiquetamento 285-9
  globalização 17
  ideologia 229
  médico 257-8, 332-3
  mídia de massa 236-7
  na família 196
  organizações 132, 135
  relações de gênero 150, 163-8, 195, 233
  religião 137
  sociedade 39, 40
  teorias interseccionais 154

ver autoridade
política
  celebridade 303-4
pornografia infantil 298
positivismo 44, 56, 64
pós-industrialização 86, 123-4, 146
pós-modernismo 31
pós-modernidade 25, 27-31, 35, 167, 192, 217
previdência social 308
processos de paz / manutenção da paz 10, 314-5
punk rock 202

qualitativa/quantitativa
  pesquisa **53-7**, 154

"raça" / etnia **172-8**
  cidadania 308-9
  conflito 313-4
  Estados-nação 321, 323
  estigma 251
  migração 91
  patriarcado 167
  representações na mídia 239
  status 159
  teorias interseccionais 153-7, 167
racionalização **32-6**
racismo 176, 177
racismo cultural 176
realidade, noticiário 29-30, 238
  ver realismo
realismo **58-62**, 90
realismo crítico 58-62, 90

ÍNDICE REMISSIVO

redes 35, 111, 135, 188, **199-203**, 326
redes de amizade 126, 203
reflexividade 14, **63-6**, 44-5
reflexividade individual 63-6
reflexividade social 45-6, 63-6
regionalização 19, 309, 323
regras 134, 276
    ver desvio
relatório Brundtland 78
religião **137-42**
    alienação 73
    anomia 271
    modernidade 24, 27
    racionalização 34
    reprodução cultural 128, 211-2, 215
    risco 98, 100
    rituais 138
Rostow, Walt 24

saúde e doença
    alienação 76
    desenvolvimento sustentável 80
    desvio 283-4
    doença mental 9, 257, 284-5
    estigma 248-9
    medicalização 257-60, 284-5
    modelo biomédico 243-7, 260
    noticiário 240, 260
    papel de doente 265-6
    poder 257-9, 332-3
    risco 100
    ver deficiência / pessoas com deficiência

secularização 23, 27, 138, 139-40
sexo 150
sexualidade **203-7**
    conceito de gênero 152
    estigma 249
    identidade 226
    patriarcado 164
    risco 98
    teorias interseccionais 154-7
Simmel, Georg 101, 311, 312
Smith, Adam 122
socialização **208-12**
    controle social 276, 278-9
    discurso 9
    educação 128, 129
    gênero 150, 208-9, 212, 254-5, 278
    papel de doente 265-6
sociedade **37-41**
    alienação 73-4
    comunidade 37, 185
    dicotomia estrutura / ação 12
    divisão de trabalho 122
    industrial 83-4, 98
    meio ambiente 87-9, 90
    reflexividade 63, 64
    risco 98-100
    socialização 208
    Sociologia como ciência da 43-7
sociedade civil 156, **335-9**
Sociologia do Conhecimento Científico (SCC) 48
    Sociologia política *ver* autoridade; cidadania; sociedade civil;

conflito; democracia; Estados-nação; poder; movimentos sociais

solidariedade
divisão do trabalho 122-3
educação 128
grupos "minoritários" 176
religião 138, 141

status **178-83**
autoridade 302
capital simbólico 215
classe 144, 146-7, 178-9, 181
consumismo 118, 146, 181-2
subculturas 128, 273-4, 283, 297, 298

tecnologia da informação / internet
desvio 288
Estados-nação 330
globalização 18
ideologia 230
industrialização 85
interações on-line 235
modelo social de deficiência 265-9
organizações 132
pânico moral 298
pós-modernidade 30
redes 201
socialização 210
sociedade civil 311-2
teoria da mobilização de recursos (RMT) 327

teoria da modernização 24
ecológica (EM) 86
teoria da tensão estrutural 326
terrorismo 7, 11, 98, 241, 329
tipo ideal **68-71**
autoridade 68, 301-3, 304
burocracia 34, 107, 110
ciência 46
Tönnies, Ferdinand 101, 185, 187
trabalho
alienação 73, 75-7, 124
capitalismo 111, 331
diversão do ambiente de trabalho 227
divisão do 17, 83, **122-6**, 146, 150, 196
divisões de classe 144
gênero 150, 197
industrialização 83, 123
migração 92, 126
pós-industrialização 85-6, 123-4, 146
transições escola-trabalho 15
ver ocupações
trabalhadores convidados 93
transições escola-trabalho 15
mobilidade social 162
socialização 210
tribos / neotribos 141
turismo 81

urbanismo 87, **101-6**
urbanização 12, 23, 85, 101, 196

ÍNDICE REMISSIVO

vergonha 291-2
Verstehen 68
violência
    contra mulheres 165, 167-8, 196
    genocida 313
    novos movimentos sociais 329
    pânico moral 295-6
    ver conflito; terrorismo

Wallerstein, Immanuel 17
Weber, Max

autoridade 68, 301-3, 304
burocracia 35, 107-12, 131
capitalismo 113, 115
classe 144, 178-9
conflito 311-2
poder 330-2
racionalização 33-6
religião 140
status 178-9
tipos ideais 68-9, 302-4
Wirth, Louis 101-2

SOBRE O LIVRO

Formato: 14 x 21 cm
Mancha: 23 x 42 paicas
Tipologia: StempelSchneidler 10/13
Papel: Off-White 80 g/m² (miolo)
Cartão Supremo 250 g/m² (capa)
2ª edição Editora Unesp: 2017

EQUIPE DE REALIZAÇÃO

Capa
Estúdio Bogari

Edição de texto
Silvio Dinardo (Copidesque)
Carmen T. S. Costa e Marina Silva Ruivo (Revisão)

Editoração Eletrônica
Sergio Gzeschnik (Diagramação)

Assistência Editorial
Alberto Bononi